美好研究 美好成长

——武汉市江岸区班主任工作室实践研究

MEIHAO YANJIU MEIHAO CHENGZHANG
——WUHAN SHI JIANG'ANQU BANZHUREN GONGZUOSHI SHIJIAN YANJIU

编委会成员

主　任◎高小健

主　编◎黄运萍

副主编◎方红缨　袁传明

编　委◎夏娟娟　张延风　石　莉　高　婷
　　　　赵　争　张　琼　李　颖　张　荃
　　　　张　琴　昌　薇

华中科技大学出版社
http://press.hust.edu.cn
中国·武汉

内容提要

2019年，武汉市江岸区教育局启动了"以课题研究为载体，提升立德树人能力"行动计划，以习近平新时代中国特色社会主义思想为指导，根据教育部《国家中长期教育改革和发展规划纲要（2010—2020年）》《关于进一步加强中小学班主任工作的意见》等文件精神，扎实开展区域内骨干班主任实践研究。

本书凝聚了四十多位一线骨干班主任近四年的研究成果。五个行动研究在选题上直面班级管理上的难点、痛点，既有研究步骤的巧妙设计，又有研究过程的详细记录；既有研究前的现状分析，又有研究后的效果评估。呈现在读者面前的是真实、全面的行动研究过程和实际效果，为读者提供具有实操价值的研究经验。

图书在版编目（CIP）数据

美好研究　美好成长：武汉市江岸区班主任工作室实践研究/黄运萍编著.—武汉：华中科技大学出版社，2023.5
 ISBN 978-7-5680-9496-2

Ⅰ.①美⋯　Ⅱ.①黄⋯　Ⅲ.①中小学－班主任工作　Ⅳ.①G635.16

中国国家版本馆CIP数据核字（2023）第082755号

美好研究　美好成长：武汉市江岸区班主任工作室实践研究　　　　　　　　　黄运萍　编著
Meihao Yanjiu　Meihao Chengzhang：Wuhan Shi Jiang'an Qu Banzhuren Gongzuoshi Shijian Yanjiu

策划编辑：汪　杭
责任编辑：洪美员
封面设计：原色设计
责任校对：刘　竣
责任监印：周治超

出版发行：华中科技大学出版社（中国·武汉）　　　电话：(027)81321913
　　　　　武汉市东湖新技术开发区华工科技园　　　邮编：430223

录　　排：孙雅丽
印　　刷：武汉科源印刷设计有限公司
开　　本：787mm×1092mm　1/16
印　　张：19
字　　数：400千字
版　　次：2023年5月第1版第1次印刷
定　　价：69.80元

本书若有印装质量问题，请向出版社营销中心调换
全国免费服务热线：400-6679-118　竭诚为您服务
版权所有　侵权必究

序

　　教育是一项向美而生的事业，武汉市江岸区把"美好教育"作为区域的价值追求，我认为这是极好的，这个简单通俗的词语充分展现了教育温暖的人性美与无限的延伸感。然而，让教育美好起来又是不易的，要求是极高的，需要我们每一位教育工作者倾注满腔热情，不断在专业发展的道路上跋涉、攀登……

　　江岸区40余名班主任的研究成果，仿佛让我看到了40多张活力四射、洋溢着满满职业幸福感的甜美笑脸。能够在烦琐的工作中静下心来沉浸于德育研究，是多么难能可贵！能够从深度研究中体味到教育的幸福，又是多么令人羡慕！

　　做研究型班主任真的非常重要。具体从哪几个方面入手呢？就我自己而言，我一直努力在做三件事：看多家之言、坚持写日记、坚持写文章。教书的人自己要多看书，看多家之言，才能融会贯通，才能领会到理论的精神实质。研究，就需要有素材，需要第一手实践资料与有关数据。素材、事实、数据都需要积累，而积累比较好的办法是写日记。看多家之言，既提高了自己的理论水平，也为写日记积累了素材，但这都仅仅是搞科研的准备工作。搞科研，主要的工作形式之一就是写文章。教师这一职业决定了每位教师都具有进行科学研究的条件和机会，但有条件和机会是一回事，有没有科研能力又是另一回事。写文章就是利用好现有条件，抓住机会、利用机会进行科研的有效途径。

　　班主任工作在纷繁复杂的教育现场，从不缺乏实践经验，缺少的是对现象的追根溯源，以及寻找科学有效的教育策略，缺少的是研究者的视角和思考，而这恰恰是班主任从优秀走向卓越的必由之路。班级管理中，有很多看似不大的问题，只要"一个猛子扎下去"进行深耕，则必有收获。人一旦从研究的角度来看待他的本职工作，那么无论他的工作多么平凡，都会有无穷无尽的研究价值，同时也就会有无穷无尽的乐趣。

很高兴我能够以书为友，结识江岸区这群可爱的班主任，他们因为热爱教育、坚持研究、勤于读书且专注写作而走到一起。真诚地希望他们能永葆这份激情与坚韧，以立德树人为己任，在"美好教育"的热土上，构建自己自由、理想的教育王国，成就自我价值，推动和促进学生生命之花的绽放。

长江后浪推前浪，我向江岸区的班主任老师们学习，是为序。

魏书生

二〇二三年四月二十五日

目录

第一章
小岗位制度的实施与评估研究 /1

　　第一节　小岗位制度的相关研究 /2
　　第二节　以学习型小岗位建设助推学习型班级构建 /5
　　第三节　小岗位制度实施调查分析 /6
　　第四节　小岗位对学生发展的影响：学生视角 /20
　　第五节　小岗位的质性研究 /23

第二章
武汉市小学生心理困境现状及家校干预的行动研究 /55

　　第一节　问题提出 /56
　　第二节　文献述评 /58
　　第三节　研究程序 /63
　　第四节　研究过程 /67
　　第五节　研究总结 /108
　　第六节　研究反思 /110

第三章
父亲参与班级活动对学生的影响研究 /113

　　第一节　问题提出 /114
　　第二节　文献综述 /116
　　第三节　研究过程 /131

第四节　研究成效　　　　　　　　　　　/ 162
　　第五节　研究反思　　　　　　　　　　　/ 171
　　第六节　结语　　　　　　　　　　　　　/ 176

第四章
社会情绪能力视角下小学生人际交往及
心理健康促进的行动研究　　　　　　　　　/ 185
　　第一节　问题提出　　　　　　　　　　　/ 186
　　第二节　文献综述　　　　　　　　　　　/ 187
　　第三节　研究过程　　　　　　　　　　　/ 191
　　第四节　数据分析　　　　　　　　　　　/ 200
　　第五节　结果讨论与反思　　　　　　　　/ 212
　　第六节　研究活动呈现　　　　　　　　　/ 214

第五章
小学生公共责任感培育行动研究　　　　　　/ 245
　　第一节　问题提出　　　　　　　　　　　/ 246
　　第二节　国内外研究现状述评　　　　　　/ 247
　　第三节　研究过程　　　　　　　　　　　/ 254
　　第四节　研究分析　　　　　　　　　　　/ 263
　　第五节　研究反思　　　　　　　　　　　/ 289

第一章 小岗位制度的实施与评估研究

第一节 小岗位制度的相关研究

一、小岗位的界定

随着班级管理的不断深入,当班级管理与民主化管理、精细化管理、学生主体、教育公平等管理实践与教育哲学相结合时,小岗位就顺应而生了。小岗位设立与具体的工作任务、具体的能力提升、具体的兴趣偏好有关。

班级是教育领域中的常见的组织形态。班主任为了提高班级管理效能,挖掘与培养学生的主体性与发展性,会设立不同的岗位。"岗位"是班级工作中分工职责的基本单位。

班级中,最先形成的岗位是班干部。设立班干部的目的之一在于树立班级中的榜样,让班级学生学习榜样,从而提高学习成效与提升德育素养。虽然,"小岗位"与"班干部"是两个极易混淆的术语,但实际上,它们并不完全相同。赵蓉英(2013)认为,二者在对象、产生方式、意识三个方面存在较大差异。小岗位设置是面向全员的,强调覆盖面;小岗位设置通常按照需求来定,甚至由学生提出创设,比较具有弹性;小岗位一般是学生自愿参与,乐于付出,贯穿其中的更多是服务意识、责任意识、自我管理和自我激励。梁桂嫦(2019)认为,班级小岗位包含按照班级管理需要划分的众多岗位,它有别于传统的班委。班委是指班级的领导团队,有固定的岗位与职数,具有一定的行政色彩。而班级小岗位中的大多数岗位是由学生根据实际情况自己设立取名的,每个岗位都是学生观察力与创新力的结晶,负责管理班级某项事务,它没有高低、大小之分,没有特权。

本研究的小岗位是指在特定的班级组织中,在一定的时间内,由学生承担完成若干项工作任务,并具有一定的职务、责任和权限的岗位。通过设置"小岗位",班级与学生之间的各项工作得以连接,能最大限度地培养和提升学生的学习兴趣。

二、小岗位的功能

(一)小岗位制度的德育功能

多数研究者关注小岗位制度对学生的德育功能的影响。郭桂兰(1989)较早就提出过在班级管理中实施"家庭劳动小岗位"建设的思想和实施策略。之后,随着班级管理实践的丰富与发展,越来越多的教师关注到班级小岗位制度对学生品德教育的价值,如培养学生的学习能力、责任心,促进学生社会化、主体意识提升与激活学生的班级参与热情，有利于学生综合发展（钱晶，2018；马欢，2017；徐鸿宇，2013；卓苑芳，2017）。学生家长也普遍希望自己的孩子在学校和班级承担一定的集体服务职责，培养孩子的责任心（陶晓燕，2018）。

潘平（2013）认为，小岗位建设能强化学生的自主、自律和责任意识，锻炼学生的实践能力。卓苑芳（2017）指出，小岗位能够培养学生的规则意识和领导能力、沟通与合作能力。梁桂嫦（2019）认为，小岗位增强了学生的服务意识，凸显了民主管理精神，有利于培养学生的主人翁意识与责任担当，为学生提供了与他人交往的机会，促进了生生之间的交流，增强了学生的团队合作意识，有利于将班级责任意识注入到每个学生的心中。小岗位成员成为班主任的得力助手，班主任也不再"以自我为中心"，而是与学生一同策划，平等对话协商，一起完善小岗位的设置，适当放手，让学生自主管理。小岗位还能够促进学生的自我教育。

（二）小岗位制度的心育功能

在班级管理中，实施小岗位制度具有重要的心育功能，但已有研究较少关注小岗位制度的心育功能。潘平（2013）认为，小岗位有利于提升学生的自主能力，培养其积极向上的情感。梁桂嫦（2019）认为，小岗位旨在发挥学生的主观能动性，激发学生的创新意识，提高其自我管理能力。

三、小岗位制度的建设策略

小岗位制度如何设立呢？班级管理是不是岗位越多越好呢？班级岗位如何设计才能真正实现"人人有事做，事事有人管"？学者们提出了一些建设性的策略。

（一）小岗位制度的人岗匹配

岗位设立要做到人岗匹配，人岗不匹配会造成岗位的激励价值降低。刘瑞霞（2014）将小岗位制度应用于跟班就读的教育群体对象上，提出"结合学生需求，因需设岗；结合学生能力，培训上岗；结合学生表现，评岗赞岗"的建设策略。佟小东（2015）提出，在班级实施"一人一岗"制度。潘平（2013）针对低年级小岗位设计提出了"度身定做、人人上岗；细化职责、强化责任；多元评价、体验乐趣"三项原则。梁桂嫦（2019）认为，班级小岗位创设是在班级管理中去行政化、实现全员参与和民主管理、激发学生主动性和创造性的有效途径，还提出了"广设岗位，人人有位；公开竞岗，任人唯贤；监督激励，相互制衡"三个方面的实施策略。

（二）小岗位制度的动态调整

小岗位制度有一定的生命周期，需要进行动态调整。梁桂嫦（2019）认为，班级小岗位创设要做到岗位置换、破除终身。陶晓燕（2018）基于自身班级管理实践中"班级十大员岗位制"（如节水节电员、环境布置员、电教管理员、卫生检查员等），提出"细化岗位、竞争上岗、流动轮岗、综合评价"的建设策略。陶晓燕认为，岗位职责不是一成不变的，随着时代发展、校园生活不断丰富，学生知识不断积累，班级小岗位的建设内容应适时拓宽。比如，低年级的"天气预报员"到高年级可以升级为"气象分析员"，"电教管理员"可以转型为"电脑管理员"，"图书管理员"可以进阶为"好书推荐员"，等等。郭芳（2013）提出"强轮换、重评价、促成长"的建设思路，让学生按不同轮换周期和轮换方式轮换小岗位。

（三）小岗位制度的流程化

小岗位制度的建设遵循一定的流程，应在时间线上依次展开。章琪琪（2006）与徐鸿宇（2013）提出了小岗位制度的流程：设置值日生－选择小岗位－重选小岗位－岗位明星评选－小岗位延伸。尹丽颖（2011）认为，对于学生来说，选岗渗透着责任意识，上岗可以深化责任意识，调岗可以强化责任态度，评岗可以让学生体验负责的成就感。卓苑芳（2017）提出小岗位制度流程如下：师生共同讨论岗位组－小岗位组组长竞选－组长设置具体岗位－岗位组人员招募－组内协调分工－岗位组自我展示－岗位实践－岗位组自评和互评－岗位轮换。骆娇娟（2019）提出"设置岗位，明确职务；竞选岗位，调动热情；监督岗位，落实到位；评选岗位，适时换岗"四个步骤。她认为小岗位制度建设若破坏了依次展开的时间线，在实施过程中可能会遇到障碍。

四、小岗位制度的评价

多数研究认为小岗位制度实施的评价应采用多元评价与综合评价，并未充分关注评价的发展性与教育性。郭芳（2013）提出对岗位表现的评价实行学生自评、班级同学量化客观评价、班级同学定性评价和教师总体评价相结合的多元评价方式。潘平（2013）提出，应采用多元评价、体验乐趣。卓苑芳（2017）提出，在小岗位制度中应采用自评、组内评、各组互评、教师他评相结合的形式开展评价；评价重在肯定，评价的目的在于激励和引导，引导学生从评价中总结，从评价中反思。陶晓燕（2018）认为，对小岗位应采用综合评价的方式进行评价。值得注意的是，糜娜（2004）针对小岗位制度的实施成效，采用教育叙事的方式记述了学生发生的根本性改变。

总体而言，大多数研究关注到了小岗位制度的教育功能和小岗位制度评价，但存在两个方面的不足：一是将小岗位制度局限于德育教育活动范围，小岗位设置及服务内容较少涉及学生学习活动；二是多数研究对小岗位制度实施效果的评估是基于逻辑论证做出评价的，缺乏对小岗位制度实施成效的系统科学评估，缺乏定性与定量的科学数据的支撑。

本研究旨在从定性与定量的角度来寻找小岗位制度实施后的学生成长变化的事实依据，为后续深入开展小岗位制度提供可靠的数据支撑。

第二节　以学习型小岗位建设助推学习型班级构建

近年来，越来越多教师关注到，在班级管理中实施小岗位制度可以增强学生的责任心，促进学生社会化，提升学生的综合素养。不过，小岗位与班干部有着明显的区别，二者在对象、产生方式、意识三个方面存在较大的差异。小岗位设置面向全员，强调覆盖面，且小岗位通常按照需求来定，甚至由学生创设，弹性较大。在小岗位上，学生自愿参与，乐于付出，注重服务意识、责任意识、自我管理和自我激励。

大多数研究虽然关注小岗位制度的德育价值，但存在两个方面的不足：一是将小岗位的设置局限于德育范围，较少涉及学习活动；二是对小岗位制度实施成效评估的研究非常少，而且局限于定性评估，缺乏定量评估。为此，我们致力于学习型小岗位制度的研究，通过打造学习型小岗位来打造学习型班级。

首先，通过梳理相关文献，探索学习型班级的内涵，构建学习型班级的评价体系。其次，通过问卷调查及学生访谈的方式，初步确定需要设置的学习型小岗位数量及职责，根据相关文献资料，结合学生实际情况，进行学习型小岗位制度建设。再次，围绕学习型小岗位开展相关活动，在活动中观察、比较学生的变化，归纳这些活动对学习型小岗位制度建设的作用。最后，完善学习型小岗位制度，进一步研究小岗位制度建设与这些活动的关系。

研究抽取12个自然班，随机分组，分成实验组班级和对照组班级。其中，实验组班级实施学习型小岗位制度，对照组班级不实施学习型小岗位制度。通过问卷调查、访谈，基于行动研究范式，检验学习型小岗位制度对学习型班级构建的促进作用。选取低、中、高段班级各4个，采取问卷调查、访谈等形式，对学生学习力及班级情况进行观察和测量，分析学习型班级基线水平，经过一学期干预后，再次测量学习型班级的学习力水平。干预前后，分别测量12个自然班的学生的学习动机、学习兴趣、学习态度、学习自我效能感、学习价值观、班级氛围、创造力意识，考查实验组班级与对照组班级前后的差异，从而检验学习型小岗位制度对学习型班级构建的有效性。

我们以班级活动、家校活动为主，围绕小岗位开展活动，激发学生学习兴趣，探索提高学生学习能力的有效方法，建立学习型班级。具体有三个原则：一是因需设岗，小岗位的设定从班级生活的需要出发，发挥学生才能、弥补其不足；二是自主择岗，发挥学生的创造性，自主设计岗位职责，确定合理的岗位目标；三是适时换岗，根据学生的年龄特点,灵活换岗。

同时,还设计了小岗位制度建设推广会、培训会,介绍实施经验及制度建设细节;针对推广对象,运用行动研究范式,经过前期调研、设计方案、实施方案、跟踪评估、改进完善后再度实施,循环两轮后,总结经验、撰写报告、发表成果(李军,王晓芹,夏娟娟,等,2020)。

第三节 小岗位制度实施调查分析

一、调查数据

2022年11月,课题组对实施了小岗位实验的7所小学中的三年级、四年级、五年级的学生进行整群抽样调查,调查方式是利用在线问卷调查平台发放问卷,问卷内容涵盖学生的年级、性别、小岗位参与情况、家庭情况、学校氛围、个人情感态度等。问卷是匿名填写的。实施一周后,课题组回收有效问卷840份。随后,课题组基于该数据对小岗位制度实施的效果进行定量评估,并分析小岗位参与情况对学生多个方面核心素养发展可能存在的影响。

二、小岗位时长

在调查问卷中,课题组对小岗位参与情况进行了调查。询问学生"自进入小学以来,你在学校或班级担任小岗位职责(包括学生干部岗位、学校或班级的服务岗位等)的时长有多长?"的问题,选项包括"从未承担过、1个学期以内、1—2个学期、2—3个学期、3—4个学期、4—5个学期、5—6个学期、6—7个学期"。课题组利用该问卷题项来测量学生参与小岗位的情况(即"小岗位时长")。在后续的定量分析中,课题组把小岗位时长作为核心自变量,探讨它与其他变量的量化关系,借以推断小岗位参与情况对学生核心素养发展可能存在的影响。

调查数据显示,在840份有效问卷中,"从未承担过"小岗位职责的占到13.9%;时长在"1个学期以内"的占15.4%;时长在"1—2个学期"的占15.1%;时长在"2—3个学期"的占14.0%;时长在"3—4个学期"的占12.9%;时长在"4—5个学期"的占9.5%;时长在"5—6个学期"的占5.4%;时长在"6—7个学期"的占13.8%,如图1-1所示。

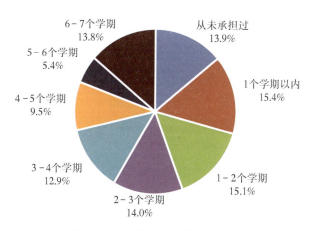

图1-1 小岗位时长的样本分布

三、小岗位与学生发展

(一) 小岗位时长与学习成绩

在调查问卷中，课题组通过题项"你最近一次期末考试语文成绩位于什么范围？""你最近一次期末考试数学成绩位于什么范围？""你最近一次期末考试英语成绩位于什么范围？"分别询问了被调查学生的语文、数学、英语三门课最近一次期末考试的成绩，选项包括"60分以下、60—70分（不含）、70—80分（不含）、80—90分（不含）、90—100分"，依次分别赋值1—5分。我们将三门课的成绩选项赋值加总，作为被调查学生的学习成绩。

为探讨小岗位时长与学习成绩的关系，课题组绘制能初步反映二者关系的曲线图（如图1-2所示），并计算二者皮尔逊相关系数。结果显示，小岗位时长与学习成绩的相关系数 $r=0.449$（$p<0.001$）。这说明小岗位时长与学习成绩之间存在着显著的正相关关系，即小岗位服务时间越长，学生学习成绩越好。

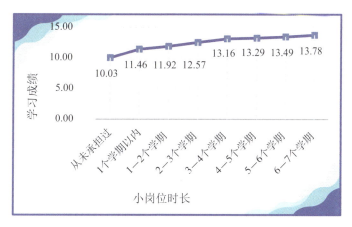

图1-2 不同的小岗位时长对应的学生学习成绩

（二）小岗位时长与主观幸福感

在调查问卷中，课题组通过题项"想想自己，你感受到下述情绪（如快乐、充满活力、自豪、欣喜、兴高采烈、恐惧、痛苦、担心、难过）的次数多不多？"询问了被调查学生的情绪健康状况，选项包括"非常少、比较少、比较多、非常多"，依次分别赋值1—4分。课题组对消极情绪（如恐惧、痛苦、担心、难过）进行了反向编码，然后将9种情绪的选项赋值相加，作为学生的主观幸福感得分。

为探讨小岗位时长与主观幸福感得分的关系，课题组绘制了能够初步反映二者关系的曲线图（如图1-3所示），并对二者做皮尔逊线性相关分析。结果显示，小岗位时长与主观幸福感得分的相关系数$r=0.23$（$p<0.001$）。这说明小岗位时长与主观幸福感之间得分存在着显著的正相关关系，即小岗位服务时间越长，学生的主观幸福感越强。

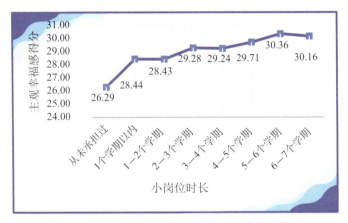

图1-3　不同的小岗位时长对应的主观幸福感得分

国内学者大多采用学者Diener对主观幸福感的定义，即主观幸福感包括了生活满意度和情感体验两个维度。其中，情感体验又分为积极情感体验和消极情感体验。研究发现，社会支持对主观幸福感起到了积极的影响，当小学生获得了精神上或物质上的支持时，个体心理上的安全感和归属感会增加，而消极情绪和消极反应会减少。此外，同伴关系也影响着小学生的主观幸福感，积极乐观、善良随和的小学生更容易被同伴接纳，有着较好的同伴关系，不容易感受到孤独，也更加自信，体验到的积极情绪也更多（侯彦宇，2019）。参与小岗位职责任务在获得社会支持（来自教师、同学和家庭）、改善同学关系方面，具有积极正向作用，从而对提升小学生的主观幸福感具有积极作用。

（三）小岗位时长与学校归属感

在调查问卷中，课题组采用包含了"老师或同学注意到我在某一方面具有特长""我觉得班主任和任课老师都喜欢我""我感觉自己能很好地融入班集体""我觉得同学们似乎都喜欢我""我觉得在学校很有归属感"等9个题项的《学校归属感量表》测量了被调查学生的学校归属感大小，选项包括"很不符合、不太符合、比较符合、非常符合"，依次分别赋值1—4分。课题组将量表9个题项的得分相加,作为学生的学校归属感得分。

为探讨小岗位时长与学校归属感得分的关系,课题组绘制了能够初步反映二者关系的曲线图(如图1-4所示),并对二者做皮尔逊线性相关分析。结果显示,小岗位时长与学校归属感得分的相关系数$r=0.314$($p<0.001$)。这说明小岗位时长与学校归属感得分之间存在着显著的正相关关系,即小岗位服务时间越长,学生的学校归属感越强。

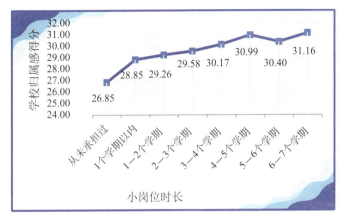

图1-4　不同的小岗位时长对应的学校归属感得分

学校归属感(school belonging)是指学生在心理上对学校的认同并且愿意承担作为其中一员的义务,以及在行为上乐于参与学校生活中的各种活动;学生自觉地将自己看成学校这一集体的成员并对学校班级产生一种寄托感(李飞,杨坤,2006);学生把自己视为学校这一集体的一员的心理状态,同时对学校产生依恋和喜欢的感情,对学校的教学目标和教学活动表示认可,并且愿意通过参与其中来促进自身发展(徐坤英,2008)。

学生的不同个性特征与学校归属感存在着复杂的相互作用。庞海波(2009)的研究表明,学生的学校归属感与人格特质呈显著相关,学校归属感与乐群性、情绪稳定性和有恒性呈显著正相关,即归属感强的学生更乐于与人交往、待人热情、情绪稳定,对挫折的耐受能力强,他们对学校会有比较多的安全感、集体感和荣誉感,喜欢并愿意待在学校,对学校产生更强烈的归属感。

Whitlock(2004)认为,在学校和社区里存在着一种称为"联通感"(归属感)的生态系统,在这样的生态系统中,某个环境感受到的联通感的多少与在另一个环境里感受到的联通感的多少有关。其原因可能是在某个环境中获得的社会支持使个体拥有一定的途径和技能来获得必要的社会资源,拥有更多的自信心,而这些社会和心理资源能够成功地被用于另一环境中(李文和,2013)。参与小岗位职责任务有助于促进小学生的人际沟通与人际交往,锻炼小学生的抗挫能力,同时也能整合相关的社会资源和心理资源,提升小学生的自信心和自我效能感。

（四）小岗位时长与成败归因

在调查问卷中，课题组采用包含了"我觉得考试考得好是因为自己努力的结果""我觉得考试考得不好，通常是我运气不好（如考试那天下雨，心情很糟糕等）""当我失败时，我会担心自己天分不足"等6个题项的《成败归因量表》测量了被调查学生的成败归因，选项包括"很不符合、不太符合、比较符合、非常符合"，依次分别赋值1—4分。课题组对量表中的反向提问进行了重新编码，将量表中6个题项的得分相加，作为学生的成败归因得分。得分越高，表示学生的积极归因或正向归因倾向越强。

为探讨小岗位时长与成败归因得分的关系，课题组绘制了能够初步反映二者关系的曲线图（如图1-5所示），并对二者做皮尔逊线性相关分析。结果显示，小岗位时长与成败归因得分的相关系数$r=0.175$（$p<0.001$）。这说明小岗位时长与成败归因得分之间存在着显著的正相关关系，即小岗位服务时间越长，学生对成败的归因就越积极、越正向。

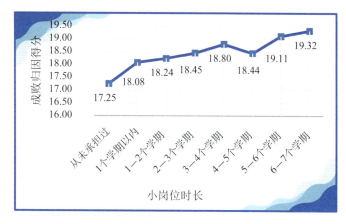

图1-5 不同的小岗位时长对应的成败归因得分

归因（attribution）是指人们对他人或自己的行为进行分析、推论出这些行为内在原因的过程。Seligman等（2008）认为，归因可分为两种：乐观的归因和悲观的归因。悲观的个体比乐观的个体更可能对实际的消极事件产生被动性和低调情绪。继韦纳提出成败归因理论之后，国内外学者对归因，尤其是对中小学生学业成败归因进行了大量研究。研究发现，消极归因和学业成绩之间具有稳定的关系，这种关系反映出一些行为动机、认知过程的执行是在归因的指导下进行的。

近年来，一些研究探讨了不同自尊水平对成败归因方式的影响。国外研究表明，高自尊水平的学生倾向于对成功进行内部归因，对失败进行外部归因；而低自尊水平的学生则易于把成功归因于外部因素，把失败归因于内部因素。高自尊水平的学生更多地将学业成败归因于自己内在能力和努力程度，而低自尊水平的学生更多地将学业成败感受为是自己缺乏能力的结果。国内的一些研究也发现，学业归因与自我认知有关：自我认知水平高的学生，倾向于做内部归因。学习不良儿童倾向于把失败归因于内部因素，而把成功归因于外部因素,这表明学习不良儿童对他们的成绩没有自信,自尊水平较低,即学习不良儿童的归因风格更为消极,一般儿童归因风格更为积极(尹红霞,尚金梅,2006)。参与小岗位履行职责任务,能够在完成任务的成就感中,以及在积极的人际交往互动中建立起更高的自我认知,拥有更高的自尊水平,从而有更为积极的成败归因倾向(即更倾向于对成功进行内部归因)。

(五)小岗位时长与自我效能感

在调查问卷中,课题组采用包含了"我喜欢选择富有挑战性的学习任务""不管我的学习成绩好与坏,我都从不怀疑自己的学习能力""课堂上我能主动地记笔记""做作业时我总是力求回忆起老师在课堂上所讲的内容,以便把作业做好"等6个题项的《自我效能感量表》测量了被调查学生的自我效能感,选项包括"很不符合、不太符合、比较符合、非常符合",依次分别赋值1—4分。课题组将量表中6个题项的得分相加,作为学生的自我效能感得分。

为探讨小岗位时长与自我效能感得分的关系,课题组绘制了能够初步反映二者关系的曲线图(如图1-6所示),并对二者做皮尔逊线性相关分析。结果显示,小岗位时长与自我效能感得分的相关系数$r=0.32$($p<0.001$)。这说明小岗位时长与自我效能感得分之间存在着显著的正相关关系,即小岗位服务时间越长,学生的自我效能感越高。

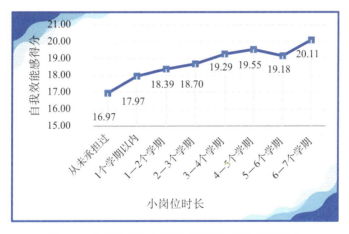

图1-6 不同的小岗位时长对应的自我效能感得分

自我效能感是美国心理学家班杜拉首次提出的,指的是人对自己能否成功地进行某一行为的判断和评价,也可以说是人对自己能否实施某一行为的能力的一种主观判断。研究表明,自我效能感在小学生的学习活动中发挥着重要作用。自我效能感影响学生知识的掌握和技能的获得,对学习活动具有动机调节作用。自我效能感的培养和提高是增强学生素质、提高教学和学生活动效率的有效途径(郭庆峰,2015)。参与小岗位履行职责任务,能够提升学生对自身的认知和评价,增强解决问题的自信心,因此参与小岗位越多、时间越长,学生的自我效能感也会越强。

(六) 小岗位时长与人际交往

在调查问卷中,课题组采用包含了"我了解人际交往(跟人打交道)的礼仪知识和常用方法""我具备跟别人沟通交流、合作解决问题的能力""我在班级有几个非常要好的同学""同学们对我很友好"等5个题项的《人际交往量表》测量了被调查学生的人际交往状况,选项包括"很不符合、不太符合、比较符合、非常符合",依次分别赋值1—4分。课题组将量表中5个题项的得分相加,作为学生的人际交往得分。

为探讨小岗位时长与人际交往得分的关系,课题组绘制了能够初步反映二者关系的曲线图(如图1-7所示),并对二者做皮尔逊线性相关分析。结果显示,小岗位时长与人际交往得分的相关系数$r=0.217$($p<0.001$)。这说明小岗位时长与人际交往得分之间存在着显著的正相关关系,即小岗位服务时间越长,学生的人际交往也越好。

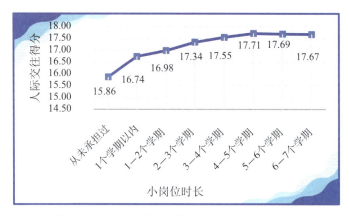

图1-7 不同的小岗位时长对应的人际交往得分

人际关系是指人与人在相互交往过程中形成的心理关系。对小学生而言,良好的人际关系不仅有益于身心健康及其认知能力的发展,而且有利于建设良好的学校人际氛围,使他们把旺盛的精力用在如何按照社会要求设计自己、发展自己方面,有利于培养具有现代素质的一代新人。

小学生的人际网络相对来说比较简单,主要由父母、老师和同伴构成。小学生的人际心理发展也主要受这几方面因素影响,如父母的教养方式、父母之间的关系以及老师的期望与评定、教学方式、老师的人格魅力、班级同学关系等(谷玉冰,2011)。参与小岗位履行职责,有助于提高教师对学生的期待和评价,增强同学之间的交流互动,改善师生关系和同伴关系,学生的人际关系状况和人际技能会变得更好。

(七) 小岗位时长与责任感

在调查问卷中,课题组采用包含了"我总是对班上的事尽心尽力""我举止文明,行为规范""我关心家人的健康""如果同学在学习上有困难,我能主动帮助他(她)"共4个题项的《责任感量表》测量了被调查学生的责任感,选项包括"很不符合、不太符合、比较符合、非常符合",依次分别赋值1—4分。课题组将量表中4个题项的得分相加,作为学生的责任感得分。

为探讨小岗位时长与责任感得分的关系,课题组绘制了能够初步反映二者关系的曲线图(如图1-8所示),并对二者做皮尔逊线性相关分析。结果显示,小岗位时长与责任感得分的相关系数$r=0.269$($p<0.001$)。这说明小岗位时长与责任感得分之间存在着显著的正相关关系,即小岗位服务时间越长,学生的责任感也越强。

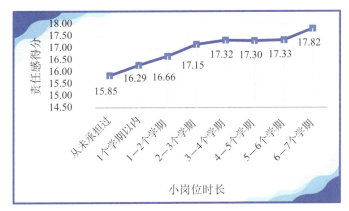

图1-8 不同的小岗位时长对应的责任感得分

责任感是个体内心对自己和他人、对家庭和集体、对国家和社会承担义务的一种复杂情感的体验。责任感也是一种态度,是一个人对其所属集体的共同活动、行为规范以及他所承担的任务的自觉态度,对责任行为后果积极主动承担责任和履行义务的自觉态度。责任感至少应该包括自我责任感、家庭责任感、他人责任感、集体责任感以及国家责任感5个方面。

研究者通过实践探索,总结出了一些比较具体的提升小学生责任感的策略和方法。一是从中小学生模仿学习的角度出发,强调成人的榜样示范和身教作用;二是设置各种岗位,通过明确的目标和任务,形成中小学生的责任感;三是开展各种社会实践活动,以活动来催化责任内化;四是深化和完善家校合作,创设培养中小学生责任感的环境条件,让家庭、学校共同培养中小学生的责任感(王方全,2021)。参与小岗位是提升学生责任感的有效策略之一,参与小岗位时间越长,责任感提升也越多。

(八)小岗位时长与坚韧性

在调查问卷中,课题组采用包含了"我认为逆境对人的成长是一种帮助""学习中不管遇到什么困难,我都能坚持下去""我认为自己能同时处理多件事情""我有信心可以应对任何学习困难""遇到困难时,我总能想到解决办法"等10个题项的《坚韧性量表》测量了被调查学生的坚韧性,选项包括"很不符合、不太符合、比较符合、非常符合",依次分别赋值1—4分。课题组将量表中10个题项的得分相加,作为学生的坚韧性得分。

为探讨小岗位时长与坚韧性得分的关系，课题组绘制了能够初步反映二者关系的曲线图（如图1-9所示），并对二者做皮尔逊线性相关分析。结果显示，小岗位时长与坚韧性得分的相关系数 $r=0.266$（$p<0.001$）。这说明小岗位时长与坚韧性得分之间存在着显著的正相关关系，即小岗位服务时间越长，学生的坚韧性也越强。

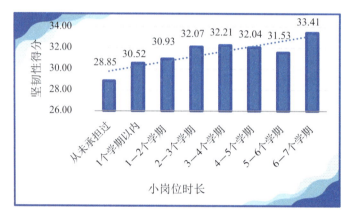

图1-9 不同小岗位时长对应的坚韧性得分

坚韧性（resilience），又称心理韧性、复原力，指个体在生活中面临各种问题与挑战带来的压力时所表现出的适应能力，如在重大威胁、严重逆境或创伤的背景下仍表现出积极的态度与应对方式的能力，其发展是一个动态的过程。韧性是个体的一种心理保护机制，拥有良好的韧性可以维持个体心理健康并促进其在逆境中的恢复。Windle的研究表明，生活环境与经历能够促进个体在逆境中适应和调节的能力。小学阶段是个体韧性发展的关键时期，不少研究者对其进行了相关研究。研究发现，韧性会随着年级的提高、不同实践活动后的经历得到发展及成长（王成韬，潘运，曹凤英，2022）。父母和教师如果关注孩子的情绪表现，及时沟通，对孩子在学校中面临的困境与压力给予关怀与支持，帮助孩子克服困难，有助于培养孩子优良的坚韧性。参与小岗位提供了这种锻炼自己坚韧性的机会，参与得越多，参与时间越长，学生得到的磨砺也越多。

（九）小岗位时长与自我调控能力

在调查问卷中，课题组采用包含了"当学习状态不佳时，我会进行自我调整，继续完成学习任务""遇到挫折和困难时我会调整自己的心态和情绪""通常我需要别人督促才能完成学习任务"等多个题项的《自我调控能力量表》测量了被调查学生的自我调控能力，选项包括"很不符合、不太符合、比较符合、非常符合"，依次分别赋值1—4分。课题组将量表中多个题项的得分相加，作为学生的自我调控能力得分。

为探讨小岗位时长与自我调控能力得分的关系，课题组绘制了能够初步反映二者关系的曲线图（如图1-10所示），并对二者做皮尔逊线性相关分析。结果显示，小岗位时长与自我调控能力得分的相关系数 $r=0.239$（$p<0.001$）。这说明小岗位时长与自我调控能

力得分之间存在着显著的正相关关系,即小岗位服务时间越长,学生的自我调控能力也越强。

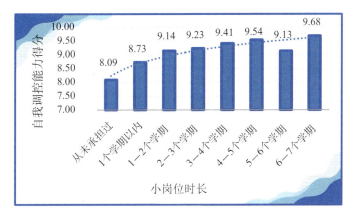

图1-10 不同小岗位时长对应的自我调控能力得分

自我调控能力是帮助个体做出符合社会期望的行为,抑制不符合社会规范行为的能力,换句话说,是个体调控自己的情绪、行为和注意力,以便做出符合社会期望行为的能力。学生的自我调控能力会随年龄增长而持续提高,有研究者认为,这是认知发展(如抽象思维能力和规划能力提高)造成的,年龄更大的孩子所采取的调控策略也会更有效。

以往,研究者们一直在讨论成人对儿童社会化的重要作用。成人扮演着父母、教师等各种角色,他们代表着权威、力量和社会的专家。然而,皮亚杰等一些理论家认为,同伴对儿童和青少年的发展起到了与父母同样重要,甚至比父母更重要的作用。上学以后,绝大多数儿童也都是在同伴的陪伴下度过了大部分的娱乐时间,他们之间彼此影响。人们观察一下学校操场或社区里的儿童就会发现,他们经常会三五成群地聚在一起,形成比较固定的"同伴群体",有着自己的行为规范,如穿着、行动方式。因此,同伴在儿童的社会化过程中同样扮演着重要角色。

发展心理学家认为,同伴是社会地位相同的人,或至少目前来说是行为复杂程度相似的个体。同伴关系指同龄人间或心理发展水平相当的个体间在交往过程中建立和发展起来的一种人际关系。为了发展同伴关系,儿童必须具备自我调控能力,即能够调节自身行为,使自身行为与他人相适应,以便追求共同的兴趣和目标。实证研究也发现了二者之间的密切关系,一项研究还发现,受欢迎的孩子有更多的机会去发展他们的自我调控能力(王素霞,2014)。参与小岗位能提升学生跟同伴打交道的机会,完成岗位任务的过程也增加了学生进行自我调控的机会。

(十)小岗位时长与元认知能力

在调查问卷中,课题组采用包含了"每次学习后,我经常会思考自己学习过程中的不足之处""每次学习前,我清楚自己要学什么、做什么""虽然问题已经成功解决,但我还是会思考是否有更好的方法""对复杂的任务或问题,我会先在头脑中设想出大致计划或解决步骤"等多个题项的《元认知能力量表》测量被调查学生的元认知能力，选项包括"很不符合、不太符合、比较符合、非常符合"，依次分别赋值1－4分。课题组将量表中多个题项的得分相加，作为学生的元认知能力得分。

为探讨小岗位时长与元认知能力得分的关系，课题组绘制了能够初步反映二者关系的曲线图（如图1-11所示），并对二者做皮尔逊线性相关分析。结果显示，小岗位时长与元认知能力得分的相关系数$r=0.208$（$p<0.001$）。这说明小岗位时长与元认知能力得分之间存在着显著的正相关关系，即小岗位服务时间越长，学生的元认知能力也越强。

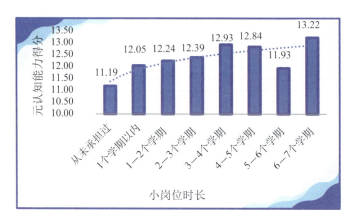

图1-11　不同小岗位时长对应的元认知能力

元认知（meta-cognition）这一概念是美国著名儿童心理学家弗拉维尔（Flavell）首次提出的。弗拉维尔认为，元认知是一种调节认知过程的认知活动，也是认知主体对自身能力、活动任务、个人目标、认知策略等方面的认识，同时元认知对自身的各项活动起着计划、监控和调节的作用。A.Brown和L.Baker提出，元认知是"个人对认知领域的知识和控制"，即元认知包含"对有关认知的知识"和"对认知的调节"两方面的内容（张屹，陈珍，白清玉，等，2017）。参与小岗位履行职责，增加了学生自我反思的机会，从而一定程度上让学生的元认知能力得到了发展。

（十一）小岗位时长与自主学习能力

在调查问卷中，课题组采用包含了"我总能专注地学习而不受外界干扰""在没人要求的情况下，我会为自己设定学习目标及完成的时间""我能安排好自己的学习时间""我能主动学习我需要的知识和技能""学习和生活中一旦有疑问，我总会设法弄明白"等多个题项的《自主学习能力量表》测量了被调查学生的自主学习能力，选项包括"很不符合、不太符合、比较符合、非常符合"，依次分别赋值1－4分。课题组将量表中多个题项的得分相加，作为学生的自主学习能力得分。

为探讨小岗位时长与自主学习能力得分的关系，课题组绘制了能够初步反映二者关系的曲线图（如图1-12所示），并对二者做皮尔逊线性相关分析。结果显示，小岗位时长与自主学习能力得分的相关系数 $r=0.241$（$p<0.001$）。这说明小岗位时长与自主学习能力得分之间存在着显著的正相关关系，即小岗位服务时间越长，学生的自主学习能力也越强。

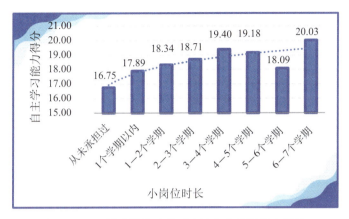

图 1-12　不同小岗位时长对应的自主学习能力得分

（十二）小岗位时长与目标设定能力

在调查问卷中，课题组采用包含了"学习之前，我能确定自己的学习需要，并制定学习目标""我通常制定较具体的学习目标""我一般会设置经过努力能实现的学习目标""我知道自己需要养成哪些良好的行为习惯""对于养成良好的行为习惯我有具体明确的目标"等多个题项的《目标设定能力量表》测量了被调查学生的目标设定能力，选项包括"很不符合、不太符合、比较符合、非常符合"，依次分别赋值1—4分。课题组将量表中多个题项的得分相加，作为学生的目标设定能力得分。

为探讨小岗位时长与目标设定能力得分的关系，课题组绘制了能够初步反映二者关系的曲线图（如图1-13所示），并对二者做皮尔逊线性相关分析。结果显示，小岗位时长与目标设定能力得分的相关系数 $r=0.242$（$p<0.001$）。这说明小岗位时长与目标设定能力得分之间存在着显著的正相关关系，即小岗位服务时间越长，学生的目标设定能力也越强。

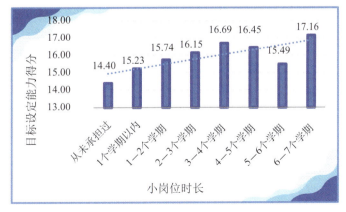

图 1-13　不同小岗位时长对应的目标设定能力

(十三) 小岗位时长与学习专注力

在调查问卷中,课题组采用包含了"我很难持续集中注意力在学习上""做作业时,我喜欢开着电视或听着音乐""听别人讲话,我常常想着另外一件事""我经常在看完一页书后却不知道书上讲的是什么""学习时,我学一会儿就会走神"等多个题项的《学习专注力量表》测量了被调查学生的学习专注力,选项包括"非常符合、比较符合、不太符合、很不符合",依次分别赋值1—4分。课题组将量表中多个题项的得分相加,作为学生的"学习专注力"得分。

为探讨小岗位时长与学习专注力得分的关系,课题组绘制了能够初步反映二者关系的曲线图(如图1-14所示),并对二者做皮尔逊线性相关分析。结果显示,小岗位时长与学习专注力得分的相关系数$r=0.261$($p<0.001$)。这说明小岗位时长与学习专注力得分之间存在着显著的正相关关系,即小岗位服务时间越长,学生的学习专注力也越强。

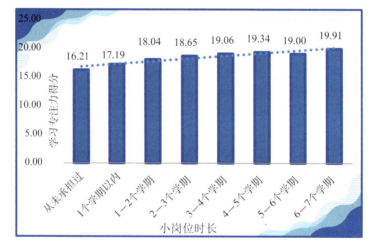

图1-14 不同小岗位时长对应的学习专注力得分

(十四) 小岗位时长与学习投入

在调查问卷中,课题组采用包含了"学习时,我精力充沛""学习时,我觉得时间过得很快""当学习内容比较难时,坚持完成学习对我来说是件比较容易的事情""我觉得学习很有价值和意义""在学习上,我喜欢探究新问题"等多个题项的学习投入量表测量被调查学生的学习投入,选项包括"很不符合、不太符合、比较符合、非常符合",依次分别赋值1—4分。课题组将量表中多个题项的得分相加,作为学生的学习投入得分。

为探讨小岗位时长与学习投入得分的关系,课题组绘制了能够初步反映二者关系的曲线图(如图1-15所示),并对二者做皮尔逊线性相关分析。结果显示,小岗位时长与学习投入得分的相关系数$r=0.25$($p<0.001$)。这说明小岗位时长与学习投入得分之间存在着显著的正相关关系,即小岗位服务时间越长,学生的学习投入水平越高。

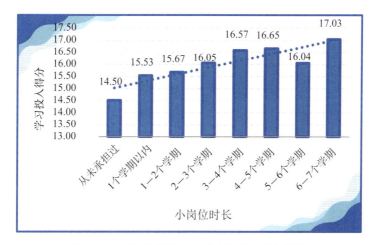

图1-15 不同小岗位时长对应的学习投入得分

(十五) 小岗位时长与完成家庭作业

在调查问卷中,课题组采用包含了"我总能按照老师的要求完成家庭作业""我家庭作业完成的正确率很高""我家庭作业完成的速度很快"等多个题项测量了被调查学生的家庭作业完成情况,选项包括"很不符合、不太符合、比较符合、非常符合",依次分别赋值1—4分。课题组将量表中多个题项的得分相加,作为学生的完成家庭作业得分。

为探讨小岗位时长与完成家庭作业得分的关系,课题组绘制了能够初步反映二者关系的曲线图(如图1-16所示),并对二者做皮尔逊线性相关分析。结果显示,小岗位时长与完成家庭作业得分的相关系数$r=0.25$($p<0.001$)。这说明小岗位时长与完成家庭作业得分之间存在着显著的正相关关系,即小岗位服务时间越长,学生完成家庭作业的情况越好。

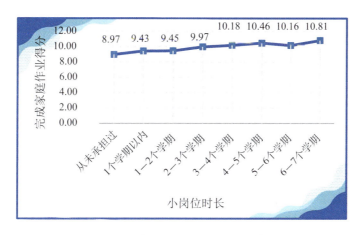

图1-16 不同小岗位时长对应的完成家庭作业得分

第四节　小岗位对学生发展的影响：学生视角

在调查问卷中，课题组采用开放式提问题项"你认为承担小岗位责任（包括学生干部岗位、学校或班级的服务岗位责任等）对你个人有哪些好处？"邀请被调查学生简要谈谈承担小岗位责任对自己个人成长的好处。绝大多数被调查者都认真撰写了自己的感受。课题组对收集到的文本进行词频统计分析，结果如图1-17所示。

图1-17　学生视角下承担小岗位责任作用的词频词云

以下是部分被调查学生的回答内容。

学生1：尽职尽责，实现人生价值。在短暂的人生旅途中，如何生活，如何度过自己的一生，怎样实现自己的人生价值是我们每个人都必然面临的问题。我认为劳动是实现自身价值的最好方式，每个人只有珍惜自己的岗位，踏踏实实，充分利用自己在岗位上的每一天，刻苦钻研，奋发图强，才能获得人生的成功。因此，我们应该珍惜自己的获得的岗位，尽职尽责，迸发奋斗的激情、进取的潜能和创造的才智，为实现我们的目标努力奋斗。唯有这样，才能实现人生价值，才能够留下一些对人类有价值、值得他人借鉴的东西，成为一个有用的人。

学生2：小岗位制度丰富了我们的校园生活，让我们的小学时光多姿多彩；锻炼了我们的沟通能力、组织能力，提升了我们的综合素养能力；让我学习兴趣更浓厚，收获了理想的学习成果；交了很多朋友，除了本班级的同学，还有其他年级优秀的同学，我们可以一起愉快地玩耍和学习；我也遇到了很多困难，但最可贵的是学会了怎样去克服困难和解决问题。

学生3：能促进自己的成长和发展，承担责任就会承担压力，而压力会产生动力，激励自己充分发挥个人潜能，克服种种困难，去实现自己的奋斗目标；承担责任才能得到别人的信任，得到别人的帮助和支持；承担责任才能获得自尊和自信，在履行责任中增长才干。

学生4：首先能使我们的班级变好，使班级管理井井有条，老师也比较轻松。在没有老师的时候，（我们）能够主动站出来管理班级，维护班级秩序，并且在同学们需要帮助的时候能够挺身而出，帮助同学们解决现在的问题。

学生5：这样能够让我感到快乐，我为班级做事，不是让老师表扬我，而是想让班级更好。我很幸运，我在七班，我也喜欢这个班里的同学和老师，为班级服务，既培养了我的责任心，也让我知道了很多人生道理。

学生6：能锻炼我的组织协调能力、与人沟通合作的能力，提升我的责任心，丰富我的活动经验，我在为大家服务的同时也让自己收获了自信和认同感，让我觉得自己对集体有贡献，让我身心愉悦。

学生7：能让我更有责任心，有更良好的习惯，更有自律性。让我知道自己的不足，让我知道到了友谊的珍贵，让我知道了学习对我的好处，还让我知道了一个道理——只有努力才有收获。

学生8：对我有很多好处，因为我承担的小岗位是地面美容师。好处一是可以体验这个小岗位的职责，二是可以体谅别人的小岗位，进一步锻炼自己。

学生9：美术课代表，对于我来说，我很喜欢，因为我很喜欢画画。语文组长，我很喜欢，因为我可以为同学们服务。纪律委员，我比较喜欢，因为我可以调整好教室纪律。

学生10：我认为承担小岗位责任会让我们学生更加有责任心，会因为自己为班级付出而自豪，让学生们体验不同的岗位也会让同学们有服务意识，让我们体会父母的不容易。

学生11：担任班长、小组长可以让我的管理能力变强，担任纪律委员可以让我自身的纪律变强，担任清洁委员可以让我喜欢上做家务，担任语文课代表可以让我喜欢上语文。

学生12：我认为承担小岗位责任对我的好处包括我能了解自己的管理能力，我能发现自己的长处和短处，我学会了要承担责任。

学生13：我认为小岗位可以更好地提高我们的专注力，提高班级荣誉感，锻炼自己的责任心和领导能力。能够为班级和学校服务我感到十分荣幸。

学生14：（我学会了）做任何事情都要对同学、老师还有自己负责任，还学会了只有在互相帮助、互相理解和互相关爱的氛围下才能共同努力学好知识。

学生15：我觉得无论担任哪一个职务，对于我来说都是一种挑战和锻炼，因为我得先做好自己，才能在此岗位上起到引领或带好头的作用！

学生16：可以学会跟别人沟通和交流；让自己学会乐于助人；可以更了解其他同学的情况，更容易融入班集体。

学生17：担任小岗位责任，能有效地提高自身的综合素质能力；能让我有很强的集体荣誉感，为老师分担学习任务；能让我加强自我约束，做好榜样。

学生18：能够锻炼自己，具体包括沟通能力、分析能力、决策能力、组织能力、协调能力、应变能力、创新能力等，这一点尤为重要。

学生19：能够提升自己的能力，能够为班级做出自己力所能及的贡献，能够帮助同学，能够减轻老师的负担。这些都让我觉得很快乐，很有成就感！

学生20：我感觉对我的好处包括可以让我为老师和同学服务，还可以让我锻炼自己。在空余时间多帮助别人，可以让我感到很快乐！

学生21：担任班干部既可以帮助老师，还可以为班级争光。帮助老师和为班级争光会让我感到非常开心。

学生22：让我有了更多的责任，让我能将一件事情做得更好，让我有了更多学习的兴趣，使我的成绩因为我付出了更多努力而得到提高。

学生23：我认为担任小岗位可以提升班级集体荣誉感，并且会使我的胆量和思维能力得到进一步提升。我很希望担任更多小岗位。

学生24：这些服务岗位培养了我的责任心、为大家服务的意识，提高了我的工作能力。为大家服务的同时，我很快乐、自豪。

学生25：担任劳动委员我知道了做事不能三心二意，不能随便打扫卫生，要一心一意地做一件事，对人要和善，讲礼貌。

学生26：让我学到了更多知识，让我了解到了自身存在的问题，可以从同学们身上学习他们的优点，对自己的缺点进行改正。

学生27：可以具有开阔的思想，具有责任感，不会自私地只考虑自己，知道为大家着想，并且时时提醒自己要起到表率作用。

学生28：我认为对我个人提升非常大，比如学会团结、互相帮助，学会如何去和同学、老师更好地相处，也从中找到自信。

学生29：承担小岗位职责首先要求以身作则，可以提高个人素质；其次可以提高责任心；再次可以帮助其他同学。

学生30：我觉得可以提高团结能力，富有责任心，同时也可以在帮助同学时找到自己的不足，与大家一起进步。

学生31：我当值日生时会把教室环境打扫得干干净净，这样我们学习就会认认真真的了，老师的心情也很舒畅。

学生32：我会有一种自豪的感觉，总感觉很愉悦，会让人感觉自己很厉害，会有一种承担一个很重大的责任的感觉。

学生33：我觉得不论是小岗位，还是大岗位，坚持完成一件事成就感都非常大，感觉自己为班级贡献了一份力量。

学生34：当了这些小岗位以后，我能时时帮老师的忙，如收作业、领读等，有时候还能受到老师的表扬呢！

学生35：我觉得当小组长、小队长既能提升自己学习能力，又能提升管理水平和组织协调能力，很有成就感。

学生36：好处是能让我体会劳动的辛苦、体谅老师的辛苦，以及可以提升我的管理能力，可以更好地管理班级。

学生37：我觉得这些岗位可以让生活变得更充实、更美好，并且还可以帮助我在培养良好的习惯方面打下基础。

学生38：对自己学习的信心又增加了，更多地帮助到了同学，帮助同学和协助老师让自己变得快乐。

学生39：能让我的能力得到锻炼，让我为成为大家的榜样而更加努力地学习，让我更加主动地帮助他人。

学生40：提升表达能力和与人沟通的能力，鞭策自己提高学习效率，以便更好地完成工作任务，交到更多朋友。

第五节　小岗位的质性研究

课题组设计了4个有关小岗位的问题，分别访谈了学校管理者（中高层管理者）、学生家长，收集了小岗位直接参与者（任课教师与学生）的育人故事与小岗位日记，从4个主体对小岗位实践的有效性进行了质性研究。

4个小岗位问题分别为：①您认为在班级或学校设置小岗位，对学生成长（或班级建设）有哪些方面的好处？②您认为小岗位与班干部职位有什么区别？③您对班级小岗位制度有哪些建议？④您认为小岗位设置覆盖的范围，除了班级，还可以向哪些方面延伸？（请举例说明）

4个问题旨在探讨小岗位对学生发展的影响、小岗位的定位、小岗位的建设与小岗位的发展。

一、小岗位质性研究：来自管理层的证据

（一）高层管理者

1. 小岗位的功能

首先，对学生责任心和主人翁意识以及集体荣誉感有着正向激励的作用，同时为提高学生的综合能力提供了机会和平台。其次，增进了师生、生生之间的了解，老师可以有针对性地给予帮助和引导，学生可以从同学们的行为和表现中审视自己，自己和同学之间可以优势互补。

在班级或学校设立小岗位，对学生的成长和班级的建设发展是有诸多好处的。在投入岗位的过程中，学生的生活实践、动手动脑能力会提高，知道在岗位中要完成哪些任务，在日积月累的工作任务学习中如何去更好地完成任务。这对于学生的成长和能力的提升是有好处的。投入岗位的同时也能帮助学生建立他们的责任意识，这对他们的成长也是有诸多好处的。此外，在班级中，如果每个岗位上的学生都切实落实岗位责任，对班级的整体建设也是有好处的。

2. 小岗位的定位

小岗位为学生提供了服务班级的机会和平台，便于学生在做中学、在学中做；班干部重在对班级秩序进行维护与引导。

小岗位和班干部的职责是有区别的。对于班干部职位，学生有一个择优的性质，它是由部分学生承担的；那么小岗位呢？它是一个全员性的岗位，人人参与，人人历练，所以它具有全面性和全员性，能够促进所有学生的历练和成长。

3. 小岗位的建设

班级小岗位可以以集体与学生个体需求相结合的方式设立，避免由班主任一个人设定，学生被动接受。设定岗位的过程是增进师生、生生之间相互了解的过程。在小岗位制度实施的过程中，学生既可以个人行动，也可以开展团队协作。在小岗位评价中，一般以他评为主，个人自评为辅。

对于班级小岗位制度，班主任应该起到引导作用——指导孩子们，让每个孩子都能够有自己的小岗位，人人有责，人人尽责，人人成为班级的小主人，每个人都要为班级和学校做贡献，发挥自己的一份力量。同时，班主任也需要发挥自己的智慧，比如说实行轮换制，让孩子们在多个岗位的轮换中得到多方面历练。还可以设置一些特殊的岗位，让有专长的学生去发挥其优势，这对学生们的成长也是大有好处的。

4. 小岗位的发展

小岗位设置可以从班级范围扩充到学校，如保护学校花草树木的绿色环保小岗位等，以及校园里的劳动园地、气象站、文艺广播站等机构所需要的具有特长的小岗位。还可以延伸到家庭和社区，如晚餐洗碗等家务劳动小岗位、社区的"周末绿色志愿服务小岗位"，甚至可以拓展到社会，如福利院为老人读报的爱心小岗位，以及担任宣传铁路文化的红色小小讲解员小岗位。小岗位，会成为孩子爱校爱家的好途径！

（二）中层管理者

1. 小岗位的功能

一个小岗位就是一份认可、一份责任、一份担当。让每个学生拥有一个小岗位，让人人有岗、人人履责，能够唤醒学生的小主人意识，让他们对班集体产生情感归属，形成学生自主管理班级事务的风气，从而加强班风、学风的建设。

班级小岗位的设置有助于增强学生的责任心、自信心和自理能力，让学生初步具备责任担当的意识。在班级形成"事事有人做，事事有人管"的良好班风，把"班级是我家"的理念通过此项活动落到实处。

2. 小岗位的定位

班干部的设置是有定制的，人员的选拔按照固定程序，有一定局限性。而小岗位的设置有较大灵活性，可以因人设岗、按需设岗，随时调整小岗位的种类、数量，也可以根据阶段性工作需要，临时设岗，如运动会、传统节日主题活动、六一活动等，所以得到锻炼的群体范围也更大。

班干部职务更多的是由成绩优异、交往能力出众的学生担任，覆盖面有限，且更多的时候是以老师的小助手这一身份出现在班级群体当中。而小岗位的设置，则能很好地弥补班干部职位覆盖面有限的不足之处，让参与的学生更有成就感、存在感，使他们能够在班级中找到自己的一席之地，专注于把一件事做好、做精。小岗位的设置还能让老师发现每个学生的特长，这也解答了"培养什么人"这一教育的首要问题。

3. 小岗位的建设

首先，应该从班级实际出发，依据学生自身的成长和发展需求，设置多种类别的小岗位，努力做到量体裁衣、按需定岗，努力做到"人人有事做，人人有岗位"。其次，在学生履责的过程中，老师应该细心观察、耐心帮扶、及时反馈，充分考虑学生个性差异与能力差异，进行适当的岗位调整，引导他们在岗位上更好地成长。最后，班级小岗位可以定期轮换，让更多学生有机会得到锻炼和提升，在多元化的体验中成长。

班级小岗位要精心设置，不能流于形式、过宽过泛，比如班级每个学生一个岗位不一定就是最好的方法。教师在设置时既要考虑班级实际需求，又要考虑学生能力。低年级可以进行轮岗，中年级3—4人为一个小组，可以是同一个岗位再进行细分。

4. 小岗位的发展

小岗位的设置范围，可以从班级向学校及家庭、社会延伸，如高年级小岗位与校值日生岗位相结合，设课间文明监督员、书吧管理员、绿化护林员等；也可以与各年级的劳动课程要求相结合，与家长协商由学生承担家庭的一项家务，纳入任务清单，定期评选小岗位人选；还可以结合学校前期开展的父母职业体验活动，设置"我是小小导购员""我是小小消防员""我是社区小义工"等社会实践岗位，三位一体，全面提升学生能力。

小岗位除了在班级设置，还可以在学校设置。例如：很多学生在对待垃圾时是随手一丢，在学校清洁桶处常常会看到垃圾没有入桶，或是垃圾袋挂在垃圾桶的边缘。根据这个现象，学校可以设置如下小岗位：环保校园讲解师（讲解垃圾分类和垃圾入桶的必要性）、环保校园引导师（在每天两个时间段引导低年级学生正确投放垃圾，督促中高年级学生做到文明投放垃圾）。

二、小岗位质性研究：来自家长层的证据

（一）小岗位的功能

1. 培养学生的责任意识

家长1：小岗位既是荣誉也是责任，学生感到光荣的同时，也意识到自己的责任是在老师的指导下，帮助其他的同学，为其他的同学服务，进一步体现少先队员及小岗位的先进性。

2. 增强班集体的凝聚力

家长2：小岗位是老师和学生提供良好的沟通纽带，也是班级管理的核心力量。小岗位设置合理，担任的同学得力，会让班级同学积极向上，稳步向前发展。

3. 唤起学生的主人翁意识

家长3：我认为平时生活学习中，由于家庭教育环境等原因影响，有的学生自主意识比较薄弱，责任心缺乏，自我管理能力不强。在班级或者学校设置小岗位，让学生从小事做起，可以唤起学生的主人翁意识，让他们在班级中有归属感，增强集体意识，令学生学会共同生活，在公共生活中承担责任，发挥领导力，并在此过程中实现个体的全面发展和群体的共同进步、健康成长。

4. 有利于学生的成长

家长4：我认为在班级或学校管理中设置小岗位，对学生成长有非常多的好处。首先，可以增强学生的责任感和集体荣誉感，培养学生的自信心、奉献精神和服务精神，以及小主人翁精神；其次，可以培养学生的管理能力、沟通能力和协调能力；再次，作为班级的一员，可以从另一个角度去了解其他班级

的氛围,向优秀班集体学习;最后,还可以细化工作、提高效率。

5.让教师和学生达到双赢

家长5:小岗位的设置,让学生成为班级的主人,让班级成为学生快乐成长的精神家园,让教师从繁杂的班级琐事中解放出来,从而能更好地进行教学工作,达到教师和学生双赢的局面,为培养社会化人才打下坚实基础。

6.能增强学生管理意识,提升学生自主管理能力

家长6:以往的干部岗位设置没有小岗位宽泛,一个班级里的学生,特别是学习中等生,容易被老师忽略。我认为小岗位的设置对中等生的学习和成长的好处最多。第一,学生感受到了老师更多的关注和认同。第二,学生获得了更多的满足感和安全感。第三,学生的交往能力得到了提升。

7.提升学生的团队协作能力

家长7:小岗位的设置,可以让学生建立责任感,培养班级学生的集体荣誉感;任岗的学生会更加严格要求自己,还未任岗但有想法的学生也会努力提升自己以达到任岗资格;让班集体更有凝聚力,提升学生的团队协作能力。

(二)小岗位的定位

家长1:我觉得小岗位与班干部职位有一些相通的地方,职责大多数相同。小岗位和社会上的工作岗位类似,是展示个人能力、素质,实现自我价值的舞台。它赋予学生的意义及价值比班干部更大。小岗位更能体现学生的责任心以及不断追求进步的先进思想。

家长2:我认为小岗位与班干部职位没有区别。学生无论是任职小岗位还是班干部,都是为大家服务,为班级建设贡献自己的力量。不管是做好小岗位还是当好班干部,都需要学生有责任心、有担当,在自己的岗位上发挥自己的作用,起到模范带头作用。

家长3:班干部职位承担的是以单个班集体为单位的沟通交流工作,具体体现在对本班老师布置的工作和学习任务的上传下达和执行,以及与本班同学的协调和管理上。小岗位的工作则以年级或学校、楼栋、区域为单位,学生接触的人和事不局限于本班,更考验学生的综合能力。

家长4:班级小岗位的设置与运行可以让每个学生根据自己的兴趣和特长,选择自己最喜欢、能胜任的岗位,坚持每天及时上岗,真心服务,成为班级的一名管理者、领导者。而班干部职位只由少数学生担任,大部分同学很少有机会能够担任班干部,其能力在班级管理工作中得不到锻炼。

家长5:我认为班干部在班上占少数,是择取品学兼优的学生为树立正确的班风班纪而设置的;而小岗位则可以全面铺开,可以不看重孩子的成绩,而

看重孩子的特长和特质，让孩子们在自己的小岗位上忙碌着，获得内心的满足。

（三）小岗位的建设

家长1：建议小岗位分工更明确一些，明确各小岗位有哪些职责、需要注意哪些问题，让学生更加明确自己的任务。

家长2：建议设置配套的奖励及提醒措施。及时嘉奖小岗位做得好的学生，及时提醒做得不好的学生，帮助学生提高自身能力。

家长3：建议定期开展思想培训，分享优秀的小岗位经验，增强学生工作的主动性及热情。

家长4：我认为，班级小岗位制度首先要分工简单、细致、明确，做到班级"事事有人管，人人有事管"，这样也便于学生参与，获得成就感，养成习惯的同时也方便大家监督管理。然后，给每一个小岗位取一个响亮的名字，增强学生的自豪感。还可以制作精美的岗位负责人卡片贴在相应岗位的醒目的地方，如将"节能专家——李微微"粘贴在电灯开关处等，起到提醒作用。

家长5：班级小岗位制度的目的是让班级和学校各项工作有序进行，在此过程中，培养学生的诸多能力。考虑到学生年龄较小，奖惩的尺度需慢慢摸索，建议将各环节总分调高，细化每个环节的得分、扣分，得分、扣分时备注原因和相应学生的名字。另外，因为小岗位制度是跨班级管理，管理时容易出现不配合现象，可在校内加强小岗位管理和服务意识。

家长6：第一，老师可根据岗位所需人数进行协调，确保"人人有事做，事事有人做"。同时，充分考虑学生的性格和能力特点，对每种个性与能力给予充分的尊重，鼓励学生履行好职责。第二，老师要不断引导和鼓励，要耐得住性子，教会学生怎样管理，让学生明确管理的标准，让学生慢慢成长起来。第三，老师和学生要在不断的尝试中吸取经验，逐步制定适合本班小岗位的评价内容。第四，老师要做好引导、点拨、调控工作，给学生更多的自主权，充分唤起学生的主体意识以及对班级的责任感、荣誉感，使其真正成为班级管理的主人。

（四）小岗位的发展

家长1：我认为可以向校学生会发展。校级小岗位竞争上岗，可以让高年级的学生指导低年级的学生，增强学生的工作能力。当然，条件合适时，还可以走向周边的社区，让小岗位学生走向社会，树立服务他人、服务社会的意识。

家长2：除了班级，可以在年级，甚至学校设置小岗位。例如，每个班级承包校园一角，无论是清洁卫生、外观布置、功能开发，还是活动安排等全部交由某个班级负责，班级再将任务细分给学生，班与班之间互相学习交流，同时也让每个班级的学生都能参与到校园管理中，发挥自己的特长，真正做到"我爱我校"。

家长3：小岗位还可以包含学校的"小小广播员""小小升旗手""小小秩序员"……只要是学生力所能及并能提升学生能力的岗位都很有意义。对这些小岗位，建议多采用竞选的方式，让每个敢于表现的孩子都能在自己擅长的领域出一份力，让每个孩子都有参与感。

家长4：我觉得还可以向学校其他一些以团体为单位的组织延伸，如各种社团、少先队组织等。

家长5：我觉得小岗位还可以延伸到教室以外，如楼道文明行为监督员，可以监督学生上下楼梯的行为，杜绝疯跑打闹的行为，提升校园安全系数。再如牛奶盒收集员，可以统一收集废弃的纸牛奶盒丢入可回收垃圾桶。

三、小岗位质性研究：来自教师层的证据

每位参与实证研究的老师，都参与了近距离观察小岗位的设计与实施过程，老师们看到了学生实实在在的成长，班级管理也更加有序。

以下是一些成长片段纪实。

点亮那颗星
武汉市江岸区沈阳路小学　夏娟娟

班会课，我们开始进行班级小岗位设置。我做了一个非常简单的小调查，问卷仅有两个问题：你想选择什么小岗位？为什么要选择这个小岗位？唯一的要求是：实话实说。

这个选岗小调查，其实就是想知道孩子们心中最真实的想法。我在办公室翻看着学生的答案……突然发现晓杰的纸条上只写了一句非常简单的话：我不选择小岗位。说实话，当时我有点惊讶，反反复复把这句话看了几遍，决定找他聊聊天。

"晓杰，你喜欢咱们班吗？"

"喜欢啊。"

"想为班级做点事吗？"

"呃……我做不好。"

"谁说的？你一定能做好！在老师心里，你也是一颗闪闪发亮的小星星呢！"我想了想，"你愿意和自己的好朋友一起工作吗？"

"和好朋友一起？真的吗？"

"当然啊，我们可以设立合作岗哦！"

"那我能和小雨商量一下吗？我要和她一起参与劳动小岗位！"

"好！好好准备竞选哦！我看好你！"

我想，晓杰的内心也是渴望被看见、被肯定的，只是，他封闭在自己小小的世界里，如果帮助他勇敢迈出这一步，也许他会发生改变。我立刻找来小雨，和她商议一番，希望她陪着晓杰一起竞选、一起上岗。

晚上，晓杰妈妈跟我私聊："老师，孩子本来基础就不好，学习比较吃力，竞选劳动小岗位会影响学习吗？""晓杰妈妈，您的担忧我非常理解。"我回答说，"我想，利用小岗位这个契机，让学生有责任感、归属感和成就感，一定是有利于他各方面的发展的。您觉得呢？他现在选择劳动小岗位，我们要支持他，让他和喜欢的朋友合作，在他喜欢的岗位上闪闪发光……"

那一天，竞选开始了，大家都准备好竞选演说词，怀着新奇、紧张、兴奋的心情等待着竞选开始。从第一位勇敢者开始上台演讲，到许多同学争着抢着踊跃发言，大家热烈的掌声，老师鼓励的目光，使晓杰坐不住了。他偷偷看了小雨一眼，小雨立刻站起来："老师，我想和晓杰合作竞选劳动小岗位，我愿意协助他一起工作。"她拉着晓杰走上讲台，全班同学又是惊讶又是鼓掌。可是，当晓杰望着大家，抓耳挠腮说出第一个字时，班上爆发了哄堂大笑。晓杰满脸通红站在那儿，我赶紧做了一个停止的手势，说："同学们，学会尊重别人是最重要的，让我们给他一点鼓励和信心，好吗？"笑声停止了，掌声四起，晓杰结结巴巴却一字不漏地完成了演讲……

竞选结束后，我想，晓杰敢上台演讲就是第一缕春风，我一定要让这缕春风吹开朵朵鲜花。于是，他和好朋友携手上岗，两个人管理班级的卫生，合作非常愉快！从那以后，他拿着拖把拖地的身影成为班上的风景，他积极举手发言的表现成为自信的起点，我看到小杰在集体中找到了自己的位置！渐渐地，"每周之星"上有了他的名字，各项班级活动中有了他的笑脸。晓杰不再认为自己可有可无，他知道集体需要他，他的存在很重要。其实，一个孩子只是得到了小小的信任、小小的鼓励、小小的岗位，却大大地改变了整个人。

你们看，有了自信的晓杰，上课常常举手朗读课文，声音清亮、情感丰富，读书这方面总能得到我的表扬和同学们的掌声。是啊，在小岗位设置上，我能不能用孩子的长项智能带动短项，尽可能发挥自己的长处，用手中最长的"板子"去打枣呢？晓杰特别"闪光"的地方是什么？对，喜欢朗诵！换岗的时候，我就鼓励他去竞选"领读员"！清晨，教室里书声朗朗，新任"领读员"晓杰正在领读课文，他声情并茂、绘声绘色，把大家都带入文章的情境之中。

为了做好这一岗位，晓杰每天认真学习，提高效率，因为这是他自己选择的小岗位，他从内心想要做好啊！

半个学期后，晓杰同学成为学校光荣的"红领巾讲解员"！班级"领读员"也升级为"阅读班长"！他说："我得抓紧时间，有好多重要的事情等着我去做呢！""受肯定，价值得到体现"，这是每个人最高的幸福境界。在小岗位锻炼过程中，晓杰获得了满满的自豪感、成就感。

岗位风波里的转变

武汉市江岸区汉铁小学　齐璇

一、岗位竞争，议论纷纷

新学期开始，常规的班级管理就是要选出班级岗位"小管家"，让孩子们在各个岗位中发挥作用，人人参与管理，共同建设美好班级。这次班级管理的小岗位一出来，大家就议论纷纷。热门的岗位依然是"值周班长""××课代表""百灵鸟领读员"等，这些岗位似乎让孩子一被选上就有一种骄傲和自豪感。然而，"清洁小组长""图书管理员""绿植保养员"就受到了冷落。果不其然，在竞选小岗位时，前者的竞选者占了一大半，采访他们为什么要选择热门岗位时，他们觉得这个名称好听，而且觉得"官大"，有威武的感觉，另外觉得后者是做事的岗位，在班级中没有威严感，有种"官小"的意思。

这一次的竞选，我按大家的申报如期举行了。"值周班长"的竞争十分激烈，通过学生投票选举，每个热门的小岗位都有佼佼者脱颖而出。唯有"清洁小组长"人选还不够，大家积极性也不是很高。既然这个岗位没人愿意参与，那我们就空着，看看它到底重不重要。我说："希望大家自己带好垃圾袋，管理好自己的清洁卫生。"接下来的两天里，同学们都自己只顾自己，班级里掉落的垃圾越来越多，在过道中间的垃圾都不承认是自己的，一天内班级都成了一个垃圾场，校级卫生监督员多次到班级里来提醒："这样你们班级一周一次最美班级都评不上了。"这时，有部分同学就着急了："那怎么办？我们班不能落后！"他们着急地找到我，我提议，上次有部分落选的同学可以参与这个岗位的竞选。夕会时，我们重新进行了一次选举，有些孩子直接放弃了，说："宁可不当官也不要当这样的小官，落个清闲。"有几个孩子犹豫不决，这时我告诉他们，可以先在这个岗位上做一做，先体验一下班级"小管家"的感觉，做好了积攒了经验，下次可以再竞选心目中想要的岗位。这么一说，孩子们眼睛一亮，纷纷举手说愿意试一试。

二、观念冲突，平息风波

前期竞选终于告一段落，接下来开始真正的实践。我们每周会定期举行"班委会"，由这些班级管理员总结一周的管理心得，提出管理过程中会出现的问题，以及自己是如何处理的。在这一周里，我们会同时搜集班级同学们的意见，大家可以匿名将自己的想法投进意见箱里，在每周总结会上可以拿出来和"管理员们"讨论。会议一开始，大家就开始抱怨，说自己的岗位非常不好管理，尤其是"清洁小组长"，他们很委屈，有的同学每天乱扔纸屑，刚清扫干净，一节课后地面又是脏乱不堪。"我们提醒他们把掉落的纸屑垃圾捡起来。他们就说：'这不是你们的事吗？不然要你们干嘛？你们以为自己是个官吗？其实就是个劳动做事的。'"看来同学们的劳动意识、劳动理解有偏差。如果长期下去，这个岗位不会有人报名，但是这个"清洁卫生"又是我们班级建设中很重要的一个部分。看来得开一次班会了。

班会的名称我定为"岗位小明星的表彰"。大家一听这个名称，兴趣就来了，各个岗位中的管理员也是跃跃欲试，唯有"清洁小组长"低着头，似乎没什么兴趣。这次的班会，我让同学们提名平时为班级服务优秀的同学，说一说他们在处理事情时态度做法是怎样的，最后再投票选出小明星。

提名时我就发现其他小岗位都有人选，这个"清洁小组长"就没人提。我很纳闷，就问大家，同学们议论纷纷："作为小组长总是把脏活累活分给组员做""每次都是他擦黑板，我就要扫地。""地面有纸屑了他自己不捡，总要我们捡。""觉得自己是个小组长就可以不劳动了。"看来大家心中有想法，意见还有很大，这和开班委会时听到的又不一样。这时，也有小组长不服气站起来说："每次我在分配任务时，他们就挑一些轻松的，说累活就应该留给组长，大家不尊重我，我说什么他们都不听，每次最后的垃圾也都是我倒的。"

一个表彰会成了吐槽大会，矛盾瞬间激化了，如果今天不能让大家转变劳动观念，后面的工作也不好开展。于是我提议一共设置5个清洁小组，每一组的清洁组长轮流当，布置工作时每个工种都要完成一次，比如都要倒一次垃圾、擦一次黑板、拖一次地。那么这周的清洁小明星先悬空，咱们下周再评。我要求小组长在完成自己的岗位职责后再观察其中一位组员都做了哪些事情，以及是怎么做的。这场风波终于平息了。

三、换位思考，发挥作用

全新的一周开始了，每组的清洁卫生情况有了好转，大家的抱怨牢骚也少了许多。每个人都体验到了不同劳动岗位，都参与了不同工种的劳动，角色互换，自然体验到了别人的"难"。一周平稳过渡，同学们也积极配合。尤其在提名时这样的声音多了些："××同学做完自己的事后还主动帮助其他组员完成,这样提高了速度。""那天我的手受伤了,××同学主动要求帮我做。""我觉得××同学很有责任感,认真负责,只要他值日,就会课间主动捡起纸屑。""我们班上现在干净多了,可以参加校级最美班级评选了。这些都离不开他们的功劳!我觉得他们也是班级最美同学。""没有他们的付出就不可能有这么干净的学习环境。""一个城市的建设离不开环卫工人的辛勤劳动,班级里也是一样的,劳动无贵贱、岗位无大小,只要是班级一员都应该齐心协力。"在这次的评选中,大家选出了心目中最积极、不怕吃苦、全心接受并认真完成布置的任务的岗位小明星。老师还颁发了"劳动奖章"。同学们掌声雷动,发自内心地竖起大拇指。

这场特有的"清洁岗位小明星"的评选让大家转变了观念,集体荣誉感更强了。这就是人人为我、我为人人。任何一个岗位都应该受到大家的尊重,只有班级里人人都有了劳动意识,愿意为大家服务,这个班级才会蒸蒸日上。

在班级里,每个人都有自己的小岗位,不论是哪个岗位,都是一种担当,在团队里、在社会里,我们都有自己的角色,不论什么角色,那都是一份责任。小岗位大责任,同进步共发展!

让小岗位"活"起来

武汉市江岸区汉铁小学　齐璇

班级岗位对于学生的发展具有养成性价值,它在养成个体服务意识、合作意识、责任感、锻炼能力、培养健全人格方面都有重要作用。班级设立"小岗位"来发挥每个孩子的作用,团结班级的核心力量,让孩子们拧成一股绳,汇聚出强大的凝聚力。人人都参与到班级管理中来,能提高大家的使命感,让学生在班级中更有存在感。"小岗位"的设立不仅能锻炼他们的能力,也能培养责任意识。"一屋不扫,何以扫天下。"学生责任感的培养是一个循序渐进的过程,应教育孩子从自己力所能及的事情做起,体验不同岗位带来的挑战,学会团结协作、换位思考、勇敢担当。只有这些小岗位"活"起来,不断变化,才能够全方位地提升学生的能力。

一、发挥主体优势,增强自信

初期,班级小岗位是为了班级更好发展而设立的。可以从实际出发,根据学生的特长、能力和班级管理需求,在班级里设置不同的管理岗位,如"值日班长""百灵鸟领读员""绿植管理员""课间纪律监督员""清洁小组长""课间纪律监督员"……学生可以自由选择管理任务,选择自己擅长的小岗位,发挥能量。

在这个阶段，被选上的学生都会很兴奋，也有一定的责任感，在班级里会非常活跃地积极展示。有的学生嗓音好听，擅长朗读，让她当领读员，可以更好地带领班级提升学习语文的兴趣和能力。有的学生喜欢花草，让她管理绿植，一定能让绿植长得更好。有的学生动手能力强，有的学生执行力强，还有的学生天生就有一种气场。让他们在各自的"岗位"里一展所长，能大大提高他们的自信，久而久之，一种"能力"就体现出来了。在适合的岗位里做着擅长的事情，能有效地发挥"岗位"效应。这样班级事务井井有条，很好地促进了班级的发展。

二、挑战不可能，突破自我

一个学生在一个岗位上他的能力价值得到体现后，也会出现疲乏倦怠、懒散随性的状态。服务大家时也会很随意，失去激情，甚至偷工减料地完成任务，这样也不能更好地促进班级发展。新鲜感一旦过去后，长时间在一个小岗位里，学生的能力就固化了，自己也会认为自己只适合做这一件事情，其他的潜能就难以发挥出来。

其实人是多面的，有些隐藏潜能是自己并不知道的，看似平时毫无显现，但如果勇敢去尝试，成功后的认同感能鼓舞学生迈出敢于挑战这一步，也能培养学生们开拓进取的精神。在这个阶段，如果让他挑战一下不擅长的岗位，是不是对于他另一种能力的挖掘呢？

在学期开学初，我都会让学生自主申报自己想参与的岗位然后进行竞选。在申报时也会有一项"填写自己最不擅长的并不会选择的岗位名称"。在第二学年班级岗位竞选时，我会让他们都尝试一次，为了班级正常的运转，我会选择其中几个小岗位进行调整，得到学生的认可后开始他们的"岗位挑战之旅"。刚开始肯定会有各种不适应，也会有同学们的各种不好的声音出现，甚至会让挑战的学生有一些挫败感。但这些实践的过程正是锻炼他们的好时机。

班级里有这样一位同学，她很羞涩，胆子也不大，刚开始选择的是"绿植管理员"，每天默默地给小花小草浇水，我们班的绿植长得非常好，她还会给绿植修枝剪叶，班级的绿化可离不开她的功劳。她喜欢和植物交流，但缺乏跟同学们沟通，有时同学们课间想去摸一摸绿植，她就会把植物夺过来放到另一处。有一次，几个调皮的学生把绿植踢坏了，她生气极了，自己哭了一节课。光会照顾植物可不行，学会和同学们沟通很重要。我告诉她："你可以告诉同学们，绿植应该怎样爱护，它也是班级里小成员，需要大家共同照顾，一个人的力量是微小的。"

我看了她当初岗位选填时最不愿意尝试的岗位是"领读员"，能猜到她是一个不愿意在大家面前展示的小女孩，喜欢默默做着自己的事情。于是我找到她，跟她进行了沟通，先肯定她在这个"绿植管理员"岗位中做得非常好，也很适合，但学会和同学们沟通对她有更大的促进作用，也能帮助她成为更好的自己。开始时，她非常不自信，觉得自己肯定做不好，因为自己平时说话声音就很小，更别提当着全班同学们的面去领读、带读了。我让她勇敢地试一试，说不定能看到自己的另一个可能面呢？相信自己一定能行。

就这样她开始了自己的挑战。刚开始她声音很小，同学们都嚷嚷听不见，而且每次读完一篇课文后就停顿半天，鼓励了几次后，她勇敢突破了自己的心理防线，声音越来越响亮，也越来越自信，然后我教她适时表扬早读好的同学，学会点评他们的早读。慢慢地，她课间和同学们有了更多的交流。一个学期下来后她自己都说，原来当领读员不像想象中的那么难。她交到了很多好朋友，还被评选为"领读岗位小明星"。

三、能换位思考，团结协作

定期进行岗位轮换很有必要。一部分小岗位的管理者长时期处在一个工作环境中就会固化自己的思想，不会站在对方的角度想问题。班干部管理员之间也经常会出现矛盾，双方觉得自己很有道理，是对方蛮不讲理，也经常会到老师这里来讨公道。换岗体验能带给他们不同的感受，体会另一个小岗位的"难"。岗位管理员都不是个体，也不存在哪个岗位一定比哪个重要，这就打消了"官大官小"的错误优越感，避免形成班级不良风气。学生们可以在体验相互角色的过程中学会合作，因为大家是一个集体，缺少任何一个岗位都不行。

开学初在选择岗位时我就发现，一些热门岗位"爆满"，而"清洁小组长""图书管理员"选的人不多。做调查问及原因时，学生说道："'清洁小组长'很累人，每天要打扫很多遍，而且同学们也不配合，就是一个又脏又累的活。""'图书管理员'每个课间都不能休息，耽误了自己休息的时间，而且没什么意义，大家都觉得这不是个官。"看来，同学们对于班级里这些看似不起眼的"小"岗位的认识有偏差。于是我将计就计，大家觉得不重要我们就不设立，看看能坚持多久。没过两天，班级的图书角一片狼藉，图书歪歪倒倒没人整理，有的书籍借阅了也没归还。地面的纸屑也是"耀武扬威"，校级卫生监督员提醒多次，严重影响了最美班级的评比。这样一来大家知道了每个岗位在班级中都必不可少，同样重要。而且这些个岗位的同学默默无闻在班级发挥着大作用。所以，后来在评选时，这些岗位的同学都受到了大家的尊重。

岗位固定后，起初大家都热情高涨，兢兢业业，班级里一片祥和。可是不久，有同学在课间争吵，闹到老师这里来了。"你不就是个收作业的吗？有什么了不起的？我要是课代表一定比你做得好！"课间纪律管理员哭着说道，"难道课代表课间疯跑打闹就可以有特权吗？"课代表听后也不甘示弱："我刚才就跑了一下，你就扣我的分，不就是个课间纪律管理员？要是当了值日班长我的分不得被你扣光？有什么了不起的？"火药味越来越浓，班上的同学也跟着起哄："看吧，班干部都吵起来了，他们都不能以身作则，那平时还对我们要求严格？我们也可以不听嘛！"了解情况后，我说："这样吧，你俩都觉得是对方的问题，纪律员不该扣课代表的分，课代表觉得纪律员管太严。你俩换岗一周，一周后我再来评理。"大家都气鼓鼓离开了。这一周大家的眼睛都盯着这两位小小管理员，课代表课间开始"上岗巡逻"。"××，不要跑，你怎么就不听呢？""××，再不听我就扣你的分了。""你凭什么扣我的分，你自己上次不也跑了吗？还怪纪律监督员扣你的分。"听完，课代表顿时满脸通红。这边纪律员每天早上收发作业，有的同学迟来了，忘交了，需要一本一本地检查清楚。发作业时也有同学嚷嚷没收到作业本，就需要帮忙询问查找。一周后，两人都低下了头，不吵也不闹了。不好意思地说道："没想到课代表当起来也不容易。""我觉得课间纪律员也不是那么好当的，管了同学们有意见，不严格管，班级就乱了。""看吧，每个岗位都有它的难处呀！只有互相理解，换位思考，齐心协力。班级才会更好。同学们才会更加信任你们！"适时地调整换岗，增加彼此的团结互助，有利于班级良好的发展。

小岗位是学生成长的大舞台，岗位虽小但作用不小。班级中，有许多公共事务需要学生共同承担。学生有实践锻炼的需求、展示的需要、沟通的需要。设置小岗位，可以发挥他们的无穷价值，丰富学生的社会角色，让他们在这个舞台中充分展示，获得自信，挑战自我，懂得团结协作的重要性，塑造健全的人格。总之，岗位协助成长，希望每个岗位都"活"起来！

会唱歌的地板

武汉市江岸区长春街第二小学　胡蓉

建议在小学高年级中引入民主管理理念，设置管理"小岗位"。它的岗位虽小但作用不小，可以在班级中形成一种"人人有事干，事事有人干"的良好管理模式，保障班级日常活动的有序开展；提高每位学生的自我管理能力，让学生在小岗位中学会做事、学会求知、学会做人，增强学生责任感。

在接手这个五年级的班的第一天，我就发现学生不会做清洁：拿着扫把乱扫一气，拖地的学生也不管扫地的同学是否把地面扫干净，直接拿着拖把来回拖着大大的"一"字，教室中的窗台等地方是一块抹布抹天下，劳动完后将工具随手一放，任它们东倒西歪地躺在后门的墙角边。我静静地待在一旁观察着。这让我无法理解，我决定第一件事就是抓"做清洁"。

第二天，吃完午餐后到了该做清洁的时间，我却发现教室空荡荡的，学生都跑到操场上玩耍去了（包括当天做清洁的学生）。看来，我安排的每天小岗位清洁人员的名单在孩子们的心里没当一回事。我只有来到操场把做清洁的学生一个个地唤回来，告诉他们今天是他们做清洁，这时的他们好像才清醒，不情不愿地拿着扫把一边在教室里随意胡乱地画几个大大的横竖（把表面上看得见的大纸屑扫走，其他地方和角落不去清扫），一边拿着扫把打闹疯跑，玩得热火朝天。看到这样的现状，我让他们停下了手中的扫把，我拿着扫把来示范：怎样拿扫把、两脚如何站立、扫地的方向等，随后让学生按照我教的方法去做。然后学生们真是八仙过海——各显神通，变成了无从下手的状态。我只能再一次手把手地教，他们学得很辛苦，我也教得精疲力尽。

好不容易学生扫完后，我在教室来回检查，发现还是有许多地方细小的杂物没有扫干净，我让学生的扫把跟着我的手指，点到哪儿就扫到哪儿。在我的指导和督促下，学生勉强把地面扫干净了，再看看他们一个个汗流浃背、无精打采的样子，我想：他们今天应该感受到了看似简单的事情也不是想象中的那么容易能做好的吧？等学生完成清洁卫生后，我带着他们围着教室走了一圈（将每一个角落检查一遍），问他们清洁做得怎么样。他们自己认为挺干净的，特别高兴。随后，我又让全班学生围着教室检查，评价班级卫生做得如何。学生们七嘴八舌，指出桌子底下有一片小纸屑，讲台上还有粉笔灰，黑板是"花脸"……

我因势利导，对学生们说："你们说说，怎样把教室里的清洁做得更好呢？"大家一下子不吭声，你看着我我望着你。我乘机说："你们想不想每天在一个干净的环境中学习和生活呢？我相信你们一定愿意的，从明天开始，老师对每组做清洁的学生进行一周的训练，由我教你们，你们先看看值日清洁表中自己是星期几做清洁，以后不要我找你们做清洁，能做到吗？""能。"看来，我的第一步有了一个小的成效，学生有了做清洁的态度。

我开始对学生进行"班级事情，我会参与"的思想教育，让他们意识到我是班级中的一员，班级中的每一件事情我都要积极参与。又到了做清洁时间，我看见学生主动留下（个别学生还是忘了自己当天做清洁，跑出教室玩去了，让其他学生把他叫回来）。我先教学生掌握拿扫把的正确方法，接着一边示范着扫地一边告诉学生："方向应从前往后或从后往前朝一个方向，每一个地方挨着扫。这样就不会出现漏掉的纸屑等垃圾，我们不仅要扫干净表面上看得见的纸屑，还要扫干净地面上的灰尘，这样不仅节省了时间还把地面也扫干净了。"其次，再教拖地的学生拿拖把的正确姿势，更重要的是拖把是不离开地面的，要来回拖着擦地，这样既轻松又干净，擦过的地面会"唱歌"才叫拖干净了。最后，让其他学生协助做清洁的同学挪移桌椅,这样做能让做清洁的同学在规定的时间内高效地完成劳动任务。

经过我一个星期的指导、督促和训练,第一组的同学掌握了扫地的方法,他们感受到劳动并非一种苦力,而是能让人快乐起来的一剂良药。一周劳动时间很快结束了,在星期五的班会课上,我重点表扬他们吃苦耐劳、有责任、能坚持的好习惯,给我们班其他的同学做出了非常好的榜样时,他们的小脸上露出了非常自豪的笑容,并主动请求第二个星期带领第二组的学生做清洁。听到学生发自肺腑的心声,我知道,班级中的小小岗位,学生都是在乎的,只是需要老师的引导和指导,学生们才能在这小小的舞台上发挥自己的潜能,知道快乐的源泉是为班级服务,自己的付出可以得到老师、同学们的表扬和认可。

这样,经过一个月时间,5个组的学生们在自己的劳动小岗位中,经过我的指导、伙伴的互助,终于学会了做清洁的技能。看到他们做清洁时有条不紊、互相帮助、互相督促;在规定的时间内完成当天的清洁;每次做完清洁,总是喜欢用鞋子在地板滑动两下,感受那种地板"唱歌"的乐趣(尤其男生),我再也不为每天学生做清洁头疼了。

现在,每天午餐过后,当天做清洁的学生和其他学生会自觉、主动做好清洁前的准备工作:水桶提水、洗拖把、搬桌椅等。在平时的作业中,我也会布置这样一项任务:在家自己定一个小岗位,一个星期帮家长做几次事情,当天由家长在作业本上写上几句简单的评价。有了评价,学生参与的积极性更高了,家长在反馈中也高兴地表示看到了孩子的变化——好像懂事了。我和学生们都在这个小小岗位中体验到了付出的快乐、收获的喜悦、对自我的认可、责任的荣耀。学生们更是在这小小的、简单的劳动岗位中找到了生活的真谛。

小岗位大作用——学生自主管理能力的培养
武汉市江岸区长春街第二小学 胡蓉

"小岗位大作用"是班级管理中学生自我管理的一种最高境界。它以学生为主导,尝试让学生每天在有限的时间里自主开展班级各项工作。"小岗位大作用"从岗位的设置、岗位的职责、岗位的竞选、岗位的评价四个方面完善学生自我的行为习惯,营造"团结一致,积极配合"的良好班级氛围,达成学生外在的规范性要求向内在自律性要求转变的目标。

一、积极创设自主管理氛围,给学生提供参与管理的机会

每次接手一个新班级,首先要建立民主平等的人际关系,充分调动学生的参与意识,鼓励学生大胆发言,营造一种活泼、和谐的民主教育氛围,使他们懂得自己是集体的主人。可以通过让学生组织一系列"小主人"活动,如"我

是班级小主人""我为班级添光彩"等班级活动，告诉学生自己是班级的主人，培养学生的主体意识，为建设学生自主管理型班级打下扎实的思想基础。还可以鼓励每一个学生积极参与、体验"集体文化共建设，集体活动共谋划"活动，如全体同学共同参与班风、班级公约的制定，以及儿童节、元旦庆祝活动等的筹划。总之，应让学生真正感受到主人的地位。

二、选拔并培养、使用好班干部

第一，通过民主的方式选举出得力的班干部。第二，认真组织班委的培训工作，通过培训，让他们明确自己的任务，知道该做些什么事以及该怎样做。第三，任用好班干部。首先，教给他们具体的管理方法，并管理具体事情。其次，适当放手，即指导他们管理。当他们掌握了管理的方法，能独当一面时，就可以放手了，要信任他们，大胆放权给班委，使他们有一个宽松的工作环境，能发挥主观能动性与工作的积极性，真正成为班主任的得力助手与班级的中坚，发挥班委会、中队委的核心力量。俗话说："火车跑得快，全靠车头带。"一个好的班集体，班干部所起的作用不容忽视，作为班级的火车头，他们起着重要的引领与示范的作用。

三、建立健全班级管理制度

俗话说："没有规矩，不成方圆。"自主管理不是放任不管，而是由原来的直接管理变成间接调控。班主任对班级的间接调控主要是通过班级的管理制度来实现的。因此，实施自主管理、自主教育的模式，就需要建立合理完善的班级管理制度。

（一）指导确定班级班规

以《小学生日常行为规范》和《小学生守则》为纲领，结合学校和本班实际，让每个同学献计献策，归纳制定出班规。在学生们自由、充分讨论的基础上，制定班级的班规和学生自己的行为达标标准，从学习、纪律、品德、体育、卫生、日常行为等方面对学生提出明确、具体、有针对性的规范要求，如班级一日常规主要有学习常规、体育常规、劳动卫生常规、课间常规等。由于班规等是学生们自己制定的，在执行中，学生们都较为自觉，而且在接受教育的过程中更多地采取了内外因相结合的方式，有力地促进了外在教育规范的内化。

（二）建立督促机制

根据班规，建立起一整套学生自查自纠、值日班干部督促机制，把外在的强化、监督和学生自觉的自我教育有机地结合起来，从制度上保证学生自主管理、自我教育能真正落到实处。老师定期或不定期地对自主管理的执行情况进行必要的检查，并作出恰当的讲评，帮助学生、班干部不断完善自己的工作，提高自主管理、自我教育的水平。

四、班级事务精细化

集体中的事务，大到儿童节游园活动的组织，小到每日的擦黑板、整理讲台、打扫教室卫生、给植物花草浇水等"鸡毛蒜皮"的小事，做到分工到人，使"人人有事做，事事有人做，时时有事做"，让学生做到"自己的事情自己做，自己的集体自己管"。教师和全班同学一起把班内的工作全部细化，负责收各科作业的、负责检查个人卫生的、负责校园公共区卫生的、负责班内卫生的、负责课间纪律的、负责眼保健操的、负责打水的，大大小小的工作全划分出来，学生再根据自己的情况来选择，各管一项，责任到人，分工明确。班级事务精细化为每一个学生提供了积极参与班级自主管理的机会，使学生从管理者的角色中学会管理他人、学会自我管理，实现由他律到自律、从自律到自觉的过渡，逐步走向成熟。

教师在扬长避短、增强自信心、发掘同学的潜能的前提下为学生安排具体工作，如让热爱劳动的同学负责卫生检查；安排生性淘气、好动的同学负责修理班级的桌椅；让个子高的同学负责擦黑板；让对管理班级有自己的方法、在学生中很有威信的同学继续负责班级的纪律；爱打爱闹的同学，就建议他负责课间走道纪律；最爱吃零食的同学，建议她负责检查班里吃零食和带零花钱的工作。有的学生主动要求做某项工作，都应其特长有选择性地安排他们的工作。家长会上，这些措施获得了家长们的一致赞同。

让小岗位更有滋味——浅谈课题研究对班级管理的促进
武汉市育才实验小学　周贝黎

小岗位，是每个班级管理中必不可缺的，也是孩子们根据自己能力选择的"自助餐"。可这个展示自己、管理同学的小岗位，到了高年级后，孩子们变得又爱又怕，表面上他们"大权在握"，私下却经常找我诉苦"他们都不听我的"，这小岗位渐渐变得没了滋味……

该怎么办呢？正好这次我们初心班主任工作室和微光班主任工作室共同研究的科研课题是"学习型班级建设中'小岗位'制度实施及评估的实验研究"，简单地说就是我们在班级中通过小岗位制度的实施和评估来帮助班级和孩子成长，于是我将课题研究融入我的班级管理中，并对"小岗位"中发生的故事进行了记录和思考。

同学们"乱放书""乱画书"的行为一度让"图书管理员"非常头疼，我鼓励他们换一种方式来解决问题。爱看书的他们发挥知识面广、语言幽默的特点，在班级开展了"好书大家谈""周三小讲堂"活动，用互动性强的小课堂，分享读书感受，介绍历史知识，讨论热点话题……他们一下成了孩子们的偶像，班上读书的热情一时间高涨，爱书的同学多了，"糟蹋书"的行为自然就少了。

"蹿红"的他们还被邀请到同年级，甚至低年级做巡回演讲，隔壁班的同学笑称他们是"3班文化大使"。

润物细无声，丰富的不仅仅是小岗位的内涵，解决了班级管理中的问题，也丰富了孩子们的生活和心灵。这件事让我受到了启发，我展开了对小岗位的调整。

调整一：引导学生改变小岗位的管理方式。从"不能这样做"到"我们可以这样做"，在管理方式的转变中，孩子们抵触心理少了，自主管理能力也得到了提升。

常常被同学抵触的"进餐管理员"转变思路，邀请食堂大厨讲述"厨房背后的故事"，向同学宣传"健康饮食知多少"，开展"光盘行动靠自律还是他律"辩论赛，让同学们内心开始对食物拥有"敬"和"爱"，从"要我光盘"到"我要光盘"。现在的"进餐管理员"被同学们开心地称为"健康生活宣传员"。

调整二：多维度评价小岗位的管理效果。多维度评价小岗位的管理效果。简单的等级、星级量化无法衡量"小岗位"的"含金量"，引入小岗位困难度、师生好评率、解决问题百分比，多维度的评价极大地鼓舞了"小干部"的士气，让小岗位上遇到的每个困难都成为激发孩子思维的契机，通过活动的设计和组织，既推动了小岗位的顺利管理，也唤醒和提升"小干部"的自我成长力。

小岗位管理策略的改变，如同在小岗位这盘"自助餐"中加了盐，曾经没了滋味的"小岗位"，现在魅力无穷。一系列小岗位的进阶既让班级实现了自主管理，更让每个孩子实现了自我蜕变，成功找到自己的C位。

学会自我管理，做班级小主人
武汉市育才汉口小学　李丽

班主任是天底下最小但管的人和事却最多的"主任"。对于那些离开幼儿园踏进小学课堂的孩子们来说，开始时多少带着新奇与兴奋。而当新奇感逐渐褪去，新环境带给这些六七岁孩子的，或许更多的是不适与失落。我深知，要带好一个班，光靠一个老师的严格管理是不行的，更重要的是学生自觉自律的行为。那么，如何去引导学生进行自我管理，做班级的小主人呢？

一、营造氛围，让孩子爱上"班级"这个家

班级，就像一个家庭，一个小社会，每天的事层出不穷，又烦杂难当。可千万不能小看一年级的孩子们：在思想上，他们有自己的许多见解和判断是非的能力；生活中，他们也具有不可估量的能力。于是，如何在班级管理中把孩子们的能量运用起来，成为一件很有意义的事情。

"现在的老师不好当，现在的孩子不好教"是老师们经常说的一句话。因为我们教育的对象是一群活蹦乱跳的孩子，他们的个性千差万别，但他们都喜欢自己的家。于是，当孩子踏入校园的第一天时，我就在他头脑中建立起"班级"与"家"的概念，我会亲切地对他们说："孩子们，从今天起，你们就有两个家了，班级这个新家里你会有很多的小伙伴，可以和他们在一起做游戏、学本领。每天你的爸爸妈妈会把你从第一个家送到第二个'家'里去上学，第二个'家'就是我们的班级。"

当然，在这个"家"里，你得赏识每一个孩子，使他们更信任你。你蹲下身子，放下教师高高在上的姿态，和孩子们融为一体，像朋友一样，加深感情；你对每一个孩子都能真心实意，像妈妈或爸爸一样关心呵护他们。人非草木，孰能无情？当孩子上课没精神时，你轻轻地走过去，俯下身子，关心地问一句："怎么了？不舒服？"就这样一个简单的动作，几句温暖的问候，孩子会深深地烙在他的记忆中。

二、引导、激发孩子的主人意识

学者魏书生认为，管理是集体的骨架。一个良好的班集体，能给孩子们以蓬勃向上的感召力和人心归向的凝聚力，对学生的全面发展具有强大的影响。要让孩子成为班级管理的主人，让他们主动地参与班级的各项工作，真正在和谐、民主、温馨的环境中健康顺利地成长。而自我管理的直接动力来源于小学生自我服务、行为自律的需要。真正的自我服务、自我管理是孩子发自内心的行动，具有明确的目的性、计划性，因此，引导自我管理首先要强化自我管理的意识。

首先，培养孩子的自我管理意识。有些学生对成人的依赖性很强，或者由于隔代教育，以及长辈的溺爱，他们在家庭中失去了培养独立性的机会，更多地需要成人的帮助和照料。这种状况是培养自我管理意识的最大障碍。因此，我们可以利用各种教育机会，对他们进行生活、学习独立性的教育。如在晨会、班会中向学生正面宣传"自己的事自己干"，让学生从认识上加深对独立性的理解。还可以与家长取得一致意见，使学生获得更多的培养独立性的机会。

其次，引导孩子正确认识自己、他人与班级的关系。儿童的自我管理并不只是管自己，而是要对自己、他人、集体全面负责。引导孩子自我管理首先应使他们树立集体主义观念，克服个人本位主义，使自我管理植根于集体中，具有集体的意蕴。曾经，班上有一位同学成绩优良，很有组织能力，但他个性较强，缺乏关心他人的热情，于是我就让他组织班级活动，并经常在大家面前表扬他这种乐于助人的精神，还积极创造机会让其他同学主动与他接近，让他体会到同学友情的真挚。过了一段时间，他争当班干部，为大家服务，成了班级管理的得力骨干。由此可见，强化学生自我管理意识，一方面要求每位同学照顾好自己，另一方面，还要求同学关心他人和集体，认识到自己是班级的一员，管理好班集体是每位同学的职责。

俗话说："没有规矩，不成方圆。"一个班级的健康发展，必须要有一定的规范。因此，我首先确定几个认为比较合适的班训后，再让同学们通过民主讨论达成共识，共同制定合乎本班需要的班级公约。由于学生有为自己的目标负责的倾向，牢固树立"我制定的规则，我要这样做，我必须要这样做"的思想，自己制定的班级公约容易使学生对自己的行为产生自我约束。实践证明，班级公约的制定不但对于形成良好的班风起到了积极的作用，对学生自身的成长和进步也起到了极大的激励作用。在班级公约制定的整个过程中，学生其实无形中已开始了自我教育，这有效地激发了他们的主动意识，令他们能主动地发现问题、解决问题，实现了学生个性的自由和全面发展。

最后，还要保护学生自我管理的积极性。一般来说，少年儿童的心灵是纯洁无瑕的，他们乐于遵守纪律、配合老师的工作，也乐于为集体服务。苏霍姆林斯基指出，成功的欢乐是一种巨大的情绪力量，它可以促进儿童好好学习的愿望。请你注意无论如何不要使这种内在力量消失，缺少这种力量，教育上的任何巧妙措施都是无济于事的。因此，不断让孩子体验到成功的快乐就成了调动积极性的最有效的手段。

三、以点带面，让孩子参与班级管理

以点带面，提高管理效果，树立典型是关键。首先，要树立正面典型，以班级中认真、懂事、好学、积极上进的孩子为典型，对他们进行积极的指导，指出他们的闪光点和不足之处，要求他们在各方面都起模范带头作用。其次，要树立思想暂时落后的转变典型。要耐心启发，循循善诱，肯定和指出他们的闪光点，增强他们的自信心，并以正面典型激励他、启发他。随着工作一点一滴地积累，他们定会转变的，这样就可以以一带十，点面结合。

通过典型树立，全面育人，使他们更佩服、尊重老师，老师就可以很顺利地开展班级管理工作，如在班中设置多种岗位，"小组长""小卫士""小老师"

"管理员"等。另外，应尽可能地创设多种机会，使更多的孩子以各种角色活跃在班集体管理的位置上，并定期轮岗。让多元多向的竞争给每个孩子带来机遇与挑战，成为他们积极进取的动力与源泉。这样把班级交给孩子，使孩子真正成为班集体管理的主人，他们就会时时事事对班集体、对同伴具有高度的责任心，时时处处主动为班集体建设发挥自己的聪明才智。

调皮、好动的孩子，他的动手能力和动作协调性会很好，让他们参与班级管理，能使他们的能力得到充分发挥，这既可以增强他们的自我约束力，又从另一个方面帮助他们找到了自信。在安排任务时，我会刻意安排两个或两个以上孩子去负责，在完成任务过程中，孩子们会通过交流、合作达成共识，无形中培养了孩子们的合作意识。我们班上就有一个特调皮的男孩，他一开始纪律性不强，老是管不住自己，课堂上总是动来动去的。不过，我发现他有一定的号召力，于是就将午休的纪律交给他和纪律委员管，你别说，还真有点效果。这样一来，午休的纪律好了，也培养了他的集体主义感。

四、进一步促进自我管理的养成

班级自我管理真正地体现了把学生当作教育的客体，又把学生当作教育的主体，以及在教育中教师的主导作用。叶圣陶说过这么一句话："教是为了不教。"也可以借此说，"管是为了不管"，不管，是班级管理者追求的最高境界。我们在学生有了一定的自我管理能力的基础上，引导学生养成自己管理自己的习惯、班级自我管理的习惯，就能达到班级管理的最高境界。

班主任还要善于利用一个优秀的班集体所形成的正确的舆论和优秀的班风去影响、制约每个学生的心理，规范每个学生的行为。正确的舆论对班级每个成员都有约束、感染、熏陶、激励的作用。在奖惩分明的过程中，舆论具有行政命令和规章制度所不可代替的特殊作用。因此，班主任要善于引导学生对班级生活中一些现象进行议论、评价，形成"好人好事有人夸，不良现象有人抓"的风气。

记得在一次开展"我是校园的主人"教育班会课上，孩子们在受到教育后，一脸的兴奋。我可不想让这种兴奋成为过眼烟云，于是，马上让孩子们离开座位，动手捡起室内、走廊的垃圾。孩子们捡得欢、捡得细，他们不怕脏，还捡起了下水道口的臭垃圾。捡完后，我立即表扬了大家，特别是那几位捡下水道口垃圾的同学。我知道，这次活动有了初步效果。当然，在班级管理活动中，还要继续启发诱导，创造环境和契机，才能使学生的自我管理能力得到锻炼和提高，才能进一步促进良好行为习惯的养成。

我的班级小岗位故事

武汉市育才汉口小学 李丽

2019年9月，我新接手一个班级，负责教育管理一群刚入学的一年级的小朋友。这让刚从六年级下来的我顿时有些手足无措的感觉，因为六年级的孩子已经和老师之间有了默契，一个眼神、一个动作，学生都知道老师想要表达什么，该怎样去做，可是一年级的小学生是不会懂这些的，甚至连课堂的规矩都不懂，真是一切需要从头开始！

我们都知道在低年级阶段如果给学生养好习惯，到了中高年级就会越带越顺手，可是低年级的学生如何养好习惯却是一个难题。养成好习惯不是靠老师的声嘶力竭，也不是靠老师整天背着麦克风不停地说教，那样不仅老师很累，而且学生也很难静下心来。于是，我就开始在班级里慢慢观察学生，发现每一个孩子的闪光点，希望从孩子的优点处着手，让学生能有一种内驱力，能够有想要越来越好的愿望。于是，我在课堂上观察学生上课的表现、读书的情况、完成作业的情况。下课时我也在观察，观察他们如何和同学相处、与同学交流什么，再和家长进行沟通，了解孩子有什么特长，孩子最感兴趣的是什么，还和其他科任老师进行反馈交流，了解学生在其他课堂的表现，了解其他老师对班级孩子们的印象如何……

通过一个多月的观察与了解，我设计了"班级小岗位竞选表"让学生根据所擅长的进行竞选，本以为一年级的孩子比较小估计不是特别清楚自己的职责，没想到班级54位学生有20多位学生参与竞选，竞选岗位除了班级常规所有的班干部之外，还有"路队长""好书推荐官""书写监督员""朗读领诵员"等。看到他们提交的表格，我心想，作为老师真的不能低估了任何一个孩子，哪怕只是刚入学一个多月的孩子也是潜力无限的。后来根据孩子们上台的演讲，再根据班级实际情况的需要，除了常规的班干部，还有"图书管理员""讲台清洁员"等，我们又额外增加了"课前准备检查员""专注力提升员""课间文明记录员""编程小组组长""故事轮流值日员""音乐兴趣小组组长"等小岗位。当评选结果出来，我看见很多孩子的眼睛里都闪着光，脸上开始有了自信的微笑。

小闵同学因喜爱编程，担任了编程小组的组长。他其实是一个纪律性不强的孩子，开学不到2周的时间里，我听到许多科任老师的投诉——上课坐不住、爱讲话，经常影响到周围的同学，而且屡教不改，经常这节课下课刚被老师批评，下节课又会故态复萌，老师的评价就是知错不改、让人头疼。这个班级本来就有些特殊，有几个特别的孩子（先天的缘故），已经影响到老师的正常教学，如果再有小闵这样的学生有意不守规矩，那岂不是让其他老师更头疼。我就想要慢慢改变他。

记得浙江省特级教师郑英老师在一篇文章里写道："同样一斤米，把它放在米店，值一元钱，把它做成饭，值三元钱，把它做成粽子，值五元钱，把它做成米饼，值十元钱，把它酿成酒，值几十元钱。不过，起点都是一斤米。同样的一斤米，经过不同的加工，最后的价格差异竟有这么大，这就是不同加工所产生的不同'附加值'，它可以（让物品价格）成倍甚至数十倍于原来的价值。"是呀，对于小闵这样的孩子我们就要发挥他的最大价值，我发现有一次夕会他上来介绍他自己的编程，并且将自己的编程内容通过视频的方式给大家展示。在视频展示的时候，班级的孩子都发出"哇噢"的赞叹声，这时，一向大大咧咧的他脸上竟然露出了一丝羞赧。我突然间脑袋里闪过一道光，这就是撬动地球的杠杆了，我就鼓励他参加小岗位的竞选。这个孩子一向对规矩敬畏不足，突然让他参加竞选，他不是很愿意。

我就利用课间和他谈心，他自己觉得怕自己表现不好，同学们不能信服他，而且担心自己如果担任了小岗位因违反规矩会被同学嘲笑。听到这里我的信念更坚定了，这个孩子的羞耻心是很强的，知荣辱。我就问他："想不想担任这个小岗位？不用考虑其他的，老师觉得你的编程真的很棒的。"他迟疑着点点头，我继续说："如果担任了，想不想有更好的表现？"他这次是非常认真地、慎重地点了点头。我说："放心老师会在一边监督你，也会让爸爸妈妈多提醒你的。"他非常开心地笑了。晚上，我又给他妈妈打了电话，把情况说明，并且让妈妈一定要慎重对待竞选，仔细填写表格，妈妈也欣然应允了。

第二天竞选时，我看得出他很紧张，手不知如何安放。但是在他给同学们介绍他自己编程的小游戏以及教师节给老师设计的编程（是一个小男孩手持鲜花祝老师节日快乐）打开后，全班都爆发了热烈的掌声，毫无疑问他当选了"编程小组组长"。这只是第一步，老师让他把班级对编程感兴趣的同学都组成一个编程小组，利用节假日可以给同学们上课，可以互相学习讨论，这样他的学习热情就更高了。在班级里，我也渐渐发现他的变化，例如上课坐得端正了，每次回答问题都声音响亮，课文齐读时他的声音最大，这果真就是孩子内驱力的使然，不是老师说教无数次，而是他自己想要有更好的表现，连数学老师都说他好像换了一个人，我想这一斤米已经快要酿成酒了。

2020年，我们都在线上上课，长达一个学期。这个学期里我们的小闵同学带领他小组的同学发挥了巨大的作用，为了丰富同学们的居家学习生活，他们把自己设计的编程小视频发到班级群里，让同学们的生活多一抹亮色，我也经常看到小组群里讨论得热火朝天。作为老师，看到孩子们的居家学习生活也这么丰富，我甚是欣慰。

小闵同学只是班级小岗位的一个缩影，其实还有很多的小岗位学生自己一个人带动一个组，甚至辐射到整个班级。小黄同学是班级的"好书推荐官"，每周四我们班的夕会固定由他和他所带领的小组进行主持。他尤其喜欢战争题材的书籍，对每一件战争使用的武器都如数家珍，导致班级有许多学生在他的影响下都成了军事迷。这个暑假，在我们的假期研学游活动中，他和几位同学组成的研学小组进行了一次特殊的研学——行走的书房。他们的足迹遍布了江城非常有特色的书店，对每个书店的布局和书籍的特色进行了详细的了解。这次学校的朗读者活动，他一个人推荐一本书进行整本阅读。在他的带动下，班级越来越多的学生喜爱阅读，早读之后就开始进行自主阅读，课间喜欢到教学楼的楼梯拐角进行阅读。我想，他的小岗位太有意义了。

小魏同学的岗位"足球小队队长"是三年级时才增加的，因为小魏同学不仅足球踢得好，而且学习成绩也很优异。在我们班，踢足球的孩子都不参加课后服务，直接去操场参加训练，但是他各项作业也完成很好。当他自己提出想要增加这个岗位时，我在全班进行了商讨，结果全班一致同意。有6个同学在他的带领下，和他一样直接去参加足球训练，这6个同学中有的作业完成很拖拉的，比如小罗同学，我暗自希望小魏能够让小罗和他一样，成为"时间管理大师"，既能踢好球，又能高效完成作业。这个安排已经有了一定效果，小罗目前能按时完成作业，虽然书写各个方面还有提升的空间。

阿基米德说："给我一个支点，我就能撬起整个地球。"皮格马利翁效应告诉我们，教师对学生的心理具有潜移默化的影响，能使学生取得教师原来所期望的进步现象。一线的老师或许更应该关注学生们长远发展，有人曾说，小学教育对孩子人生宽度的影响比你想象中的大十倍，也许你不经意间的一句话会成为影响学生人生的浓墨重彩的一笔。我们应该给学生一个适合他自己的平台，通过各种形式的活动满足学生成长的需要，促进学生自我学习、自我管理，让他们能最大范围地培养自主学习兴趣，提升学习能力。

小小晨检员

武汉市育才汉口小学　昌薇

小小晨检员，一个看似不起眼的小岗位，却让一个孩子发生了很大的变化。

小林，年级有名的学困生，最大的特点就是近乎自闭。他关上了与人交往的大门，总是紧紧地闭着嘴。面对这样的孩子，我起初也很头疼，更令人烦恼的是，周围的同学已经习惯了他这个样子，大家仿佛也无意打扰他，自动地对他"退避三舍"。

看到他这种情况,不难想象他会有怎样的学习成绩——年级垫底,考试从来没有及格过,甚至低到只有十来分。我不能让他这样继续下去,我要改变他,我要帮助他。

在上个学期开学初的班级岗位设置的班会上,当有同学开玩笑地提议让小林当晨检员时,我突然觉得说不定可以试试,于是,我在全班宣布了这项决定。事后,我问他:"你愿意吗?"他看着我,半天不说话,"你愿意就跟老师说愿意,不愿意就说不愿意,只要你开口说话,老师就满足你的要求!"我轻轻地对他说。又过了一会,"愿意!"轻微而坚定的声音从他嘴里传出来。我很高兴,这是一个好的开始,他终于愿意跟我说话了。接下来,我告诉了他晨检员的职责,最重要的任务就是每天早操后都要向肖老师汇报班级晨检情况。

在他刚刚当晨检员的时候,我看着他认真地检查同学的个人卫生,却经常没有去找肖老师汇报。我不知道他是忘了,还是不敢。于是,我请坐在他后面的同学在他没有去汇报的时候提醒他。过了一段时间,我发现他没有去汇报的时候越来越少,而且还和提醒他的那个同学交上了朋友,真是令人欣喜的变化。现在,晨检员的工作他不仅不需要同学提醒,遇到问题还能主动跟我说说,交上的朋友也越来越多。最令人高兴的是,上个学期的期末考试,他的语文竟然及格了。看到自己的成绩单那个醒目的"丙",他对着我开心地笑了。我,也笑了!

岗位小故事

武汉市育才汉口小学　昌薇

作为小学班主任,我们面对的是天真烂漫的孩子,我们无意中的一个眼神、一句话语、一个小举措都可能影响他们的心灵,在他们的人生之路上留下深深的烙印。

一个星期一的上午,我批改小练笔,发现小珊写得非常好,好像作文水平突飞猛进,我马上就知道她肯定是抄的。再改到小蓓的作业时,她的小练笔内容竟然和小珊一模一样的。我平时很反对学生全盘照抄别人的作文,曾经多次在课上讲:"学习别人的写作方法是应该的,运用别人的好词好句也是可以的,但是,不能生搬硬套,更不允许照抄。"可今天,这两个我心目中的老实学生不但抄了,而且还抄得一模一样,真是太不像话了!好容易挨到下课,我再也忍不住了,冲到班上,点着她们的名字声色俱厉地说:"你们两个都是班上作业认真的好同学,居然也抄作文!像话吗?"她们的脸一下子就红了,低下了头,默不作声。

发完火回到办公室,我冷静了下来,两个孩子的样子却还在我的脑海中浮现。突然，我一个激灵，我这样做会不会伤了她们的自尊心呢？我开始后悔。得想个办法补救。

又一次下课时，我悄悄地询问其他学生她们两个在数学课上的表现。还好，没有异常。当我走到她们跟前时，装作很不经意地看了她们一眼。四目相对，我感觉她们的目光有些异常。我说："小蓓、小珊，到我办公室拿作业本发下去，这周由你俩担任'温馨收发员'"！"温馨收发员"几个字我说得特别响，传达给其他同学的意思十分明白。

到了办公室，她们仍然低着头。我让她们坐下，温和地对她们说："'温馨收发员'不仅要负责收发作业本，还要负责把其中的优秀习作分享给同学们，说出这些习作优秀的原因。能胜任吗？""能，正好我们也可以向同学们学习一下。""你们如果看到了同学们写得好的优秀的习作，可以把其中生动的语言抄写下来，好记性不如烂笔头，抄了一遍以后，你们肯定对这篇文章的写法、技巧更明白了，是不是？"她们又点了点头。我趁热打铁，说："希望你俩在这个岗位上好好干，两周后跟我说说在这个岗位上的收获，可以吗？"小蓓和小珊你望望我，我望望你，刚才的忐忑不安刹那间烟消云散，拿着作业本高高兴兴地去发了。

接下来的两周，我仔细地观察了这两个孩子，她们总是把我批改的优秀习作先拿出来读，读了之后再推荐给同学们。有时两个人一起读；有时一个人读一个人做笔记；有时两人还会从不同的角度向同学说出自己的想法。同学们都说，自从她俩担任了"温馨收发员"以后，整个人都变得不一样了，爱读书，会说话了，而且居然不怕写作文了。

两周后的一天，小珊和小蓓一起找到我，对我说："老师，我俩还想继续当'温馨收发员'，这是我们这一周的小练笔，您看看。""嗯，写得还真不错，这一周你俩就推荐自己的习作吧！"那一刻，我分明看到自信又回到了她们的脸上……

四、小岗位质性研究：来自学生层的证据

学生们在小岗位实践中深度参与和深度创造，能够切身体会小岗位所带来的改变。为此，每个参与实验的学生都写了不少于一篇的岗位日记，我们摘取了部分特别的小岗位的岗位日记。

小小炊事员岗位日记

武汉市育才汉口小学　喻显翔

新的一学期开始了，老师让我们写岗位申请书申请班级岗位。我申请了打

饭的岗位。因为从一年级就开始我就帮老师打饭，所以今天我还要申请打饭的岗位，做老师的得力小助手。

老师让我星期一打饭，所以从今往后每星期一中午我就要洗手准备打饭了。偶尔我打饭时还会看到饭里有一些米虫，我就会小心翼翼地把它挑出来扔到垃圾桶里。每次打饭时，大家都会有序排队，安静地等着打饭。

我特别喜欢这个岗位，因为我可以帮助老师，做她的小助手，而且同学们很喜欢我打饭，让我深深地体会到了"予人玫瑰，手有余香"的感觉。

岗位日记
武汉市育才汉口小学　袁明哲

我记得在我二年级的时候，我的岗位是给同学们打米饭，每天要打很多份米饭，手就很酸，每次都是最后吃饭。有人会说这个工作是很无趣的。当时我想报名时，有的同学跟我说："袁明哲，你怎么想的？你明明知道这个工作不仅无趣还会很累，要持续半年，为什么还要坚持报这个工作呢？"我就说："我只是试一试，就当锻炼吧！"起初我还不知道打米饭是个很劳累且需要技巧的一个工作。

开学的第三周，我总结了打米饭的三个要点：第一，开始打饭前必须做准备工作，就是画方格，把装米饭用的盒盖子打开，然后用大勺子把它切成一个个小方格的形状，如果切得大小不一的话，是不合格的。第二，一般老师都会在午休后考试，如果中午给同学们打米饭时，一不小心打掉了一坨米饭的话，就要负责清理干净，肯定会没有时间考试的！第三，我把这项工作称为"心灵感应术"，大家都知道，有人喜欢吃多点，有人喜欢吃少点，我必须能猜出他们想吃少或是想吃多。

有一天，我看到电视节目里，说有一个人，用一块石头历经3个月造出了一个美丽而精致的石雕。我终于领悟到了，人必须日积月累，才能学到更多的知识！打米饭也是一样的，要一直思考打米饭的要点，才可以熟能生巧地完成好这项任务！

在竞选班级岗位优秀小卫士时，老师说："今年的岗位优秀小卫士是，喻显翔，袁明哲……"我高兴得跳了起来。原来想把事情做成功，需要每天练习。

我的新岗位
武汉市育才汉口小学　吴宣霖

以前，我在班级担任了"班级日志记载员"的岗位。那时，我只用记双周，记单周日志的是我的好朋友刘语涵。每当周五时，我们都会利用中午休息时间一起去找老师补签没有签完的字。但我总觉得她好像不太喜欢签班级日志。因为这是老师给她的任务，我怕她不签，最后只留给我一个人去签。不过，我一个人签是不现实的，相信老师还是会让别的同学和我一起完成。可是我只想和她一起去完成这项任务，所以我就申请换了一个岗位"贴纸发放员"。

我觉得"贴纸发放员"是一个很重要的岗位。老师上课只要提到表扬同学的名字，我们就要认真地记下来，以免发错了同学。有时候，得表扬的同学多了，一下课就把我们围住，我们最后连喝水、上厕所的时间都没有，但看见同学们开心的笑脸，我也很开心。

虽然这个岗位很辛苦，但我还是想担任它，我相信只要我认真仔细，就一定能把这岗位做好。

岗位日记
武汉市育才汉口小学　金言泽

每一个新的学期，班级里的一些岗位都会重新竞选上岗，比如"奖励发放员""图书管理员""课前朗读员"。

当老师通知岗位竞选可以报名后，同学们都积极踊跃地报名竞争上岗。而我呢？报名竞选了"奖励发放员"这个岗位。我为什么要选这个岗位呢？是因为来领小贴纸的同学都是表现优异，学习、纪律都较好的同学，我就可以向他们请教学习的方法，从而也使得自己变得越来越优秀，而且还可以增加同学之间的友谊。

"奖励发放员"其实是一个要求严格的岗位，因为要公平公正，不能徇私舞弊，但是我相信自己能严格遵守这个岗位规则。

我的岗位日记
武汉市育才汉口小学　余思齐

今年，我当上了"作业收发员"，我很高兴，心想："我今年负责的岗位好简单啊，每天都能很快完成任务，可以有大把的时间去玩了。"

今天，我早早地来到学校，准备赶快收完作业再玩一会儿。我先从第一条开始收，收着收着，我就发现收作业并没有那么简单，因为有的同学忘记带作业了，有的没有写，还有的作业本用完了，不仅没有买新本子还没做作业……终于收到了第八组，还有好几个人没有交作业，这时早自习的时间也快到了，我赶紧抱着作业本送到昌老师办公室，并且把作业交的情况报告给了昌老师，再等我回到教室的时候,早自习已经开始了。哎!我今天又没能出去玩了。

我发现这个岗位并没有想象中那么简单,它需要很细心、很负责、很有耐心,我要继续努力把这个岗位做得更好!

墙面美化师
武汉市育才汉口小学 吴雨墨

我在这两年多的校园学习中,总共申请过好几个岗位。我的岗位让我在学校的生活更加丰富;我的岗位让我更好地为班集体做贡献;我的岗位让我明白了更多的道理。

记得在我二年级的时候,老师让我们把自己想竞选的岗位写在纸上,老师一一介绍每个岗位,其他的我什么也没听进去,大大的脑袋只记住了一个岗位:板报设计员。哇哦!我可最喜欢美术了。于是,我毫不犹豫地拿起笔,在纸上刷刷地写下几个大字:我申请当"板报设计员",吴雨墨。写完,我飞快地冲上前去,把纸递给老师。老师批准后,我高兴得一蹦三尺高,迫不及待地想大显身手了。刚开始,我精心地把板报设计得美观又漂亮,开心地布置,贴上墙。可后来,我发现这个岗位好像很不起眼。在课间,我望着外面的"课间管理员",捉着一个正在打闹的男生大声呵斥,心想:"唉,当时为什么不选这个岗位呢?多威风呀!"正当我百无聊赖地翻看优秀作文选时,书中一句话吸引了我:"清洁工,一种不起眼而又神圣的职位,是他们让世界更加美丽。"我细细品读了一会儿,突然明白了,我的岗位不也如此吗?虽不起眼但对班级也有着很大的贡献。

想到这儿,我抓起同学们交给我的作品,认认真真地挑选出5张优秀的小报,迅速地拿起剪刀和透明胶,往教室外跑去。这时,有几位同学看到我兴致勃勃地设计排版的样子,也兴冲冲地跑过来帮我,有的同学负责按住小报的一角,有的负责剪透明胶,而我,负责把小报一一贴好。不一会儿,板报贴好了,我们相视而笑,我感受到了岗位带给我的快乐。

有一次,我正在外面贴着最后一张作品,一位老师走过,看到后夸赞道:"这位同学,你设计的板报真漂亮,美观极了!"听到后,我心里美滋滋的,别提有多开心了!

我心想:"如果不投入热情,不认真做好,就不会有现在的成就感了。"这个岗位让我明白了,原来任何事情不分大小,任何岗位都有它存在的意义和价值。只要你热爱它,坚持下来,就能得到意想不到的收获呢!

谢谢你,我的岗位,是你让我更加忠心地为班级服务,是你让我获得更多的快乐,是你让我明白了深刻的人生道理!

本章参考文献

[1] 赵蓉英.小岗位等同于班干部职位吗?[J].思想理论教育,2013(2).

[2] 梁桂嫦.班级小岗位创设的价值与实施策略[J].江西教育：综合版（C）,2019(3).

[3] 郭桂兰."家庭劳动小岗位"教育[J].人民教育,1989(5).

[4] 钱晶.对班级管理"小岗位"设置的思考[J].小学教学参考（综合版）,2018(18).

[5] 马欢.小岗位搭起成长的阶梯[J].中国德育,2017(9).

[6] 徐鸿宇.小岗位培养责任心[J].少年儿童研究,2013(8).

[7] 卓苑芳.小学低年级学生能力提升的途径研究——以班级小岗位建设为例[J].江苏教育,2017(79).

[8] 陶晓燕.小岗位 大学问——小学班级岗位设置漫谈[J].江苏教育,2018(71).

[9] 刘瑞霞.浅谈资源教室的"小岗位"建设[J].现代特殊教育,2014(11).

[10] 佟小东.班级小岗位 成长大舞台[J].黑河教育,2015(3).

[11] 潘平.低年级小岗位设计的三项原则[J].思想理论教育,2013(2).

[12] 郭芳.巧轮换 重评价 促成长——班级小岗位建设之我见[J].思想理论教育,2013(2).

[13] 章琪琪.小岗位培养责任心[J].思想·理论·教育,2006(12).

[14] 尹丽颖.责任与我同行——利用班级小岗位培养学生责任心[J].小学时代(教师),2011(3).

[15] 骆娇娟.对班级管理"小岗位"设置的思考[J].小学时代,2019(25).

[16] 糜娜.她在小岗位服务活动中成长[J].基础教育,2004(5).

[17] 李军,王晓芹,夏娟娟,等.以学习型小岗位建设助推学习型班级建设[J].新班主任,2020(12).

[18] 侯彦宇.小学生主观幸福感研究综述[J].小学时代,2019(35).

[19] 李文和.小学生同学关系对学校归属感的影响[D].天津：天津师范大学,2013.

[20] 尹红霞,尚金梅.中小学生学业成败归因特点及归因训练研究述评[J].四川教育学院学报,2006(9).

[21] 郭庆峰.小学生自我效能感培养研究[J].现代中小学教育,2015(11).

[22] 谷玉冰.小学生人际交往能力的培养[J].教学与管理,2011(17).

[23] 王方全.近十年国内中小学生责任感培养研究综述[J].教育科学论坛,2021(29).

[24] 王成韬,潘运,曹凤英.小学生韧性素质现状与父母教养方式的关系研究[J].贵州师范大学学报(自然科学版),2022(2).

[25] 王素霞.小学生自我调控能力对学业成绩的影响[D].大连：辽宁师范大学,2014.

[26] 张屹,陈珍,白清玉,等.基于移动终端的PBL教学对小学生元认知能力的影响研

究——以小学科学课程"地球的运动"为例[J].中国电化教育,2017(7).

[27] 李飞,杨坤.中学生学校归属感现状及培养[J].教学与管理,2006(28).

[28] 徐坤英.中学生学校归属感及其与心理健康的关系研究[D].重庆:西南大学,2008.

[29] 庞海波.初中生学校归属感与心理健康的相关研究[J].心理科学,2009(5).

[30] Whitlock J L. Places to be and places to belong: Youth connectedness in school and community [M] Ithaca, NY: Cornell University, 2004.

第二章 武汉市小学生心理困境现状及家校干预的行动研究

第一节　问题提出

一、研究背景

《"健康中国2030"规划纲要》，提出了"健康中国2030"发展战略目标，将健康促进作为重大行动之一，指出除了学生身体健康外，心理健康问题也不容忽视，要加强对抑郁症、焦虑症等常见精神障碍和心理行为问题的干预。由于青少年自我意识薄弱，易受外界因素影响，心理防线薄弱，容易产生心理健康问题。2019年《国务院关于实施健康中国行动的意见》提出，全方位干预健康影响因素，实施中小学健康促进行动。

儿童青少年的心理健康关系到国家和民族的未来，是"健康中国"建设的重要内容。随着经济社会快速发展，我国青少年群体在学习、适应环境和人际关系等方面的压力增大，心理健康问题的发生率和心理障碍患病率呈现逐渐上升的趋势。《中国国民心理健康发展报告（2019～2020）》显示，全国中小学生存在不同程度抑郁症状的总体比例已经超过24%，并且出现低龄化现象。其中，儿童出现情绪不稳定等心理问题倾向的比例较高，达17.3%。据相关统计，心理疾病的社会负担已成为中国疾病总负担中的第一位，已超过心脑血管、呼吸系统和恶性肿瘤等疾病。近年来，如何有效改善这种状况已经成为政府和心理健康领域学者关心的重要课题。

此外，从一个人生命发展的角度来看，儿童青少年阶段正处于提升心理健康素养、培养积极心理品质和适应能力的关键时期。而小学儿童，由于自身知识和社会经验尚不足，又面临着各种社会和心理压力，容易滋生各种情绪或心理行为不适应问题。有些人的抑郁障碍、焦虑障碍等心理疾病通常在这一阶段开始第一次出现，如果没有积极有效的预防，以及尽早进行识别、干预和治疗，心理疾病就会阻碍其人格健全发展，甚至造成心身健康的终生损害。可见，提高国民心理健康水平，首先应该从孩子抓起，提高儿童青少年心理健康素养水平相对于国民整体的心理健康促进工作更为紧迫，也更具有长远意义。世界卫生组织文献显示，全球儿童青少年精神障碍发生率高达12%-28%，且呈逐年增高的趋势。教育部-联合国儿童基金会对来自16个发展中国家的困境儿童的患病情况进行多维指标分析发现，2013年，受精神障碍影响的儿童平均占比高达20%。美国的一项研究显示，25.0%的儿童和8.3%青少年患有抑郁障碍，而且患病年龄与20年前相比有提早的趋势(Reardon, Gray, Melvin, 2015)。这些数据引起了国际社会的广泛关注，对这一类困境儿童进行救助、保护其健康成长的权利成为各国政府工作的重要内容。

近些年来，我国也越来越重视困境儿童的保护工作，出台了一系列困境儿童救助政策，但基本上没有涉及孤独症以外的心理困境儿童。目前，心理困境儿童的保护工作主要依赖于家庭以及民间的公益慈善组织，针对心理困境儿童的全面保障制度建设有待突破。

近年来，在城市中有这样一些孩子：他们生活无忧、家庭条件优渥，表面上几乎看不出什么问题。然而，父母的教养方式不当、教育焦虑以及亲子关系紧张等因素，使他们长期被抑郁、焦虑等负性情绪所困扰，承受着巨大的心理压力，出现心理问题的风险增加。传统学习方式的变化进一步加剧了学生群体的心理健康危机（王扬，滕玥，彭凯平，等，2022）。而小学生身心发展尚未成熟、心理承受能力较弱，是重大突发公共卫生事件中心理适应问题的易感人群。英国教育标准局（Ofsted）年度报告显示，受多方面原因，这一代儿童相比于其他年龄段人群而言面临更大的心理健康风险，即使是那些年龄很小的孩子，他们的社交和情感需求也因某些因素受到了很大的负面影响。英国诺福克儿童图书中心主理人 Annie Rhodes 称，很多家长和老师希望能获得一些资源或建议来帮助他们的孩子与学生。

因此，基于现有的理论基础、实证研究和在该领域的学习、实践经验，本研究试图在明确心理困境儿童的含义的基础上，调查武汉市小学生学校适应现状，旨在探索小学生在学业、常规、师生关系、同伴关系和自我接纳等方面适应不良的影响因素及家校合作的干预策略，希望为此领域的心理干预和政策制定提供理论和实践依据，为教育者营造良好的教育生态，更科学地为心理困境儿童的身心健康发展出谋划策。

二、研究意义

儿童青少年情绪问题相当普遍，焦虑障碍和抑郁障碍是所有儿童青少年期精神障碍中患病率最高的两种障碍（Merikangas, He, Bumstein, et al., 2010）。情绪上的问题本身会给儿童青少年造成负面影响，同时，它们还危及了学习等社会功能。然而，儿童青少年焦虑障碍和抑郁障碍却往往被忽视，得不到应有的治疗，主要原因是：儿童青少年在正常的发展过程中，情绪上的问题也是经常发生的，所以难以区分哪些问题达到了病态的标准；许多焦虑障碍和抑郁障碍症状并不外显，患有这两种情绪障碍的儿童往往更为安静、害羞或低落，他们甚至希望讨好他人，或对自己的问题守口如瓶。

一直以来，儿童青少年情绪上的障碍被认为是轻微的、短暂的，当他们长大后情况会逐渐减弱。但许多研究表明，他们的问题具有普遍性，并且可能延续到成年。而导致儿童青少年情绪困扰的主要原因就是适应不良（黄文倩，王志仁，刘亚培，等，2021）。抗挫能力（resilience）是指即使面临或经历不利处境，个体依然可以得到良好的发展结果，不会出现明显的心理社会功能问题（安媛媛，伍新春，林崇德，等，2011；Bonanno, 2004）。培养学生的抗挫能力能使其身处逆境而不屈，仍然保持乐观自信、积极向上的心理状态。

本研究遵循发展心理学中小学阶段儿童的身心发展特点及心理规律，根据埃里克森的心理发展的八阶段理论中6—12岁小学生面临的最主要心理冲突是"勤奋对自卑"，提出此阶段家庭和学校应着重帮助心理困境儿童建立独立生活和承担工作任务的信心。在具体方法上，本研究将团体心理辅导原理融入干预活动设计中，通过团体内的教师与家长、家长与学生、学生与教师、学生与学生人际交互作用，促使学生在交往中认识自我、调整改善人际关系，促进良好适应与发展。

由此，本研究通过对城市学校适应不良儿童的了解和认知，在理论上，细化了困境儿童的类别；丰富和完善了小学生抗挫折教育研究的理论；进一步补充了面向现代城市儿童的心理健康教育理论研究。在实践上，有利于加强对城市心理困境儿童的关注，通过设计干预活动增强了城市学生学业适应、关系适应、行为适应的能力，培养了学生坚强的意志，促进了他们身心全面健康成长。同时，研究探索的在班级层面培养学生抗挫能力的模式可以给其他学校处理心理困境儿童提供参考和借鉴。

第二节　文献述评

一、儿童心理困境及其影响因素

（一）心理困境儿童

"困境儿童"是一个目前常常出现于各种语境，但学界与政府文献又从未权威界定过的名词。从国际上来看，困境儿童是一个陷入不同困难类型儿童的集合体，包含多类儿童，并非指某一特定儿童。而且对于类似于困境儿童的用语，也存在多种不同的表述，如"处境困难的儿童"（children in difficult circumstances，CIDC）、"处境特别困难的儿童"（children in especially difficult circumstances，CEDC）、"需要特别保护的儿童"（children in need of special protection，CNSP）、"痛苦的儿童"（children in distress）、"危机中的儿童"（children in crisis）等。

目前，国际上使用最多的术语是"处境特别困难的儿童"。一般认为，CEDC是因最基本的需要，包括食品、住房、教育、医疗、安全或保护需要，得不到满足而需要特殊帮助的儿童。这些儿童，在他们生命中的短期或长期面临强烈的、多方面的风险，影响他们的身体和心理健康。不同国家的困境儿童面临的具体情况不同，所划定的困境儿童的范围也存在较大差异。

要对困境儿童下一个相对明晰的定义，既要参考国外的经验，又要考虑我国的实际状况；既要立足现实，又要面向未来；既要有成人视角，也要兼顾儿童视角。对困境儿童的界定，应该考虑如下几个方面：儿童的年龄范围；何为困境（困境的表现有哪些）；困境的原因是什么（滕洪昌，姚建龙，2017）。

关于困境儿童概念的研究主要集中在政策维度和学术界。政策上，在主要国际儿童福利组织使用的术语中，困境儿童专指因为各种情况，需要获得特殊帮助的儿童。世界银行将困境儿童认定为：18岁以下的，由于各种原因缺少或很可能缺少适当的照料和保护，并且易受伤害的未成年人。在国内，2016年国务院颁布的《关于加强困境儿童保障工作的意见》，从政策层面明确了困境儿童的概念范畴，将困境儿童界定为家庭困境、自身困境和监护困境儿童三类。

在学术界的研究成果中，困境儿童泛指因贫困、疾病、意外事件或遭受家庭虐待与忽视而失去家庭依靠，生存与发展陷入困境的儿童（Bonanno，2004）。国外学者通常使用"脆弱儿童""需要帮助儿童"或"不利社会处境"等关键词来描述困境儿童这一群体。国内学者对困境儿童的界定基本以"困境"产生的原因作为依据，形成了"自身困境－社会困境－多重困境"的概念体系（尚晓援，虞婕，2014），并以此为基础发展出了不同类型，例如，张威（2015）提出的生理、心理、社会和多重困境分类。尚晓援和虞婕（2014）提出，困境儿童概念是一个三级体系，包括生理困境儿童、社会困境儿童和多重困境儿童。心理困境儿童是困境儿童大概念下的一个分支。2015年，高丽茹、彭华民从内涵和外延两个方面对困境儿童进行了界定。从内涵上看，困境儿童是指因基本需要不能得到满足而受到严重伤害的儿童。其中，基本需要包括基本生活照顾的需要、卫生健康的需要、家庭生活的需要、教育的需要、休闲和娱乐的需要、心理发展的需要、社会生活能力的需要、免于被剥削和伤害的需要。从外延上看，困境儿童可以分为生理困境儿童、心理和行为困境儿童、社会困境儿童和多重困境儿童。其中，心理和行为困境儿童指心理发生偏差，具有不良习惯甚至有违法行为的儿童，包括受到严重精神性创伤的儿童、具有违法行为或涉案的儿童。西方的一些关于公共健康的研究对心理困境儿童作出了解释。Simeonova等（2015）指出，心理困境儿童是由于某种异常、不合理、适应不良行为而导致功能紊乱综合征并严重影响其学习、生活与社会融入的儿童。

综上，对困境儿童的界定呈现出以下几个特点：第一，形成原因是类型划分的基础，福利政策和学术研究都将困境儿童的产生原因划分为自身、家庭和外部环境三个方面；第二，外延进一步扩大，困境儿童从原来的孤儿等群体扩展到多元群体；第三，提出了明确可操作的分类，生理、心理、社会三类，明确了困境儿童的具体类型。本课题中的研究对象为心理困境儿童，主要特征是存在社会或学校适应不良现象。

（二）儿童心理困境的影响因素

研究表明，导致孩子处于心理困境的因素是复杂多样的，主要分为以下几个方面。

1. 生理因素

因为生理因素导致的性格缺陷或肢体缺陷，可引起焦虑、抑郁、低自我评价、攻击性行为、社交退缩等心理行为问题。例如，存在肢体缺陷的孩子会或多或少受到同龄人的疏远和异样眼光，随着孩子自我意识的觉醒和增强，他们会感到自卑，并被抑郁或焦虑情绪困扰。

2. 家庭因素

家庭是孩子身处时间最长的地方，也是孩子吸收和消化情绪的最直接场所，家长的教养方式、亲子关系、家庭的氛围都会对孩子产生直接而深远的影响。家庭的负面影响会无形中给孩子带来很大的压力，对孩子的情绪、自我评价、学习、人际交往、亲子关系、行为偏差等都会产生负面影响。

3. 社会和学校因素

社会的舆论和风气对孩子的意识有很强的引导作用，容易导致孩子在三观上、行为上盲目效仿，诱发孩子出现一些人格缺陷和精神障碍。

学校是孩子的学习场所，更是一个社交场所，学校对孩子分数过度看重，很容易破坏孩子的自尊心，让他们产生自卑、自我否定、逆反心理，影响孩子的心理健康。

二、儿童心理困境干预模式相关研究

美国早期干预研究是政府帮助心理困境儿童的重要手段。全美已经开展了数百项大型早期干预研究，其中著名的、历史悠久的心理困境儿童干预项目之一即为"芝加哥亲子中心项目"。美国早期干预研究的经验可为我国学者支持心理困境儿童的早期干预研究提供以下启示：项目设计需要科学理论指导，项目实施应建构与文化相适宜的生态干预系统。国外普遍提倡培养儿童青少年的抗挫能力，以应对不利处境。例如，美国着重培养青少年的国家意识和自立精神；英国则将挫折教育纳入教学计划之中，在他们的家庭观念中，父母要让孩子学会独立生活的本领；日本早在20世纪80年代就已经把"野外文化教育"和挫折教育列入学校教育内容，近年来，日本还兴起了"失败学"，即"挫折学"。

国际上对于挫折教育的另一重要内容就是培养孩子受挫以后的恢复力。其中，最普遍的观点就是父母应认真培养孩子在"黑暗中看到光明"的自信心和技巧。英国政府于2003年颁布的《每个孩子都重要：为了孩子的变化》（简称绿皮书）中指出，基础教育要把儿童的身心健康和安全放在首位，这体现了英国政府充分意识到了心理困境儿童常常面临的主要问题，包括家庭和环境给儿童造成的心理和情绪问题，例如，父母离异、家庭暴力导致被忽视、缺乏照顾和关爱；心理困境儿童更容易陷入各种行为问题。绿皮书主要从家庭背景、行为、特殊需求、身体和智力状况等因素来认定心理困境儿童，并且提出在学校建立"每个孩子都重要"的思想，强调学生的学业进步与健康发展密切相关，如果学生感到不安全和不健康，他们就不能很好地学习，而在教育中取得好的成绩是儿童青少年摆脱贫困和不满境遇的有效途径。

绿皮书计划的一个重要原则是提供个性化的服务和支持，在这一原则下，绿皮书鼓励学校提供一系列延伸服务，帮助学生与家长和社区建立有效的联系。学校要成为地方政府和儿童托管会的有力的合作者，在本地方政府和儿童托管会计划中发挥重要的影响作用，并且成为某项计划的实施者。学校教师要与其他合作伙伴，诸如社会工作者、护士、教育心理学工作者保持良好的关系，并且鼓励其他合作伙伴对学校的行动予以支持。具体来说，学校主要从以下方面为这些结果目标做出贡献：①帮助学生达到尽可能高的教育水准；②应对欺负、歧视问题，保证孩子们的安全；③成为健康学校，通过个性、社会和健康教育促进学生健康的生活方式；④保证学生的出勤，鼓励他们对自己的行为负责，让他们在学校生活中获得发言权，鼓励他们自愿地给予他人帮助；⑤帮助社区认识教育的价值，增强通过教育脱贫的意识；⑥鼓励和帮助家长积极地支持其子女的学习和发展。

研究表明，父母的陪伴能够有效缓解心理困境儿童的症状并改善孩子的社会融入状态。因此，心理困境儿童的家庭成员也需要得到充分的社会理解与政策支持。父母的情绪也会影响孩子的成长，而心理困境儿童的父母患抑郁障碍的风险较高（Dave, Petersen, Sherr, et al., 2010）。父母如果患上抑郁障碍，就会增加与儿童的不良互动，激发双方的负面情绪，不利于心理困境儿童的自我康复。所以，对于心理困境儿童的父母，也需要定期进行精神疏导与测评。心理困境儿童比一般儿童更需要科学的养育关怀，因为他们更敏感，并且情绪易受扰动。心理困境儿童的父母需要接受长期的学习，有针对性地掌握照顾心理困境儿童的技能，这样才能建立良好的亲子关系，为孩子的成长创造一个稳定安全的环境。较高的安全感可以帮助心理困境儿童正确面对情绪刺激，茁壮成长。反之，心理困境儿童的父母如果得不到科学的咨询及技能培训，缺乏对孩子疾病的正确认知，就无法处理自己与孩子的负面情绪，从而妨碍孩子的康复。

我国对心理困境儿童的早期干预研究起步较晚，当前仍以对特殊儿童、留守儿童和流动儿童的干预研究为主。我国关于抗挫能力的研究成果则较为丰富。叶笑竹和王莉（2011）认为，家长对子女过度保护、学校应试教育的弊病和班级管理的失误、无法预料的自然灾害、社会上的限制和竞争等原因使得孩子的感情比较脆弱，遇到挫折就难以承受。蔡连玉和姚尧（2017）认为，在当前的少子化社会，家庭的"过度保护"和学校"技能至上"的教育实践，使广大基础教育阶段学生的坚毅品质呈弱化状态，具体表现为自控力不足、坚持力欠缺和抗挫能力弱等。有研究者指出，实施挫折教育可以提升学生的学校适应能力，教师通过搭建和谐友爱的育人环境、营造家校流畅沟通教育机制、打造抗挫班级文化等措施可以解决这一问题（董金茂，2020）。

根据研究及实践观察，城市心理困境儿童在学校常见的外在表现有学习无动力、兴趣贫乏、不善于合作、没有集体意识、孤僻；内在存在心理压力大、低自尊、焦虑、紧张、抑郁等问题。因此，心理困境儿童在面对困难挫折时更容易出现崩溃等现象。有研究者建议，对待心理困境儿童应该"早认识，早干预"，尽早对这类儿童进行教育矫治，从效能感、归属感和乐观感三方面介入，提升个体自身抗挫能力，提高个体的学校适应能力。王清宣和白义（2010）认为，抗挫折的活动情景训练可以培养学生克服困难的坚强意志。宛蓉和兰文杰（2020）认为，班级环境是影响学生心理健康的一个重要因素。在班级开展活动，建立良好师生关系、同伴关系，对儿童的个性发展、行为习惯的养成、价值观的形成等具有重要的作用。有研究者运用心理健康教育、心理预防、心理训练与团体辅导的综合模式来解决学生心理健康问题，取得了较好的效果（张发斌，文建军，张海青，2008），也有研究者运用学校—家庭—个人综合干预来提高农村留守中学生心理健康水平，取到了一定的即时效果和远期效果（欧薇，谢琴红，何静，等，2016）。以上干预模式较多运用在大学生、贫困学生或留守儿童等对象上，没有专门针对城市儿童心理健康的家校干预模式的研究。但这些研究为解决城市心理困境儿童问题提供了解决思路，学校、家庭可以以班级活动、亲子活动为切入点来提升困境儿童的心理健康水平。

良好家庭教育的重要作用已经得到社会的普遍认可，要保障心理困境儿童拥有良好的人生开端，家庭教育是起点，也是重要的支撑点。有关儿童心理发展的研究表明，心理困境儿童由于生存环境较差、家庭结构失衡、家庭经济收入微薄、儿童身心发展存在障碍、物质资源匮乏、父母社会参与度低等原因，自身发展与同龄儿童相比，有一定的滞后，如家庭结构变化，导致孩子敏感、孤僻，影响孩子健康自我概念的建立和情绪智能的发展。这些因素持续地、消极地影响心理困境儿童身心的健康发展，是亟待解决的关键问题，这个问题的解决对构建和谐社会也具有重要的社会价值与意义。因此，为促进和维护儿童青少年的心理健康，不仅要倡导提升学校心理健康教育的质量，还应提高家庭教育的质量，营造家校协调心理育人的氛围，这对家校合作提出要求。

综上，当前并没有专门针对城市心理困境儿童的研究，多数研究是基于儿童群体的研究或者针对农村儿童的研究。一方面，城市儿童生活条件优越、家庭照料充足，易让学界忽视其问题的存在。但当前城市儿童心理问题逐年上升，亟须对这一群体心理困境现状及特点进行研究。另一方面，现有研究对心理困境儿童解决策略虽然提出了通过改善班级环境来助其脱困的方法，但相关的干预实验研究较少，因而无法确认一套行之有效的干预措施。这也给本研究提供了可供探索的空间。本研究拟通过探索城市心理困境儿童的现状及影响因素，设计一个在小学班级中提升心理困境儿童抗挫能力的干预指导模式。

第三节 研究程序

本研究遵循发展心理学中小学阶段儿童的身心发展特点及心理规律，根据埃里克森的心理发展的八阶段论中6—12岁小学生面临的主要心理冲突是"勤奋对自卑"，提出此阶段家庭和学校应着重帮助心理困境儿童建立独立生活和承担工作任务的信心。在具体方法上，本研究将团体心理辅导原理融入干预活动设计中，通过团体内的教师与家长、家长与学生、学生与教师、学生与学生人际交互作用，促使学生在交往中认识自我、调整改善人际关系，促进良好适应与发展。

一、研究目标

本研究计划通过测量工具筛选和识别城市心理困境儿童，了解他们现状及心理困境成因，并在此基础上，在班级层面设计干预活动，希望为城市心理困境儿童脱困提供有效干预策略。

（一）建立心理困境儿童家校干预新模式

通过家校合作，对心理困境儿童进行干预，初步形成可以在学校、家庭以及家校共同实施的干预措施，在探索中逐步形成具有实效的家校干预新模式，为武汉市小学学校心理健康教育创新提供实践经验。

（二）提升小学生心理健康水平

在家校干预实施的过程中，充分调动家庭和学校的支持力量，在学校开展班级活动、小组活动及家校活动，让学生感受到学校同学、老师的支持；在家庭开展家庭亲子活动、个别家庭辅导活动，改善亲子关系，促进亲子沟通交流，增进家庭成员的关系。这样，可以让心理困境儿童充分感受到来自学校、家庭环境的支持，心理困境儿童可以在活动中改善人际关系，获得心理支持，促进自身身心健康成长。

(三) 提升教师职业素养和家长家庭教育能力

构建家校心理活动干预过程有利于教师、家长了解学生心理发展情况和对学生心理问题建立科学的理解。在活动中，研究者一方面可以引导教师进行心理专业化学习，鼓励教师通过开展干预活动提升自身职业素养；另一方面，可以在家庭联合活动中，引导家长正确认知学生心理问题的成因，提升家长的家庭教育能力。

二、研究设计

(一) 研究总体设计

1. 识别并关注城市心理困境儿童

研究人员通过日常观察交流、调研问卷等方式，了解学生心理情况。结合心理困境问卷调查来对班级中的心理困境儿童进行筛查，并对筛查出来的心理困境儿童进行关注，了解这些学生的家庭教育情况，以期找到家校合力育人的突破点。

2. 了解心理困境儿童的发展特点、现状及心理困境形成原因

研究人员通过与学生沟通、与家长沟通，了解心理困境儿童的发展特点、现状及心理困境形成原因；所有研究团队成员一起对心理困境儿童的特点及面临的问题进行梳理、归类，总结他们的共性特点和个性问题，为班级活动的设计提供准确的一手资料。

3. 制定提升心理困境儿童抗挫能力的活动方案

根据研究测量筛查出城市心理困境儿童，将心理困境儿童严重程度划分为共性问题、同质性、个别问题3个层次。

1) 针对共性问题，开展班级活动

有些心理困境儿童的问题属于较为轻微的发展性问题，或者说成长烦恼性问题，比如说青春期相貌困扰、自卑、学习适应困难等。这些问题虽不致造成严重心理问题，却会一直困扰学生发展。因此，针对这一问题，班主任会在班级设计系列活动中，运用集体力量提升对应心理困境儿童的抗挫能力。

2) 针对同质性问题，开展小组活动

有些同学遇到的困境问题具有同质性，但同时又有学生在这一类型情况中表现很好。比如，有的同学遭受人际关系困扰，但有的同学在班级中人缘极好，深受同学欢迎。为此，研究者将学生困境问题分为了5大类别：常规适应、学业适应、师生关系适应、同伴关系适应、自我接纳。同时，根据问题建立5个小组，每个小组组合是根据数据测查、班主任、家长的观察和反馈确定的。比如，在学业适应小组中，分配学业适应优秀的学生作为组长，搭配主要存在学业适应问题的成员，通过开展小组活动解决小组成员问题，同时小组活动也会融入班级活动中开展。

3）针对个别问题，进行家校咨询活动

个别学生的问题较为严重，不太适用于班级活动和小组活动。这样的学生每个实验班级有3－5人，问题情况较为复杂和多样，整体性较差，同时问题在校内层面难以得到有效解决。针对这样的个别学生的问题，研究者会联合家庭，开展家庭咨询、个性辅导教育等活动，与学生家长一起来解决学生个别问题，努力在家校沟通中达成教育共识，形成教育合力。

具体研究思路如图2-1所示。

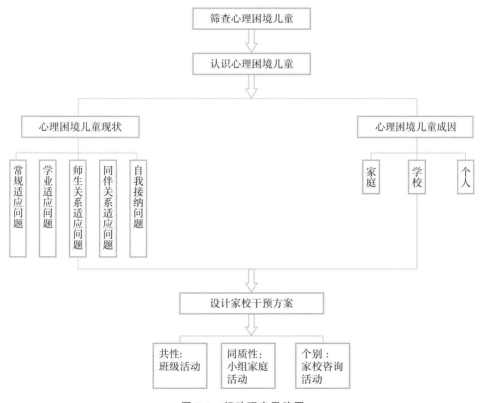

图2-1　行动研究思路图

（二）研究方法设计

本研究采用了行动研究的方法，在教育教学实践中基于实际问题解决的需要，与专家合作，将问题转化为研究主题进行系统研究，综合运用多种研究方法和技术，来解决教育实际问题。因此，本研究并不局限于一种研究方法，主要采用了文献法、调查法、访谈法以及教师实践探索等，研究目的不是要建立理论、归纳规律，而是根据教师教育活动中的探索与实践，改进和解决当前的学生心理困境问题。

1. 文献法

研究者以"心理问题""干预活动"为主题词，在中国知网搜索到近200篇文章，然后对以上资料进行全方位整合分析，初步构建了学生心理困境的理论框架。

2. 调查法

建立好前测数据基础，在所有实验班和对照班开展《学校适应量表》测验调查，了解学生的心理困境程度及筛选出已经陷入心理困境的学生。

3. 访谈法

对典型学生进行访谈，同时对其家长、教师进行访谈，较为全面地了解心理困境学生产生困境的原因，为帮助其脱困提供帮助。

4. 实践行动

班主任根据学生心理困境问题设计一些家校干预活动，让心理困境学生接受一个周期的干预指导。通过"计划""行动"与"反思"三个环节，对家校干预活动不断改进，实现一个螺旋式循环往复的过程，构建具有实效的家校干预模式，促进小学生的身心健康发展。

5. 效果评价

对效果的评价，有两种评价方式：其一，用《学校适应量表》进行后测，将前后测的数据进行比较，根据开展了干预活动的学生与没有开展干预活动的学生在得分上是否存在显著差异来判断干预效果；其二，通过观察及家长、教师对个别问题心理困境学生的反馈，从学习、人际关系、行为习惯、品行表现等方面判断其是否达到了脱困的目标。

本行动研究的程序路径如图2-2所示。

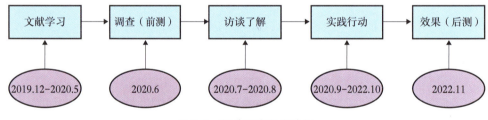

图2-2　行动研究程序路径

三、团队研究成员

城市心理困境儿童课题研究的团队成员主要包括2名高校教师和8名一线小学班主任，具体信息如下。

（一）专家组

张颖（湖北第二师范学院心理学副教授，博士研究生）。

尹霞（湖北第二师范学院心理学讲师，博士研究生）。

（二）班主任团队

石莉（武汉市江岸区黄陂路小学，璞石班主任工作室室长）。
张琴（武汉市江岸区黄陂路小学，琴韵班主任工作室室长）。
艾莉（武汉市江岸区鄱阳街小学，琴韵班主任工作室成员）。
何凌（武汉市江岸区育才第二小学，璞石班主任工作室成员）。
汪萍（武汉市江岸区惠济路小学，璞石班主任工作室成员）。
吴燕（武汉市江岸区沈阳路小学，琴韵班主任工作室成员）。
钟勤（武汉市江岸区一元路小学，璞石班主任工作室成员）。
向红（武汉市江岸区黄陂路小学）。

四、研究重难点

（一）研究重点

本行动研究的重点在于心理困境儿童抗挫能力提升的活动方案的设计与实施。研究人员根据班级中心理困境儿童面临的问题，以班级为主要载体，制定专门提升困境儿童抗挫能力的活动策略与实施方案；针对严重心理困境儿童，在班级活动中增加家庭教育指导活动，通过家校合育建立针对严重心理困境儿童的支持性环境，在行动中提升城市心理困境儿童的抗挫能力或调节适应能力。

（二）研究难点

本行动研究的难点在于心理困境儿童筛选和分层。本研究首先在心理困境儿童概念阐述与理论研究基础上对心理困境儿童进行了清晰界定；而后将心理问卷测试和日常班主任观察反馈两种筛查方式结合，对心理困境儿童进行精确识别；在筛选出研究对象后，还对心理困境儿童的类型按严重程度进行分类，由此形成本次行动研究的主要研究内容的着眼点。

第四节 研究过程

本次行动研究历时2年有余，是一项在2名高校教师的指导下，由8名一线小学班主任完成的行动课题研究。在整个行动研究历程中，课题团队成员经历了选题的问题探索阶段、理论学习阶段、学生前情了解阶段、活动方案设计阶段、活动实施与改进阶段、效果评价与反思阶段等。在研究中，团队成员加深了对城市心理困境儿童的了解，通过团队合作，去探讨、研究城市心理困境儿童，形成了一套具有实操性的干预活动方案。通过班主任团队在实验班班级实施干预方案，不断优化完善方案，研究团队最终开发了一套行之有效的城市心理困境儿童家校活动干预新模式。

一、聚焦问题，储备理论知识

（一）选题困境与破题

在团队研究之初，最难确定的是选题，这也是任何研究的起点和重要着眼点。没有好的问题及可以聚焦的研究方向，是无法开展行动研究的。2019年12月研究团队组建后，团队成员就开始从自己的教育实践问题中来寻找选题，而这一选题过程就持续了3个月有余（其中包括2020年寒假阶段）。

在选题之初，研究团队就面临困境，始终无法达成统一的选题意见，也不太清楚要往哪个方向走。2020年受疫情影响，这一选题过程基本都是在线上讨论完成的，老师们也提出了自己班级出现的问题和想要研究的主题。综合老师们的意见后，大家初步将研究问题定位在"二孩"家庭的教育问题上。但研究"二孩"家庭存在什么问题呢？那就是我们班级里面到底有多少学生是"二孩"家庭。这需要先做前情了解。

在专家指导下，团队教师拟了一个调查问卷，在自己班上做了初步的问题探寻工作。收集上来的数据显示，班里"二孩"家庭基本占1/4，属于班级里的少数群体。在探寻"二孩"家庭教育问题时老师们发现，因"二孩"年龄、结构及家庭组成情况不同，家庭教育困惑差异太大，问题难以聚焦；同时，因为"二孩"家庭教育问题更多的是家庭内部教育问题，班主任难以深入家庭内部，存在研究隔阂。最终，我们的研究还是回归到班级学生本身的问题上来。

团队教师在讨论自己班级学生问题时发现，这些孩子的问题有一个共同点：他们家庭经济条件优渥，父母学历较高，同时也非常注重孩子教育问题，他们成绩好，甚至优异。然而，他们内心却长期承受着痛苦和压力，这些成长风险往往不被家长、老师觉察和了解，只有到了"不可挽回"的地步，如出现抑郁、自残甚至自杀等现象时才会被知晓，但已然为时已晚。老师们讨论后，一致希望家长和老师能够在学生问题呈现之初，发现这些"隐性困境儿童"，让内隐问题显现出来，让他们从活动干预中得到来自家庭、学校和社会的有力支持，减少问题发生的风险。

以上这些基于现实的考虑成为本课题研究的初衷，"城市心理困境儿童"的研究对象就这样浮现出来。

（二）理论学习与夯实

在选题确定后，团队教师开始在相关专家的指引下阅读大量的相关理论文献，主要从两个方面的理论文献入手：一是有关心理困境儿童的文献，确定心理困境儿童的理论框架，了解心理困境儿童的研究现状，站在前人研究的基础上开展本研究；二是有关抗挫能力提升的策略文献。因为最终我们的研究是要落脚到干预策略研究上，帮助学生脱困，而脱困的落脚点在于抗挫能力的提升。只有提升了心理困境儿童的抗挫能力，他们在面对困难时，才能勇敢面对和跨越。因而，在文献阅读中，我们需要系统了解当前针对学生心理问题的策略有哪些，以及前人的研究中证实有效提升抗挫能力的策略是怎样的，我们可否借鉴相关设计或者受到启发。在2020年3月确定选题方向后，4—5月两个月的时间，团队教师都处于文献学习阶段，每位老师都提交了文献阅读总结，尝试撰写文献综述，将理论学习落实到任务上，内化为自己的思想。

对于专家组而言，不仅要同步学习有关学生心理困境的文献，更为重要的是需要查找和选择能够测量心理困境儿童心理因素的量表工具。由于目前没有专门测量心理困境的量表工具，专家组决定采用其他心理问题测量工具来替代。在同步比较了多个心理量表后，确定了《小学生学校适应问卷》作为筛选和效果评价工具。专家组选择《小学生学校适应问卷》的原因有以下三点：第一，由于心理疾病筛选的工具过于严格，测查问题主要反映的身心状况集中在学生身心健康、情绪反映等维度上，不能全面反映学生在校问题，可作为筛选工具，但若作为效果评价的工具还存在不足；第二，本研究更多的是面向心理困境儿童的预见性和预防性研究，不是问题诊断，更不是心理问题治疗，工具需要更多反映学生在校问题情况，在测量中找出问题并据此解决问题；第三，由于研究对象为小学生，量表题项数量不宜过多，题项表达应简单易懂，不存在理解上的歧义。

在这些原则的筛选条件下，本研究采用了由吴武典等人共同编制的《学生在校生活状况问卷》的子问卷之一的《小学生学校适应问卷》，主要测量学生的在校适应情况。此问卷共有50个项目，分成学业适应、常规适应、师生关系适应、同伴关系适应和自我接纳五5个维度，每个维度有10个题项。问卷采用李克特五点计分法，分数越高，说明学生在学业、常规、师生关系、同伴关系和自我接纳方面的适应水平越高。该问卷的总体信度系数是0.90，各分量表的Cronbach's α 系数集中在0.77—0.79，表明问卷总体和各分量表的信度都较好。

二、前测调研，了解学生背景

（一）测量对象与程序

在测量对象中，我们选择了团队所有教师所带的班级作为实验班，然后每位教师再在本校找一个与自己班级年级相同、班情相似的班级作为对照班。在本研究中，实验班有8个班，其中，三年级2个班、四年级2个班、五年级2个班、六年级2个班。与此对应的是8个对照班，同样是每个年级2个。

在测试程序上，受疫情影响，2020年武汉全市中小学基本处于线上教学状态，因此我们的测试也是采用网络问卷填写方式开展。问卷中，不仅包括学校适应题目，还有涉及学生家庭及个人相关信息的题项，以便就学生心理困境影响因素进行调研。

首先，将问卷上传到网络平台，形成问卷链接，由教师发放给学生填写。其次，在填写过程中，要求所有教师统一指导语：该问卷调研用于了解学生基本情况，不作为学业评价指标，同时本研究将对问卷填答结果进行保密，请家长要求孩子按照自己真实的主观感受进行填写。最后，为了让每一个学生都填写问卷，在后台清理问卷信息和筛出无效问卷的基础上，通知没有填写和填写了无效问卷的学生再次填写问卷。经过一周的时间，对照组和实验组班级共收到628份问卷，我们以此作为基础，生成前测数据，确定筛选标准。

（二）前测数据整理与分析

1. 学生背景情况分析

1) 父母学历和职业

本研究调研对象中，父亲学历在大专及以上的占73.09%，母亲学历在大专及以上的占71.82%，父母没有接受过高等教育的仅占两成左右（见图2-3）。

从父母职业词云图中可以看出，本研究调研对象的父亲职业主要集中在工程师、军人、经理、公务员、管理人员、医生、教师等（见图2-4），母亲职业主要集中在自由职业、教师、职员、财务、护士、公务员、个体经营者等（见图2-5）。以上职业数据说明，江岸区大多数孩子父母职业比较稳定，家庭条件多数处于小康及以上水平。

从学生父母学历和职业可以看出，江岸区学校的学生父母职业经济地位较高，符合本研究课题的前提条件——家庭经济条件较好的城市孩子。

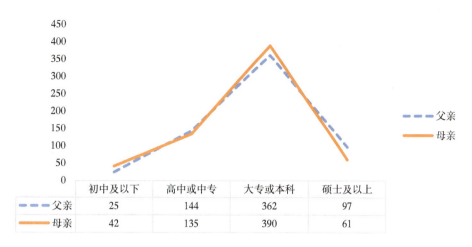

图 2-3　学生父母学历折线图

图 2-4　学生父亲职业词云图

图 2-5　学生母亲职业词云图

2）家庭结构

在本次调研的学生中，家庭结构完整的占 89.81%，且孩子主要与父母一起生活，有 3.03% 的学生父母离异，1.11% 的学生父母一方去世，另有 4.62% 的学生与祖辈一起生活，如表 2-1 所示。从家庭子女数量上看，育有独生子女的家庭占 65.61%，育有"二孩"

或者多子女的家庭占34.39%，如表2-2所示。

表2-1 学生家庭结构情况

选项	小计	比例
你与父母生活在一起	564	89.81%
离异家庭(请注明与谁一起生活)	19	3.03%
双亲中有一方去世的单亲家庭(请注明与谁一起生活)	7	1.11%
重组家庭	9	1.43%
与爷爷奶奶或外公外婆生活	29	4.62%
本题有效填写人次	628	100%

表2-2 学生家庭子女数量情况

选项	小计	比例
独生子女	412	65.61%
大孩	131	20.86%
二孩	76	12.10%
其他	9	1.43%
本题有效填写人次	628	100%

3）家庭教养

图2-6中的数据显示，家庭中主要负责孩子学习的是母亲，这种情况占71.82%。相比之下，父母共同辅导孩子学习的仅占19.75%，另外还有不到一成的学生是由祖辈或其他人员来负责辅导学习。

题目：家中谁监督或辅导你学习？

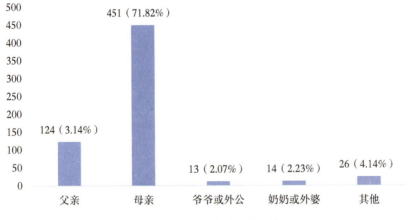

图2-6 学生家庭辅导学习情况

图 2-7 中的数据显示，在亲子关系中，孩子与母亲的关系好于父亲，选择与母亲关系"很好"的占 80.25%，与父亲关系"很好"的占 65.45%；反之，在关系"不好"的比例中，选择父子关系"不好"占 1.43%，选择母子关系"不好"占 0.80%。

题目：孩子与父母关系

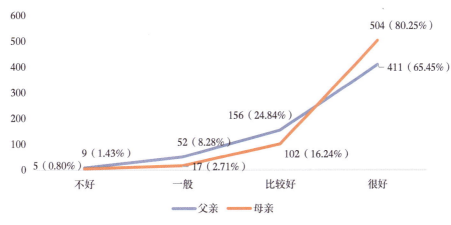

图 2-7　学生家庭亲子关系情况

4）家庭沟通

图 2-8 中的数据显示，在亲子交流中，在有心事的时候，有 36% 的孩子总是与父母沟通交流；有 39% 的孩子较多时候会跟父母交流，但有 22% 的孩子较少与父母交流，3% 的孩子从来不与父母交流。

题目：你有心事时会跟父母交流吗？

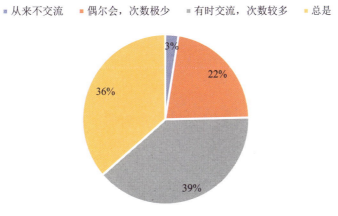

图 2-8　学生家庭亲子交流情况

与此同时，从孩子遇到困难时向家人求助情况看，有 34% 的孩子总是会找家人求助，有 42% 的孩子会较多时候想到找家人求助，23% 的孩子较少找家人求助，还有 1% 的孩子不会找家人求助（见图 2-9）。

题目：你有困难时会向家人求助吗？

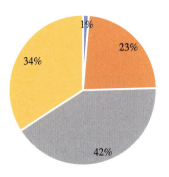

图 2-9 学生向家人求助情况

5）身心压力

在研究调查中，有 7.16% 的学生感到压力很大，19.59% 的学生感到比较有压力，56.85% 的学生感到有点压力，还有 16.40% 的学生感到没有压力，如表 2-3 所示。

表 2-3 学生压力程度情况

选项	小计	比例
没有压力	103	16.40%
有点压力	357	56.85%
比较有压力	123	19.59%
压力很大	45	7.16%
本题有效填写人次	628	100%

在询问学生压力来源时，有 79.30% 的学生认为主要来自学业压力，2.55% 的学生认为压力来自同伴相处，4.30% 的学生认为压力来自与家人相处，还有 0.80% 的学生认为压力来自与教师相处，如表 2-4 所示。

表 2-4 学生压力来源情况

选项	小计	比例
学业压力	498	79.30%
与同伴相处	16	2.55%
与家人相处	27	4.30%
与老师相处	5	0.80%
其他，请注明	82	13.05%
本题有效填写人次	628	100%

2.学生问题情况分析

在本研究调研中,《小学生学校适应问卷》有5个维度:常规适应、学业适应、师生关系适应、同伴关系适应、自我接纳。如图2-10所示,分数为每个维度分数相加总分除以10,即学生各维度的均值分数。本研究中,理论均值分数为2.5,每个学生的分数可以与该维度均值比较,也可以与理论均值比较,从而判断其是否存在适应问题。

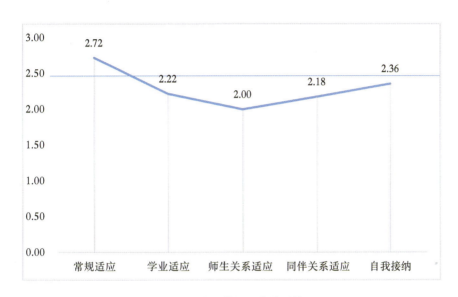

图2-10 学生学校适应前测情况

江岸区调研班级中的学生的常规适应维度均值为2.72,学业适应维度均值为2.22,师生关系适应维度均值为2.00,同伴关系适应维度均值为2.18,自我接纳维度均值为2.36。从与理论均值比较来看,只有常规适应维度的均值高于理论均值,其他维度,包括学业适应、师生关系适应、同伴关系适应、自我接纳维度的均值均低于均值。这也说明江岸区调研班级的学生常规适应情况较好,师生关系适应方面表现较差,学业适应、同伴关系适应、自我接纳维度的状况也有待提高。以上数据也证实了学生确实存在学校适应困境,这也为我们课题开展提供了支持证据。

3.学生问题影响因素分析

在研究中,我们将学生个人信息和家庭相关信息作为自变量、学生学校适应作为因变量放入回归方程,通过数据分析得出相关关系,如表2-5所示。

表 2-5 学生学校适应影响因素分析

模型	未标准化系数		标准化系数	t	显著性
	B	标准错误	Beta		
常量	1.961	0.083		23.650	0.000***
你的性别	−0.013	0.014	−0.037	−0.977	0.329
你的年级	0.017	0.006	0.110	2.877	0.004**
是否独生子女	−0.013	0.009	−0.054	−1.410	0.159
你是否担任班干部	−0.077	0.014	−0.208	−5.445	0.000***
家庭结构	0.006	0.007	0.031	0.836	0.404
你父亲的学历	−0.015	0.012	−0.059	−1.185	0.236
你母亲的学历	0.037	0.013	0.145	2.915	0.004**
你与父亲的关系	0.005	0.011	0.020	0.478	0.633
你与母亲的关系	0.035	0.015	0.102	2.346	0.019*
你有困难时会向家人求助吗?	0.020	0.010	0.086	2.015	0.044*
你有心事时会跟父母交流吗?	0.027	0.009	0.124	2.879	0.004**
你觉得你现在压力大吗?	0.034	0.009	0.149	3.880	0.000***

注:因变量——学校适应总分;双尾显著性概率——*表示$p<0.05$,**表示$p<0.01$,***表示$p<0.001$。

结果显示,年级、是否担任班干部、母亲学历、与母亲关系、有困难时向家人求助、与父母交流以及压力程度等几个变量对学生学校适应有显著影响。具体表现为,年级对学生学校适应存在显著正向影响,年级越高,学生的学校适应能力越强;担任班干部对学生学校适应存在显著影响,相比没有担任班干部的学生,担任班干部的学生学校适应能力更强;母亲学历对学生学校适应存在显著正向影响,母亲学历越高,学生学校适应能力越强;与母亲关系对学生学校适应存在显著正向影响,与母亲关系越好,学生学校适应能力越强;有困难时向家人求助、与父母交流对学生学校适应存在显著正向影响,有困难时向家人求助、与父母交流越频繁的学生学校适应能力越强;压力程度对学生学校适应存在显著正向影响,心理压力越大的学生学校适应能力越强。但同时,性别、是否独生子女、家庭结构、父亲学历、与父亲关系对学生学校适应没有显著影响。

前测数据结果总体表明,学生学校适应情况存在问题,需要进一步提升学生的适应能力。同时,学生的年级、是否担任班干部、母亲学历、与母亲关系、有困难时向家人求助、与父母交流以及压力程度对学生学校适应产生影响等,也是我们在之后的策略干预中需要考虑的因素。例如，可以通过提升与母亲关系、构建良好的家庭支持环境来提升学生的学校适应能力。

三、方案设计，系统规划活动

（一）心理困境儿童筛选与分组

根据测量数据筛选心理困境儿童的标准：第一，个别问题学生，班级学生中测量得分靠后的学生，占10%左右；第二，同质问题学生，以学生各维度得分为依据，即将在常规适应、学业适应、师生关系适应、同伴关系适应、自我接纳中某一维度得分较低的学生分为5种同质问题学生；第三，共性问题学生，当实验班有某一项得分普遍较低，比如师生关系适应得分最低时，筛选出的此项得分偏低的学生，需要在后续活动设计中较多关注他们相关问题的解决。

在将学生问题一一明确后，班主任根据学生问题进行编号分组。分组原则为高分、中分、低分相互搭配。学生形成互助合作小组，在小组活动中建立人际支持，提升学生适应能力。由于调查在疫情期间进行，没有开展系统的线下的访谈和观察，但我们在分组时除了以测试分数为考察依据，还结合了班主任平时对学生的交流和熟悉情况。分组结果以黄陂路小学五年级实验班为例，如表2-6所示。

表2-6 小组成员分配表

序号	小组	人员	搭配备注
1	常规适应小组	黄诚、丁一凡、张山、吴小利、张蜜蜜、陈想、龚敏敏、燕菲、童话	5名为常规适应分数较高学生，2名分数中等，1名单项分数较低学生和1名全部分数较低学生
2	学业适应小组	丁念念、齐天、秦浩、武情、李微薇、李维、章胜、田甜、李晓天	3名学业成绩较好学生，3名中等生，3名成绩落后学生
3	师生关系适应小组	张汉轩、韩蒂、方萱萱、徐阳、刘芳、田家宝、吴煦、程式	2名师生关系适应较好学生，4名中等生，2名师生关系适应较差学生
4	同伴关系适应小组	刘香、方纯、向新心、祁学胜、张绍、方文轩、周前、施豪	3名同伴关系适应较好学生，3名中等生，2名同伴关系适应较差学生
5	自我接纳小组	贺雨、陈杰、张超、陈志、叶园园、韩刚、刘欢欢、周州远	4名自我接纳较好学生，2名中等生，2名自我接纳较差学生

注：以上学生姓名均为化名。

（二）活动方案系统设计

本研究在活动设计上，遵循普适性和个性化相结合的原则。首先在活动方案设计上，主要是设计针对全班同学开展的班级活动，但大活动中会嵌套小活动。大活动即全班开展的活动，小活动即小组活动。行动干预活动采用"大活动嵌套小活动"的方式开展，在开展全班性的主题活动时，以同质性小组活动作为主导。所有活动均围绕学校适应的5个维度进行，通过开展常规适应、学业适应、师生关系适应、同伴关系适应、自我接纳方面的活动来提升学生学校适应能力。

在"大活动嵌套小活动"的思路下，以常规适应方面的活动为例，当全班开展常规适应活动时，以常规适应小组为主导。在开展活动时，充分考虑常规适应小组成员的情况，在活动组织中找机会鼓励常规适应小组成员发挥主观能动性，例如策划活动、进行发言互动、设置小帮手、制定小岗位等。在大的班级活动中，通过集体的力量和小组优势成员的引领带动小组适应较差的学生融入集体，达到适应的目的。

在2020年暑假期间，团队教师开始设计活动方案。活动设计围绕学校适应的5个方面开展，每个环节的开展相互支撑，螺旋上升式提升学生适应能力。初始活动设计方案如表2-7所示。

表2-7 活动设计方案

活动主题	活动名称	活动介绍
学业适应	每天进步一点点	每个学生的学习接受能力和理解能力是不一样的。我们提出"每天进步一点点"的自我目标，比如发言、作业或受到表扬等，让学生每天都有进步的成就感。尤其是心理困境儿童，只要他们在学业上有一点点进步，我们都应该关注到并进行大力表扬，让他们找到自信，每天的学习生活才会快乐
	遇见更美的自己	每个人的精力有限、能力不同，学会根据自己的实际制定合适的目标，并为之努力，这样就能"遇见更美的自己"，做到游刃有余
	"元培讲坛"我能行	定期开展"'元培讲坛'我能行"的活动，让学生将自己读到的故事、学到的知识等分享给大家，体会到学习的快乐
	期末冲刺友谊PK赛	期末复习期间，班级结对子，和自己实力相当的孩子展开竞赛，让他们体验到有目标、在追赶、共进步
自我接纳	"独一无二的我"主题夕会	夕会时间轮流亮相，让每个学生登上讲台展示自己，找到自信。同时，班级不定期开展"朗读者""我是小画家""跳绳明星""游戏大王"等活动，让每一个学生都能绽放自己
	和"喷火龙"say bye bye 我是快乐的传播员	利用晨会时间，通过心灵剧场活动进行心理辅导，让学生学会合理宣泄和调节自己情绪，与他人和谐相处，体会生命成长的快乐，做快乐的使者

续表

活动主题	活动名称	活动介绍
自我接纳	《我就是喜欢我》等绘本阅读	师生共读《我就是喜欢我》《你很特别》《我是特别的》《我》等一些绘本故事。让每个学生，特别是心理困境学生学会认识自我、悦纳自我、完善自我，从而快乐地生活、成长
	独一无二的我	通过自我意识指导活动，让每个学生，特别是心理困境学生学会认识自我、悦纳自我、完善自我，从而快乐地生活、成长
师生关系适应	特别的礼物	借老师出差的日子，用网络和学生互动，表述牵挂。回"家"后召开特别的班会，与学生分享出差经历和美食，让学生感受到老师父母般的爱，增进师生关系
	小老师课堂	通过定期开展"小老师课堂"，既给学生提供上台表现的机会，又可以让学生换位思考，理解当老师的辛苦
	悄悄话信箱	遇到事儿不着急，可以以便条的形式向老师传递自己的心理感受，求得老师的帮助，战胜挫折
	知心话"漂流瓶"	你是否有些心里话不敢当面和老师说？没关系，将它写下来，放到老师桌上的漂流瓶里。第二天再去看看，漂流瓶里会有老师给你的回复
同伴关系适应	开展"争创阳光小家庭活动"	班级分组，以团队形式积分，优胜的团队有获奖机会，让学生感受到团队合作的快乐
	阳光活动	充分运用学校的"阳光活动"时间开展一些需要同伴合作的活动，比如贴年糕、跳长绳、双人跳绳、两人三足等。让学生在活动中学会和同伴合作，学会和同伴交流，学会解决问题的方法。关键是让心理困境儿童找到和同伴玩耍的快乐，也让班级的小伙伴能发现这类学生不一样的闪光点
	朋友财富圈	设计暖身及亲身实践活动，引导学生有意识地审视自己的人际交往，通过对生活中常见情景故事的讨论渗透真诚、尊重、保密的交往理念，帮助学生建立"朋友财富圈"
	小组活动，我们最棒	首先召开一次团结合作的班会，让学生明白团结互助才能把事情办好。然后将全班学生分成5个小组，每个小组取一个响亮的名字。每组中安排成绩好、中、差三类学生。班级中的所有活动都按小组进行比赛、积分，学期末评比优胜小组、进步小组等称号。让学生在班级学习及活动中学会互助，懂得理解与宽容
常规适应	成长树	开学初请每个学生给自己画下一棵小树苗。在平时的学习生活中，有做得好的地方就给小树苗添上一片叶子，取得重大成绩就为小树苗添上一枚果实。如果不小心犯了错，小树苗就会长虫子，直到自己改正错误，虫子才会被消灭。将常规的养成实体化，促进学生养成良好的学习、生活习惯

续表

活动主题	活动名称	活动介绍
常规适应	奔跑吧，四人小组	班级中，学生以"四人小组"为一个团队，进行团队合作，每个组每周积分，一周进行一次评比，按照积分评选"周优秀小组"，对前五名进行表扬。每个月评选"月优秀小组"，奖励前五名小组成员合照，发家长群进行表彰。学期末评选"学期优秀小组"和"最具潜力小组"，对前五名进行表彰。活动旨在让小组成员互相取长补短，互帮互助，共同进步，合作共赢
	红色文化伴我长大	学儿歌、唱红歌、组织红色实践活动，把红色文化引进班级，弘扬传统文化，多措并举，在"红色教育"的浸润中熏陶出一颗颗向善向美的童心，为培养学生的抗挫能力打下坚实基础
	开展"阳光儿童储蓄卡"活动	细节决定成败，和学生一起制定班级细则50条，并在班级银行进行班币储蓄，学期末可以用自己的劳动所得在班级的开心超市中换取奖励（和老师共进早餐、开心游戏一小时、自由换座位一周、免写作文一篇、开心出游等），激励学生在细节处形成习惯，适应常规

以上是团队教师根据学生需要达成的能力目标设计的班级活动，每个主题活动分为4个单元活动开展，所有实验班统一开展行动。原定每个月开展一个专题活动，每周一次，刚好一个学期的实验时间，2021年1月完成方案设计中的所有活动。在实际行动中，因时而开展线上教学、时而受其他事务干扰，实验活动延期。更为重要的是，方案在实施过程中常因遇到困难而执行偏差，团队成员及时开展集体会议研讨，并适时调整行动方案，在行动中不断进行调整。因此，最后的行动方案除了核心框架设计犹在，具体活动设计离原方案已经相距较远，各个实验班在改良统一方案的基础上也形成了各具特色的班级活动。这一点在后文干预策略中也会提到。

四、策略干预，分层次个性化解决

（一）班级活动，发挥集体力量

1.具体活动方案设计

班级活动是课题组老师设计活动的重中之重，在初稿框架定下来之后，团队教师开始进行具体方案的设计。团队每两个老师负责一个主题的活动方案设计。以下以一个主题活动开展设计阶段—中期反思阶段—实践优化阶段的班级活动作为案例，呈现具体活动方案的设计过程。

以下案例是来自璞石班主任工作室的石莉老师和钟勤老师设计的关于师生关系主题的班级活动方案。

"优化师生关系"活动方案

璞石班主任工作室　石莉　钟勤

一、活动背景

每个人在社会中都有着自己的角色,学生和老师正是纷繁角色中特殊的两种,对社会的发展有着重要影响。在"城市心理困境学生的抗挫折能力的研究"课题问卷中,我们发现,在"师生关系适应"方面,学生的均值分数竟然仅2.0分(正常维度是2.5分),这个数据引起了我们课题组各位班主任的高度重视。和谐融洽的师生关系在教育教学过程发挥着特殊、奇妙的作用,它能使学生学习动机由单纯的认知需要上升为情感需要,使教师工作动机由职业需要上升为职责需要。而当前的师生关系成了一个敏感话题,具体表现在:老师在学生心中的可信、可亲度不高,半数左右的学生对师生能否成为知心朋友持模糊甚至否定态度,41.4%的学生认为老师对师生分歧反应平淡,不支持鼓励,甚至反对、压制学生。那么,如何创设和谐的师生关系呢?我们课题组将以主题教育为切入口,开展一系列形式多样、具有教育意义的活动。

二、活动时间

2021年春季学期开始。

三、活动人员

课题组全体师生。

四、活动策略

(一)一个改变

中共中央、国务院颁布的《关于深化教育改革全面推进素质教育的决定》中,明确要求教师"要与学生平等相处,尊重学生人格,因材施教,保护学生的合法权益"。改善师生关系,首先要转变的当然是老师。

活动一:走进家庭,全面了解学生。

活动二:设立信箱,拉近心灵交流。

活动三:亲子活动,融洽家校关系。

(二)一次调查

1. 活动目标

(1)初步了解老师的工作,知道老师很辛苦。

(2)能以小记者的身份观察、采访和收集老师的一日工作的短视频/照片,能介绍自己学到的知识或者是本领。

(3)生成喜欢老师、拥护老师的情感。

2. 活动准备

各个小记者(学生)事先观察采访收集到的老师的短视频/照片(收集时

间从学生早上到校至晚放学）；老师在家，学生家长视频/电话访谈的照片；老师带着学生学习和活动的照片。

3. 活动过程

（1）播放短视频，谈话导入。

（2）小记者："同学们，今天我带来了一些好看的视频短片，请大家看一看这里面都有谁？他们在做什么？"

老师："同学们先看这张照片上有谁？他们在做什么？老师会说什么呢？"（注：分别展示不同老师组织学生活动的照片。其他的照片以此类推，都向学生进行展示。）

4. 小结

这是同学们在校的一天，也是老师在校的一天。算一算老师一天的工作量是多少？

（1）展示自己所学本领，采访所获得的经历。

老师："同学们向老师学了这么多的本领，你们长大了，也懂事了！"

（2）小记者说说采访老师的心得。

小记者："感谢老师的辛勤付出，我们要学好本领，来回报老师对我们的辛苦付出。"

（三）一天体验

今天我来当老师。

（换位体验法，进一步感受老师工作的辛苦与烦琐。）

（四）一番夸赞

老师：我心目中可爱的学生。

学生：我心目中可敬的老师。

（五）一场观影

经典影片推荐《放牛班的春天》。

推荐理由：《放牛班的春天》是每次重温，都能被轻易打动的一部电影。没有光彩夺目的演员，没有跌宕起伏的情节，几个稚气未脱的"问题"孩子，一位秃头老师，再加上干净简单的音乐，涓涓流淌出的，却是一个拥有洗涤灵魂力量的故事。影片中的音乐也是一大亮点，电影原声带蝉联法国音乐排行榜冠军，天籁童声治愈无数人。

有人说，这是一部能让人因喜悦而泪流满面的电影。在这里，能找到最纯真的善良、最有生机的希望，同时也让人明白了何为师德、何为园丁。马修老师身体力行地告诉人们，最好的教育，就是告诉孩子"你值得"。而一个人的顶级幸运，就是在年少时，遇到这样一个让你笃信自己"值得"的老师。观影可以让孩子们感受到老师最无私的爱,让每一个孩子在教育中理解老师、亲近老师,拉近师生关系,缓解内心压力,提高抗挫能力,努力绽放最好的自己!

(六)一份心意

感恩教师节,浓浓师生情。

在教师节到来之际,以歌声、卡片、小诗、书信、小报等多种形式表达对老师的爱。老师收到礼物后,一一在班级展示,并当面表达出自己心中最诚挚的感谢和幸福之情。

2. 中期活动反思

2021年,团队教师在实验班依据活动方案按照每月一主题和每周一活动推进实施班级活动。我们的课题以提升城市心理困境儿童抗挫能力为核心,通过常规适应、学业适应、师生关系适应、同伴关系适应、自我接纳5个主题展开活动。张琴老师班级开展课间系列游戏作为同伴关系适应主题活动,以个别辅导作为师生关系适应主题活动;吴燕老师将"自律之星"活动作为学业适应主题活动;汪萍老师通过学习积分制开展学业适应主题活动;何凌老师通过作业设计开展学业适应主题活动,通过设计互助成长环节开展同伴关系适应主题活动;石莉老师通过开展"幸福日记"、情绪调节等活动开展自我接纳主题活动;钟勤老师通过开展"共享秘密"等分享烦恼活动开展自我接纳主题活动。但是,在活动实施过程中,也存在一些困境。以下摘取了部分老师的中期反馈。

> 在整个学期的研究过程中,有很多活动获得了学生的喜爱,也激发了学生学习的热情,部分降低了学习的压力。但是,在考试面前,这些活动呈现的效果还远远不够。当不得不完成的作业和不得不参与的考试来临时,孩子们很快被打回原形,这些活动只能起辅助效果,不能从根本上帮助孩子们切实减轻压力。
>
> 在典型的心理困境儿童身上,有时难题并不体现在学业上。比如,我们班上有一个胡同学,成绩良好,身上隐藏的是家庭带来的伤害。父母感情不睦,妈妈在他很小的时候带着他与父亲对抗,留下难以磨灭的伤害。现在,他在班上举行活动——写下新年愿望时,写的是:希望有温馨的家庭。这种情绪无法排解,可并不影响他的学习,但是他整个人总是显得比较厌倦,快快的,对什么事情都不是那么投入与热情,缺乏孩子的天真烂漫。作为老师,我尝试与他的妈妈交流过好几次,可是他的妈妈对自己的家事是比较避讳的,到学校就只谈学习,谈到别的都只说回家会和孩子沟通。
>
> 站在学校教育这一端,我很困惑,打开家长心扉都如此不容易,争取合力

就更难了，这类儿童的问题解决就这样陷入了僵局。

——艾莉老师对于学业适应主题班级活动的困惑与反思

在活动过程中，我们也会遇到一些问题。例如，患有多动症的儿童，不是仅仅靠鼓励和同学间的帮扶或提醒就能在短时间里有改变的，那么有的小组的成员就会表现出缺乏耐心，甚至认为有人在小组里"拖后腿"。再如，有的学生不太愿意接受劝告，凡事都要强调客观原因，而家长又容易听信自己的孩子的一面之词。那么，这类儿童在这个小组中渐渐地就容易被其他成员"忽视"，也不容易被其他成员接纳。

——何凌老师在同伴关系适应主题活动的困惑与反思

通过课题活动，我们也发现了两个共性问题。

第一，各主题间关联和区分问题。虽然提升抗挫能力，在理论上应从提升常规适应、学业适应、师生关系适应、同伴关系适应、自我接纳5个方面入手，而我们目前活动主要围绕学业适应、同伴关系适应、自我接纳3个方面开展。但其实从整体上看，5个方面是相互联系的。比如，做学业适应主题也提升了师生关系适应水平；常规适应方面，其实每个老师都设计了基础活动在干预，只是并没有专门设置活动。因此，5个方面不能决然分开。另外，从学生个体来看，学生的问题也不是单一主题的问题，或者只靠提升某一单一主题适应水平就能解决学生问题的。学生是完整的个体，割裂地去解决学生问题是不利于学生心理困境的整体解决的，因此，需要在活动中综合解决学生心理困境。

第二，团队实施活动的统一性还是个性化的问题。在第一学期，也就是2021年3—6月，工作室全部人员开展的是步调统一的活动，按照每月同一个主题、同一个方案来实施活动。但是通过汇报分析我们发现，这样效果不是很好，因为每个班的班情、年级还有学校都不一样，统一起来有些束手束脚。团队发现这个问题后，下学期就改变策略，主张开展个性化活动，每个班级按照自己步骤设计开展围绕主题的活动。但这学期活动下来我们又发现，个性化又太散。团队教师做总结时就决定，下学期开展活动时兼顾统一和个性化问题，主张各教师在同一主题下开展不同的活动，不用统一化方案，同主题教师可以相互进行交流，同时也是一个月一汇报。

3.改进优化实践活动

根据团队教师的中期实施反馈，团队成员对活动方案进行了优化改进。在活动中，我们不再执着于单一主题化的活动，而是基于学生心理困境整合策略后开展活动。活动设计主要核心在于提升学生周围的人际支持，在班级活动中优化心理困境的学生的班级环境。我们也不再要求实验班统一行动步调和方案，而是主张教师根据班级特色和学情开展个性化的活动，当然活动还是以提升学生学校适应能力、抗挫折能力为主要着眼点。

通过这一研究思路的转变，团队教师在活动设计中更具自由性，活动开展得也更为丰富和特色。以下截取了来自石莉老师的一个活动实施案例，这是在前面初稿方案后进行优化的结果。

活动专题：美好的遇见
——城市心理困境儿童之"师生关系适应"活动案例
武汉市江岸区黄陂路小学 石莉

【活动参考目标】

1.了解与理解

了解中国古代尊师重教的传统美德，学会与教师沟通的方法。

2.尝试与学会

通过体验、沟通、交流练习、行为置换、访谈、调查等方法，全方面了解老师，深刻感受老师这个职业的辛苦付出。

3.体验与感悟

学会尊重老师，体会老师对自己的教育和爱。通过愉快的行为置换，建立良好的师生关系。

【活动参考课例】

美好的遇见

一、活动理念

师生关系是学校教育中最基本、最重要的人际关系，是小学生重要的社会关系。良好的师生关系能够促进学生的健康发展，师生之间是一场美好的遇见。在教育教学的过程中，教师与学生之间所形成的相互关系，包括教师和学生在这个过程中所处的地位、相互之间的作用以及双方对待的态度等。从近期的一次"师生关系"调查问卷中我们了解到：36.8%的学生承认"在学校里有自己害怕的老师"，57.4%的学生"害怕老师向自己的父母谈自己的情况"；100%的学生喜欢老师的微笑，但只有47.5%的学生看到老师总面带微笑；在问卷中回答"有烦恼想说悄悄话你是否会找老师"时，只有近16%的学生选择找老师，53%的学生宁愿独自解决。

由此可见，现在的小学生师生关系并不乐观。因此，在小学教育教学中，教师应当努力构建和谐的师生关系，帮助学生形成健康的心理素质和正确的价值观念，从而使学生更好地适应小学生活，实现全面发展。

二、关键词

师生关系；心理健康；理解尊重。

三、活动准备

了解古代尊师重教的礼数法度及名人尊师重教的故事；

跟踪采访老师一天的工作，了解他们在校工作的情况；

翻看或查找老师的网络朋友圈，全方面了解自己的老师。

四、活动过程

（一）活动一：尊师重教，传承美好

设计意图：让学生感知尊师重道是中华民族的优良传统，我们要把这美好的传统传承下去。尊重老师，是尊重知识的表现；尊重老师，最终也会让自己获得别人的尊重。

1.孔子和他的弟子（见图2-11）的言论

孔子《论语·学而篇》："弟子入则孝，出则悌，谨而信，泛爱众而亲仁，行有余力，则以学文。"

图2-11　孔子和他的弟子

2.我国古代尊师宗教的礼数法度

师生相处，尊师的礼数套路严格细致，比如出行、站立、路遇、谈话、饮食、穿戴等都有详细的条目规定。跟老师出行，只能尾随其后，不可越过老师而与旁人搭腔说话；路遇老师，要快步前行，先站正了，再拱手向老师表示敬意；老师问话就答，不问速退一侧；在座谈或筵席之间，前面如有老师的书籍或琴瑟等，应跪着把它搬开，切不可抬脚跨过；陪老师闲坐，老师问事，要等老师说完才回答；向老师请教时要起立；老师召唤时，答应不能用"诺"，而要用"唯"来回答，并且立即起立，以示恭敬……

3.你知道哪些名人尊重老师的故事吗？

毛主席回到韶山特意邀请自己的私塾老师一起用饭，周总理在云南政治学院看戏时看到老师立正敬礼请老师入座，鲁迅回国探亲百忙中脱身探望老师……

请同学们讨论：你平时与老师是怎样相处的？你看到身边的同学是怎样与

老师相处的？（教师肯定他们做得好的地方，但也须指出他们需要改进的方面。）

（二）活动二：调查了解，感知不易

设计意图：让学生知道，为了所有学生的成长，老师们都是这样在平凡的工作岗位上默默地劳动着。学生对老师工作多一点认识和了解，就会对老师的职业更多一些理解和尊重。

学生发言：你对老师的工作了解哪些？让学生充分发言。

看来，同学们对老师的工作有一定了解。今天老师带来了部分工作列表（见表2-8），让我们一起看看。

表2-8 石老师工作清单（部分）

1.备课、上课（考核课、研究课、比赛课）。	11.开发课程、编写校本教材。	21.校服征订、报刊征订、学费、托管费用收取。	31.学生疫苗接种的统计、组织。
2.批改作业。	12.个别学生学习辅导。	22.班级卫生、每日消杀。	32.大课间活动的组织。
3.处理同学纠纷。	13.每日晨检、疫情防控数据上报。	23.突发事件应急解决。	33.社团活动的组织。
4.组织班级活动。	14.每日托管、放学。	24.学生心理疏导，学生安全教育，安全隐患排查。	34.上网课，进行录制、剪辑、配音。
5.中午发饭、管理午休。	15.教师执勤。	25.授课PPT制作，学业成绩统计和分析。	35.党员不定期集中学习和每日网上学习。
6.白天、晚上与家长沟通。	16.参加校内、校外听评课。	26.运动会、社会实践活动组织。	36.布置教室及功能室。
7.参加教研活动。	17.晨读、晨会（夕会）、班会课教学。	27.照顾生病体弱学生吃药、吃饭、增减衣物等生活事项。	37.与科任老师进行沟通。
8.参加教师培训。	18.节日及班级活动策划、组织、展示。	28.学生考勤管理、健康打卡汇总。	38.每日作业量管理。
9.撰写各类文稿，如论文、方案、计划、总结等。	19.承担团队指导、服务工作任务。	29.物品寻找及归还。	39.学生手机管理。
10.办黑板报、布置宣传栏。	20.组织各种专题活动（禁毒比赛、宪法答题等）。	30.每日分层作业设计、学业质量监测试卷命制。	40.每日提醒学生按时作息。

有没有你之前不知道或没有想到的呢？

（不知道老师原来要做这么多事情，太不容易了。）

做了对比后，你想说些什么？

（老师为了我们日夜操劳，我们应该尊重老师的劳动成果。）

教师总结：因为了解，所以理解；因为理解，所以尊重。谢谢大家对老师工作的认可，相信大家会用行动来表达自己对老师劳动成果的尊重。

（三）活动三：换位体验，以心交心

设计意图：我们所面对的学生虽然年龄较小，但他们也有强烈的自尊心，有独立的人格，有一定的辨别是非、分析问题的能力，但由于年龄的限制，他们的这些能力的发展是有限的，是不完善的。因此，教师要想走进学生的心灵，就必须首先把自己的心理年龄降低，设身处地地站在学生的角度上处理问题。其次是学生与教师之间的换位思考。学生正处于成长阶段，他们的能力与身体一样正在成长。增加营养可以促进身体的成长，而想要学生获得能力的增长，则需要为他们提供各种适宜的条件，需要老师的悉心培养。学生与老师之间的理解应该是相互的，因此，在要求老师站在学生的角度上思考问题时，还需要让学生也设想一下如果我是老师我会怎么做，这样才能更快地提高学生的心理年龄。双方能设身处地地为对方着想，也许会让我们更能互相理解，更愉快地相处。

1.老师体验"当了一天学生后"活动，体验角色变化

老师坐在教室的一角，以学生身份参与当天的全部课程，完成作业、课间活动、卫生打扫等，换位思考，感受学生的不易，体验后告诉学生自己的真实体会。例如：

希望老师少一点拖堂，多给一点休息时间（因为坐在下面上课也很累，课间十分钟的休息太宝贵）；

希望老师少点随意换课多些教学秩序（平时老师的换课不利于课堂的准备，特别是美术课、体育课）；

希望老师多些表扬，少些批评（老师的随口批评不知不觉中已经伤害了学生的自尊心，可能让学生开始不喜欢这位老师，而一句温暖的表扬会让学生高兴半天）；

希望老师少点作业，多些空间（有些抄写的作业费时费力作用不大，少而精能够更好发挥巩固的效果，多余的时间可以做更多自己想做的事情）。

2.学生参与"假如我是老师"心理剧

心理剧招募志愿者表演师生冲突情景。情景只列开头，之后的情节由学生自由发挥。

情景一：学生上课睡觉，叫醒他，他说"烦死了"。你会……

情景二：学生迟到又说谎。你会……

情景三：学生怎么教育都不肯交作业。你会……

学生根据想象和自身经验来选择接下来老师和学生的反应。

请同学们讨论：在你做了老师之后，你对情景中的学生感受是什么？现在你对以往老师的做法的看法与以往有什么样的不同？

教师小结：用"心"去体验，用"心"去感悟，大家有了身临其境的感受，相信以后会更理解老师的良苦用心。

（四）活动四：走近老师，心怀敬意

1.观看视频《你的老师有什么神技能》

设计意图：播放身边老师的多才多艺的视频片段，激发学生对老师的崇敬，体验良好师生关系带来的积极愉悦的情感体验。

2.走进老师的"朋友圈"

设计意图：通过对几位教师朋友在朋友圈中所发的跟学生和教育有关的感悟和幽默问答，让学生了解真实生活中的老师，尤其是对待工作的认真态度及对待学生的关注与重视。

3.学生分享自己印象深刻的一位老师和他所说的话或所做的事

设计意图：通过小组分享，让学生从自己的成长经历去体验良好师生关系对自己的积极影响。

（五）活动五：案例分析，引导践行

设计意图：通过学生对老师不同态度的分析，引导学生在师生互动中保持尊重、主动沟通、杜绝偏见与遐想。

出示：与老师交往中的不良心理认知。

类型1：害怕、避讳老师。（班级案例：小胡曾在一次考试中没有考好，被英语老师当堂批评，以至于她的英语成绩一落千丈，之后一直都不喜欢这门课。）

类型2：抵触，对老师有敌意。（班级案例：小豪内向少语，和爷爷奶奶一起长大，面对新换的数学老师从心理上比较抵触。一次上课时，他正忙着整理学具，没有起立向老师致敬，老师提醒他要起立，但是他不耐烦地回答："我正忙着呢！"）

类型3：缺乏敬畏与尊重。（班级案例：小朱是个大大咧咧的孩子，喜欢和老师主动交流。一次自习课上，教室有些同学小声讲话，他肆无忌惮地跑上讲台，对大家用开玩笑的口气说："石狮子（给石老师取的外号）来了，快安静！"说完，拿起教鞭，朝讲台上狠狠一敲，逗得大家哈哈笑，班上纪律更乱了。）

讨论：如何建立良好的师生关系？

（1）保持尊重：在学业和管理上，我们和老师是师生关系，应当充分尊重老师教育学生和管理班级的权利。

（2）主动沟通：在生活中，我们和老师是人格平等的关系，可以用朋友的心态主动与老师沟通，寻求帮助、交流思想。

（3）杜绝偏见与遐想：不要因为老师的一点儿缺点而对老师产生偏见，也不能过分迷恋某些教师的优点，避免导致师生关系不良。

……

五、活动延伸

我和老师的秘密——在班级设立"心心桥"信箱，学生可以随时和老师沟通留言，提出建议或送上温馨暖人的话语。

六、活动反思

成为师生本是人生一种最美丽的遇见，桃李不言，下自成蹊。小学阶段，学生身心发展迅速，良好师生关系的建立能够直接影响师生间的交往，对于小学生良好心理的培养和正确价值观念的养成具有重要意义。为了推进师生关系的健康发展，老师需要研究当前师生关系的现状，探究师生关系的发展特征，从细微之处入手，拉近与学生之间的距离。在这一基础上进行师生关系的构建，必然能够发挥出老师的正确引领作用，促进小学生的健康成长与发展。

（二）小组活动，互助产生友谊

大的班级活动有助于改善班级环境，建立亲密的同学关系。但对于有心理困境的同学而言，更为重要的是建立以自己为中心的"小团体"关系支持。如果心理困境学生能够在班级中找到朋友，感受到同伴支持的力量，会极大地缓解学生身心发展的焦虑。

基于这一设计目标，我们首先进行了小组划分。因为大部分有心理困境的孩子是没有小组归属感的，也没有同学真正愿意接纳"他们"作为自己小组成员。因此，教师通过班主任任命与考虑物理位置因素、成员搭配因素结合的方式组建小组。其次，班级大活动会按照小组划定来设计，帮助小组成员建立关系联结。最后，小组内还会开展专门的小组活动，增强组内联系，建立起小组帮扶系统，希望心理困境学生能够在小组内找到朋友，体验到友谊的重要性。

四人小组互助成长

（节选何凌老师设计的分组活动）

针对受欢迎的孩子和不受欢迎的孩子表现出来的状态，在班级管理中，我创设了"四人小组互助成长"活动。通过自荐，同学们选举产生了小组长和副组长，组长可以选组员，组员可以选组长。在自选过程中，我发现了那些包容性强、学习能力强，也乐于助人的组长比较受欢迎。好动且不太愿意听从劝告的学生相对不受欢迎,没有一个组长愿意选他们。

在双向选择的基础上,老师召开组长会,再进行了集中分配,得到组长的同意后,再向全班宣布。我们通过座位调整、小组合作完成学习任务、小组评分、每个月产生优秀小组等方式推进"四人小组互助成长"的活动。优秀小组的所有成员一并获得奖励。我想通过这样的措施,将班级中一些不那么受欢迎、交友困难的学生化整为零,分到各个小组去。让班上受欢迎的学生更好地发挥他们的辐射作用,用自身积极的能量去影响小组中个别不受欢迎的学生,让他们在一个个小组活动中去互相帮扶,也让他们在一个个小组活动中去发现这些不受欢迎的学生身上的优点,从而改变对他们的看法。同时,也让这些不受欢迎的学生在一个个小组活动中逐渐找到自信,慢慢大方起来,或渐渐变得能听从劝告,有大局意识,有集体荣誉感。

育才二小何凌老师认为,处于青春早期的高年级小学生,一方面关注他人的评价,表现出渴望良好的同伴关系、渴望寻求同伴的支持和认可的特点,另一方面由于自我意识的发展,在与他人的人际交往过程中,经常只能看到自己的立场,只在乎自己的感受,总觉得自己是对的。一个人如果不愿意理解他人的想法,将很容易与周围的人产生矛盾,在人际交往过程中体会到更多的挫败感,将影响自身形成良好的同伴关系。因此,每个儿童都需要这种走出自我世界、灵活思考的能力——拥有良好的同理心。此外,高年级学生的思维水平已具备一定的思辨能力,让学生尝试感受他人的内心世界,推动学生的同理心发展,促进更好的人际关系,也能为其学习和个性发展助力。

基于以上理论知识,何凌老师设计了着眼于培养良好的同伴关系的小组活动,旨在使学生认识到小组内每个成员会因立场不同、看待问题角度不同而有不同选择,要学会感受他人的情绪、同时创设情境,运用同理心表达关心,探讨和解决自己的实际问题。她从感受、需要、行动三步出发,让学生在小组活动中设身处地地站在他人的角度思考,从而建立相互理解的良好同伴关系。

小组活动实施过程如下。

小组热身阶段:感受"换位思考"

一、活动准备

所有同学一人一张A4纸,准备好PPT,排练好心理剧,8人一个小组。

二、活动过程

(一)小组撕纸游戏

1.游戏规则

(1)每个人手上都拿到一张空白的草稿纸。

（2）学生按照老师的指示对纸进行相应的操作。

（3）全过程不允许问老师，也不允许相互讨论。

口令：①把纸对折；②再对折；③第三次对折；④把左上角撕下来；⑤转180°；⑥把右上角也撕下来；⑦把纸打开。

2.游戏分享

请学生思考，为什么相同的指令下，我们的纸最后形成的样子并不完全相同？

学生1："老师，你的指令可以有多种解读。"

学生2："我们的想法不一样。"

学生3："老师，你要求我们不能提问和交流，不然我是很想问清楚你具体的指令的。"

教师总结：是的，通过游戏我们可以看出，即使是面对同一种事物，每个人会有不同的感受理解和想法。

（二）观察游戏

（1）请学生们用双手食指摆出一个'人'字给自己的小组成员看。结果，有的同学看到了"入"字，有的同学看到了"人"字。请同学们分享自己的感受。

学生1："我就是按照自己的角度摆出了'人'。"

学生2："因为老师说的是摆给别人看，我就考虑到了要从别人的角度来思考。"

（2）请同学们看几幅双歧图和oh卡图片（见图2-12），引导学生们说出看到了什么，并让他们讨论看到了什么，以及自己和别人是不是看到了不一样的东西。

（a）双歧图　　　　（b）oh卡图片1　　　　（c）oh卡图片2

图2-12　双歧图和oh卡图片

学生1："中间的图我看到的是花瓶。"

学生2："中间的图我看到的是两个人脸。"

学生3:"右边的图我看到的是一个年轻的女人。"

学生4:"右边的图我看到的是一个年老的女人。"

学生5:"左边的图我看到是两个人在跳舞。"

学生6:"左边的图我看到是两个人在打架。"

教师总结:通过简单的游戏,我们可以发现,在人与人之间,我们每个人站的立场不一,想法会不同,不过我们常常从自身的角度出发,往往会引发人际关系中的误会或矛盾,因而我们需要学会换位思考。

同学们,你们知道吗?换位思考在心理学领域有另一个名称"同理心"。我们会发现有一些人他们用简单的语言和简单的动作,就能理解朋友的情绪、想法及感受。这种理解他人情绪、想法、需要的能力就被称为"同理心"。

在一项大范围的心理学调查中,心理学家们总结了形成良好人际关系最重要的特质。其中,理解、关怀、体谅他人的能力是建立和维持良好人际关系的前十重要的特质之三,尤其是理解他人这一特质的重要程度甚至超过了聪明和可靠,也就是说,决定一个人能否形成良好人际关系的因素并不主要是能力,大家更希望可以拥有能理解自己的朋友。

情景阶段:需要"换位思考"

心理剧——心理帮帮忙

请同学们按照剧本演出心理剧。首先认真阅读心理剧内容,及时讨论老师提出来的问题,然后通过角色扮演来尝试解决问题。

一、心理剧内容

(一)事件背景

小明是一位成绩优秀又有正义感的学生,非常注重遵守规则。小夏是小明的同桌,平时关系不错。

(二)事件内容

一次测验后,老师将卷子发下来,并且在全班面前表示小夏是全班唯一一位获得满分的人。此时,小明刚好瞥见小夏的试卷上有一道题和自己的错题回答是一样的,他意识到是老师改错了,于是他立马举手说:"老师,小夏卷子的一道题您改错了,小夏应该是98分。"老师检查后,马上更改了小夏的分数。事后,小夏有些不高兴,对小明反应冷淡。小明则觉得自己只是诚实地向老师反映了情况,对小夏的冷淡态度有些不理解。

(三)心理帮帮忙

请学生们分析小夏和小明为什么会有矛盾?之后小明和小夏应该怎么做呢?老师引导学生运用同理心分析。

1.为什么会有矛盾？

从小夏的角度看：自己还没有发现卷子改错了，就被别人当着全班指出来是被改错了，这让她感到十分尴尬。最让她觉得不舒服的是，也许老师和同学们会觉得她想隐瞒被改错卷子的事情。小夏觉得小明没有考虑过她的感受。

从小明的角度看：自己只是诚实地向老师反映了真实的情况，维护了考试的公正性，但是他反应过于迅速，没有做到换位思考。如果他假想自己是小夏，就容易体会到被这样对待的尴尬和委屈。

2.小明和小夏应该怎么做呢？

在理解了小明和小夏的角度后，如果你是小明，你想怎么做？如果你是小夏，你想怎么做？让我们体会如何用同理心用换位思考的方式化解矛盾。（每位同学完成"换位思考卡"。）

换位思考卡

如果我是小明：

"我明白你之所以会这样反应是因为_____，我感到_____，我期望_____。"

如果我是小夏：

"我之所以对你态度冷淡，是因为_____，我感到_____，我期望_____。"

3.预设

小明可以主动对小夏说："我明白你之所以这样反应是因为你当时觉得我没有考虑你的感受，你觉得很尴尬，我感到是自己做得不周到，有些愧疚，我期望你能原谅我。"

小夏可以主动对小明说："我之所以对你态度冷淡，是因为你一向把公正看得很重要，很诚实，做事反应快，但是，我感到在这个过程中非常尴尬，很有可能被其他人冤枉成一个不诚实的人，我期望你能发现问题后先跟我沟通，我也会找老师把分数更正的。希望你以后能多考虑一下其他人的感受。"

二、小组小结

我们在生活中需要多换位思考才能避免矛盾，解决矛盾。

体验温暖："换位"在行动

一、观看电影《头脑特工队》忧忧安慰冰棒的片段

在冰棒宝贵的火箭车被推入遗忘山谷时，当他绝望地感受到他永远无法履行小时候对莱莉的约定——用火箭送莱莉登上月球时，乐乐尝试通过转移注意力和鼓励冰棒的方式让冰棒开心起来，然而冰棒还是沮丧得无法站起来。这时一直被人认为只会导致糟糕情况的忧忧上前尝试安慰冰棒。

请同学思考：为什么乐乐没有成功安慰冰棒，你觉得忧忧会如何帮助冰棒呢？结合我们这节课上所学的内容，如果是你，你会如何安慰冰棒呢？

在回答这个问题时，你会不会直接说："我能有什么办法？""别人的安慰是没有用的。"此时，我们可以花一些时间去回忆过去的经验，想一想过去自己被成功安慰的经历。

学生1："我觉得乐乐没有安慰成功的原因是，在一个人很难过时，强迫他开心起来，对方反而会有必须要开心起来，或者大家都在期待你开心起来的压力。"

学生2："如果是我，我可能会陪他待一会儿，也许这个时候有人陪着更好。"

学生3："刚刚老师说理解、关怀、体谅是在和人交往过程中非常重要的品质，我可能会尝试表达我对冰棒的理解、关怀与体谅，说我明白你很难过，我现在很关心你现在的感受。"

二、观看电影剪辑第二部分：忧忧表达对冰棒的关心和理解

（一）教师提问

"忧忧做了什么，让冰棒开心起来？"

学生1："忧忧对冰棒的忧伤表示了理解，很好地展示了同理心。"

学生2："忧忧站在冰棒的角度思考，感受他的情绪。"

老师："你们觉得这个转变真实吗？在过去的生活中，你有类似的经历吗？"

（二）小组总结

当我们对朋友的表情、动作、声音、言语予以足够的关注，对他所处的状况予以细致的观察，我们就能够感受他的情绪、想法和需要。虽然如何表达同理心，需要依据具体的情境来决定，这需要我们日后在生活中不断地实践积累经验。但是从冰棒神奇的转变中，我们可以确认的是，当一个人的情绪、想法、需要被看到、被见证，这本身就是一件让人感觉被接纳、让人获得力量的事情。

这节活动课尽力让学生体会到在生活的许多场合都需要使用同理心，如果我们在下结论和做行动时尝试去理解其他人的感受，就能对别人更包容，避免过于激烈的情绪反应。这一点在小组合作中非常重要，也是建立同伴友谊的前提。

在小组活动过程中采用游戏导入、情景扮演、讨论的形式，可以让学生感受对他人同理心的需要，以及当我们对他人施展同理心时又会有怎样神奇的效果。在本活动中，何凌老师需要充分营造安全温暖的小组氛围，让学生可以深入体验，回顾自己需要同理

心的时刻，在感受到同理心的温暖后，愿意将这份温暖传递给小组其他人。

（三）亲子活动，增强亲情联结

家庭是学生最为亲密的生长环境，父母是孩子的第一任老师。有时候，学生的心理困境源于原生家庭的教养方式问题，单纯依靠学校的力量是难以从根本上解决学生的困境问题的。如果能在家校上形成合力，共同促进学生的身心健康发展，学生的困境问题自然能够得到纾解。但作为班主任，不论从介入家庭私有领域还是工作时间冲突角度来说，真正建立起家校关系都是困难重重的。很多班主任在日常与心理困境学生交流时，意识到孩子的问题很大程度上与家庭教育有关，但基于教师职业身份的现实，不能直接介入家庭来主导学生教育，更多的是通过学生这个桥梁来建立与家庭的联系，发挥家校合力育人的作用。因此，在本课题活动中，班主任主要通过学生活动来带动家庭参与到教育中来，建立良好的亲子关系，和家长一起共同关注和引导孩子的健康成长。

在实验班，班主任会设计一些亲子活动，促进亲子交流与沟通。以下是团队教师设计的一些亲子活动的案例。

1. 亲子共读一本书

亲子共读一本书，要求一学期读完。书目可以是教师推荐的，也可以是学生和家长共同商议的。读书过程中，要求亲子首先在家庭中交流读书感受，其次家长需向所有家长推荐好书，最后学期末开展集体亲子阅读分享活动。（来自张琴老师的活动）

2. 亲子配音活动

家长和孩子商议共同观看一部喜爱的电影，然后选择自己喜爱的人物进行配音，最后在班级群晒晒大家的趣味配音。（来自吴燕老师的活动）

3. 周末开展劳动技能学习

家长教孩子做家务。比如：教孩子收纳整理自己的抽屉，成为收纳小能手；教孩子搭配营养丰富的早餐，简单摆盘，给家人制作暖心早餐。（来自艾莉老师的活动）

4. 亲子走访活动

鼓励学生进行"小团体"活动。鼓励学生在家长的带领下外出郊游，或经家长同意去同学家做客；同时创造机会，让优秀的、具有家庭教育经验的家长与缺乏家庭教育经验的家长进行交流，让学生不仅能得到与同学再次交流的机会，还能得到与家长、与同学家长交流的机会。（来自吴燕老师的活动）

这些亲子活动有4个共同点。

（1）小活动花费的时间和精力少、难度小，不会增加家长的额外负担，减少家长畏难心理，增加家校合作的可能性。

（2）活动的趣味性强、生活化水平高。亲子活动主要以家庭中可以轻易接触到的事物为着眼点，都是在家庭生活中即可开展的活动，能增加亲子交往的深度和交流度。

（3）活动的目的是让孩子健康成长与发展，这也是亲子活动得以开展的共同支撑点，让家长在活动中能够看见孩子的成长和变化，同时孩子可以感受到父母的温暖与关注，增进双方的关系。

（4）增加家庭的社会支持力度。家庭教育弱的家长和孩子存在困惑难以纾解、无力摆脱教育的困境，与教育优势家庭的沟通，能帮助其构建弱势家庭的教育支持体系，为弱势家庭教育观念的转变提供条件。

（四）个别辅导，改善心理环境

在我们关注的实验班心理困境儿童中，还有极少数是存在严重心理困境的，这一部分学生最令班主任头疼。因为这部分学生的问题最为复杂，现在的困境是长期问题积累的结果，改变这些学生也并非一朝一夕的事情，也非教师一个人能完成的事情。帮助这些心理困境学生脱困，需要发动班级的力量、家庭的力量，更需要教师用海纳百川的胸怀去引导学生，用一颗包容之心去善待学生，以智慧修养去感染学生。

以下是研究团队吴燕老师提供的关于帮助心理困境学生脱困的案例。

> 小尧，聪明、任性、冲动，总是控制不了自己的情绪。班级里没有同伴朋友，他秉着"别人欺负我，我就打回去"的原则与人交往，班上同学不太愿意跟他玩，有些家长甚至让自己的孩子远离他。而小尧的父母从小宠着他、惯着他，一直用着说教、迁就的方法教育。现在在班里，他总是一个人到处溜达，有时凑到同学中间，想和他们玩游戏，同学们纷纷躲避他。有时他带来飞行棋，想找同学一起玩，却没人搭理他。渐渐地，小尧身边没有了朋友，他的脾气更加暴躁，稍有不顺心就发脾气，不是把同学的学具乱丢，就是和同学吵架。
>
> 一、反思教育策略
>
> 我反思之前的教育方法，发现自己对他总有一种恨铁不成钢的感觉，想着他的父母不够严格，那我就得严格要求，因此，一有事就狠狠批评、让他反思，可成效甚微，这与他父母的教育结果一样。究其根本，我们双方之间采用了两种极端的方式，一方过于宽松，一方过于严厉。他毕竟只是一个孩子，一个善良的孩子。对于一个孩子，无论是行为习惯的培养，还是阳光性格的养成，都需要走进孩子的内心，感受他的想法，寻求最合适最恰当的方法。这一期间，和孩子的情感交流一定要像润物细无声的春雨一般，浸润到孩子的心里去，只有让孩子从心里有所感触，他的行为才会有所改变。

二、班级活动改变认知

我首先以"朋友"为话题,在班级召开了一次主题班会。班会中,为了让同学们知道朋友的重要性,我邀请同学们展示以身边事编排的小品,让同学们认真讨论分析、体验没有朋友带来的影响。其中,《孤单的小泊》就是以小尧的事件为原型编排的。当大家在分析事例时,我看到了小尧惭愧的表情。我趁热打铁告知学生与朋友相处的小妙招——情绪控制法、换位思考法,并让他们在情境中运用这些方法尝试与同伴相处。当同学们再次表演《改变的小泊》时,我发现小尧的眼中有了一丝亮光,似乎看到了希望。顺着大家投入的表演和热烈的讨论,我告诉同学们:在与人交往时,总会有些小摩擦,只要我们学会调节自己的情绪,学会换位思考、宽容他人,那么,你将会拥有很多的朋友,你的每一天都会是快乐和幸福的!

三、教师无条件接纳

主题班会结束后,我把小尧叫到了办公室。"小尧,老师知道你是一个善良的孩子!"他疑惑地看着我。我笑了笑,说:"那次是你帮忙把地面的呕吐物清理干净的,不是吗?"他没作声,"你很关心同学嘛!你也想拥有朋友,对不对?"小尧抬眼看了看我,微微地点点头。"那今天在班会课上,老师教的这些小妙招,你愿意尝试吗?""嗯!"虽然小尧的声音不大,但我能听出他的愿意。"那我们就一起来努力!先从身边做起,当你和同学发生矛盾时,尝试使用这些小妙招,相信同学们对你的看法肯定会有所改观的,大家也一定愿意跟你做朋友的!"说完,我张开双臂抱了抱他,他稍稍有些抗拒,脸通红,小家伙还有些不好意思呢!

四、发动同伴支持力量

班级是一个大"家",除了我这个"一家之长"来帮助小尧,我还邀请"家"中的班干部们一起来助力,请他们平时多关注小尧:发现他主动帮助别人时,可以夸夸他,并在"班级一周新闻"中进行报道;发现他与同学发生矛盾时,可以先转移其注意力,稳定他的情绪,再帮助分析、疏导,让小尧能感受到班级和朋友的温暖。

五、家庭协同助力

本次干预也得到了小尧家庭中的重要成员——他的父母的鼎力相助。我建议他们周末可以带小尧参加一些集体活动,请他们在活动中关注他与别人的交往,当出现问题,可以让他自己尝试解决问题,提升责任感。

六、小尧的转变

改变在悄然发生。这一天大课间，我如往常一样来到教室准备和同学们一起活动，我刚到教室门口，就听到了一阵哭声。我循声望去，居然是小尧在哭，旁边的小豪显得有些慌张，这可真是稀奇，以往可都是小尧占上风呀！我问清了缘由，事情原来是这样的：小豪不小心撞了一下小尧，小豪赶紧道歉说自己不是故意的，让小豪感到意外的是，小尧居然没有像以前那样发火，而只是说了一句让他下次小心一点。小豪想到小尧以前的霸道模样，心中愤愤不平，故意又狠撞了一下小尧，小尧的胳膊被撞疼了，大声地哭了起来，但依旧没动手。当小豪承认错误，与小尧握手言和之后，我来到小尧跟前，给了他一个大大的拥抱。小尧小声说道："老师，这次我没动手。"我点了点头，投给他赞许的眼神，但也告诉他，以后如果遭遇不公平的事情，一定要找老师主持公道，不必一个人委屈哭泣。

如今的小尧，课间与同学们开心玩耍；周末与好朋友相约亲近大自然；当值日班长时一丝不苟，同学们佩服不已；当同学之间发生矛盾时耐心劝告，尽力调节……同学们都说"小刺猬"没刺啦！

五、质量结合，精确评估行动效果

历时2年多的行动研究，是否能够助力学生学校适应、提升抗挫能力，需要进行严密的效果评估。本研究采用量化和质性评价相结合的方式进行效果评估，从不同的角度来分析本行动研究，精确评估行动研究的效果。

在2020年6月，本研究的初始阶段，团队教师就已经使用量化评价程序进行了前测。2022年11月，团队教师又在实验班做了后测。因此，可以根据前后测的结果来判断本行动研究的效果是否显著。

另外，本研究还采用质性评价程序进行效果评估。团队教师通过家长反馈、学生反馈来确定他们在实验活动中的感受和变化，以此确定行动研究的效果是否惠及学生和家长，产生了深刻的影响。

（一）量化评价

后测问卷同样使用的是《小学生学校适应问卷》，通过历时2年的实验活动，学生在常规适应、学业适应、师生关系适应、同伴关系适应、自我接纳5个维度的得分如图2-13所示。

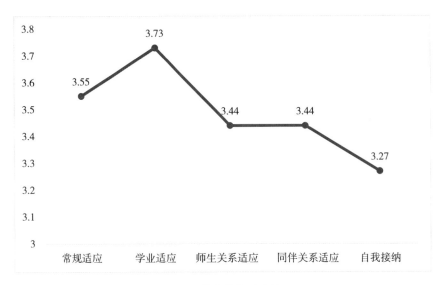

图 2-13 学生学校适应情况

江岸区调研班的学生学校适应维度均值为 3.49。其中，常规适应维度均值为 3.55，学业适应维度均值为 3.73，师生关系适应、同伴关系适应维度均值均为 3.44，自我接纳维度均值为 3.27。从与 2.5 的理论均值比较来看，所有维度的均值均大于理论均值，说明实验活动后江岸区调研班的学生在常规适应、学业适应、师生关系适应、同伴关系适应、自我接纳等维度上的表现均较好。

从图 2-13 中可以看出，学校适应所有维度的得分均较高，但是它们和前测数据是否存在显著差异呢？这还需要进一步对前后测得分进行显著性检验。本研究的前后测得分显著性检验结果如表 2-9 所示。

表 2-9 学生学校适应前后测得分显著性检验结果

	前测均值	后测均值	t	p
学校适应	2.30	3.49	74.23***	0.000
常规适应	2.72	3.55	43.70***	0.000
学业适应	2.22	3.73	104.82***	0.000
师生关系适应	2.00	3.44	77.36***	0.000
同伴关系适应	2.18	3.44	57.48***	0.000
自我接纳	2.36	3.27	38.72***	0.000

注：双尾显著性概率，*表示 $p<0.05$，**表示 $p<0.01$，***表示 $p<0.001$。

表 2-9 显示，在学校适应总均值上，前测和后测得分差异显著（$t=74.23$，$p<0.001$），后测得分显著高于前测得分；在常规适应维度，前测和后测得分差异显著（$t=$

43.70，$p<0.001$），后测得分显著高于前测得分；在学业适应维度，前测和后测得分差异显著（$t=104.82$，$p<0.001$），后测得分显著高于前测得分；在师生关系适应维度，前测和后测结果差异显著（$t=77.36$，$p<0.001$），后测得分显著高于前测得分；在同伴关系适应维度，前测和后测得分差异显著（$t=57.48$，$p<0.001$），后测得分显著高于前测得分；在自我接纳维度，前测和后测得分差异显著（$t=38.72$，$p<0.001$），后测得分显著高于前测得分。因此，可以从量化评估结果得出，参与实验活动的班级学生学校适应情况得到提高，实验活动效果显著，说明本次行动研究具有较强的实效性。

（二）质性评价

了解此次行动研究的研究对象——心理困境学生的感受，可以从另一层面确定本次行动研究的效果。本研究设计了学生访谈、家长访谈和教师访谈的环节，围绕心理困境学生的感受和变化进行访谈。以下是我们设计的学生、家长和教师访谈的提纲。

1.学生访谈提纲

（1）你觉得自己是怎样一个人？你的兴趣爱好是什么？你是怎么发展兴趣的？

（2）你最难忘的、影响你最深的一件事是什么？影响你最深的人是谁？为什么？

（3）你觉得你家庭氛围如何？在家里你跟谁关系最好？为什么？

（4）评价一下你父母对你的教育方式，从父母那里你获得的最大的影响是什么？

（5）一般来说，你有心事和烦恼时你会找谁诉说？遇到困难时会找谁？或者你是怎么处理的？

（6）你觉得你们学校怎么样？你在学校与老师、同学关系如何？

（7）你与别人发生矛盾时一般是怎么处理的？举个例子。

（8）你印象最深的一位老师是谁？为什么？

（9）你与朋友关系如何？主要一起做些什么事情？选择朋友标准是什么？你的朋友对你的帮助有哪些？

（10）你对未来有什么期许和规划？长大后想干什么？

2.家长访谈提纲

（1）可否说下你家孩子的具体情况（比如个性、行为习惯、性格特点）？

（2）孩子与你的关系如何？在家与谁最亲近？

（3）你平时对孩子要求是怎样的？可否谈下你的教育孩子方法？具体说明一下。

（4）你与孩子之间发生的印象最深的事情是什么？

（5）你在孩子的教育上存在什么困惑？

3.教师访谈提纲

（1）你觉得××是怎样一个人？

（2）××平时在学校表现如何？

（3）说下你对××印象最深的一件事情，请具体说明。
（4）你最欣赏/不欣赏××哪一点？为什么？
（5）你带班的管理要求是怎么样的？

在本次访谈中，我们抽取了6名学生及相对应的6位家长和教师。根据访谈的内容反馈，学生、家长和教师深刻地感受到这两年多来学生的变化。

"我原来不知道我跑步厉害，后面有次比赛，何老师推荐和支持我参加，我就每天练，后来发现我跑步很厉害，还获奖了，真的很开心，我觉得只要我努力和尝试，都可以做好的。"（来自学生A）

从这段内容可以看出，学生从活动中获得了老师的支持，然后尝试努力获得成就，从而推及到其他方面，建立了自信的基础。

"A原来对什么都没有兴趣，是经常躲在教室角落的孩子。后面我就鼓励他参加活动，一开始，他并没有从中获得乐趣，但我鼓励他坚持并陪着他，每天坚持一点点，后来慢慢地他自己发现了自己的进步，且发现自己有能力可以做到，这样他对其他事件的信心都上来了。"（来自何老师对学生A的评价）

从何老师的谈话中可以发现，实验活动建立了老师与孩子的联结和契机，让孩子在活动中发展了自己，获得了成长。

"期末考试完，我看到孩子成绩感到很意外，这是以前都不敢想象的，真的。他之前连完整地畅读都可能存在困难，但这学期他的成绩提高了不少。整个人也有精神了。"（来自学生A的妈妈的访谈）

"我不知道原来孩子比想象中要爱我，在家里我总是看到她的缺点，跟妹妹打架、不爱收拾东西、脾气急躁耿直、爱臭美。在班里组织的一些亲子活动中，我才发现在她眼里我是她的榜样，她也不是那么不喜欢妹妹，可能是我们父母在平时家庭教育中要求她一直要履行姐姐的职责和担当，而忘了她其实也只是十几岁的孩子而已，所以导致她产生逆反。"（来自学生B的爸爸的访谈）

在活动中，父亲更为全面地了解了孩子，从之前的缺点取向转向更为全面地关注孩子的发展，并且开始反思自己的家庭教育方式，这些都是在亲子活动中来自家庭的改变。

"我是去年进到石老师班级的插班生，刚进班级我谁都不太认识，石老师安排我进入了一个合作小组,在这个小组里我获得了大家的认同,认识了我现在最好的朋友朱小曼(化名),她简直是我的偶像,温柔又优秀。"(来自学生C的访谈)

从访谈内容可以看出,小组活动让学生找到了归属感,有助于学生适应学校生活,不仅在小组中找到了自我,还收获了友谊,这是非常有利于学生的自我成长的。

从以上质性访谈的评价来看,学生、家长及教师对开展实验活动的反馈是比较积极的,学生在实验活动中能够感受到教师的鼓励、家长的爱和同伴的支持,并且在潜移默化中获得了成长。

六、任务输出,打造高质量成果

在行动后期,团队主要以打造优质高质量的成果为导向。得益于前期开展的活动,这一过程中,产生了大量的育人故事和精良的活动设计。在团队中,我们致力于让每个成员都有获得感和成就感,每个成员打造2篇教育叙事故事和2篇活动设计,且以发表为导向。经过团队专家多轮修改、团队教师互评修改等过程,形成了高质量的成果。

以下是2022年10月石莉老师发表在《教师博览》第10期的论文,全文如下。

一个"苹果"初心
武汉市江岸区黄陂路小学　石莉

"双100"无论对孩子还是家长,都是值得艳羡和追求的"金苹果"。数学尚可通过反复练习获得100分,但语文作为一门综合性、实践性较强的学科,获得100分并不容易。不过,由于学校、家长、学生众心所向,老师们也就满怀成全之心了。

内行自有门道。每到复习期间,年级组的老师们就开始要求学生默写各种拼音表,落实每一课的生字听写,逐个检查课文的背诵。在这样铺天盖地的反复训练下,一年级上学期的语文期中,考试得100分的学生还真不少。我的师父王老师就是这方面的高手,连丢分较多的关联词造句、看图写话这样的"活题",她班上的很多学生都能顺利拿下。我羡慕得不得了,诚心实意地向师父求教。师父耐不过我的缠磨,把多年总结的秘密"大招"透露给我:一律按照标准例句训练,就像默写课文一样,碰到"不但……而且……"即造句"苹果不但大,而且甜"。

我恍然大悟,感叹这个"招"妙得很,不仅解决了关联词造句,还可以运用在"既……又……""当……就……"等句型中,"苹果既大又甜""当秋天来了，苹果就成熟了"。类似地，我以"苹果"举例，解决了学生的很多造句难题，不会造句的同学只需背下来即可。

果然期末考试，我们班语文也有许多孩子得了100分，"双100"人数蹭蹭往上涨。家长会上，爸爸妈妈们捧着书写着大大的100分的卷子，如同捧着"金苹果"一般，幸福得无以言表，直夸我教得好。我也如同吃到苹果一般，心里甜丝丝的。

但是，不久之后，我就品尝到苹果的"酸味"。到了中年级，学生的语文成绩出现断崖式下跌，学力明显不足，他们越来越不会学语文，也越来越不喜欢学语文。面对越来越"活"的语文题目，不是想着在书中找答案就是指望老师能够提前"押题"，完全没有了语文的想象力。

我开始了纠结与反思，这就是我想要的结果吗？我们需要的是为分数的教育，还是为发展的教育？我们要的是眼前的成绩，还是长久的成长？家长渴求、学校要求和学生需求之间，我该如何取舍？

内心矛盾之际，老校长语重心长的话语又回响在我的耳畔："师者父母心，我们虽然只陪伴孩子一程，但要和他们的父母一样，为其一生谋划。给孩子受益一生的教育，是我们的责任和使命！"这是初登讲台时老校长对作为新教师的我的嘱咐，这话如同牛顿的"苹果"，使我茅塞顿开。

机缘巧合，因为年级调动我又回到一年级，从头开始。还是熟悉的教材，熟悉的需求，不一样的是我没有了当初对"双100"的狂热。

又到期末复习课，我果断放弃使用"大招"。关联词造句，我鼓励孩子们畅所欲言，毫不掩饰地欣赏充满具有童趣的、大胆创意的真诚表达。期末试卷上，我们班的孩子表达得五花八门：菊花不但漂亮，而且可以泡茶；乐乐不但会跳单绳，而且会跳双摇绳；妈妈做的三明治不但好看，而且特别好吃。毫无悬念，学生出现了拼音、汉字还有标点的错误。与背诵过的标准答案相比，可以说漏洞百出。"双100"没有了，造句题的得分率一落千丈。

家长会上，爸爸妈妈们愁眉不展，他们认为选择了我这样的语文老师是一个错误，因为与其他班上高调宣传的"双100"人数相比，我们班满分人数少得可怜。我理解家长的心态，让家长拿出孩子的试卷，欣赏孩子们的语言"杰作"。我分享了一个孩子的造句：蝴蝶不但美丽，而且还会飞翔。我对家长说："蝴蝶只要"美丽"，就可以得到100分。但是，如果蝴蝶不能飞翔，它就不会自由，不会快乐。最美的蝴蝶不是静静的标本，而是飞翔的灵动，不是吗？如果只要孩子们拥有高的分数，这很容易。但如果就此牺牲掉学语文的兴趣和能力，就像蝴蝶失去飞翔的能力，家长们你们觉得值得吗？"

教室里出现了一阵沉默……

突然，几声清脆的掌声，如同荷塘里吹起的风，瞬间荡满整间教室。那时，家长们对我，已经全无质疑，让我更加笃信走正确的路，比什么都重要！

一年级的语文学习，对整个小学阶段学生学好语文有着举足轻重的作用，其奠基地位决定了孩子们学习语文的态度，也形成了语文学习方法的印刻记忆。在这个阶段，我们应该提倡大量读写，注重建立语文思维、培养兴趣，做好启蒙，学有用的语文、有趣的语文、有爱的语文。

随着年级的增长，我们班有了自己的精神家园——"快乐的小溪流"班级日记；"语文天地""佳作欣赏"栏目记录了孩子们思维碰撞的火花；毕业前夕，孩子们已经能够自发写小说、编辑毕业册，组织《朗读者》《辩论赛》《听写大会》等活动。好多年过去了，他们一直爱语文、爱学习、爱思考，成了卓有成就的终身学习者。

人人都说语文重要，甚至放言："得语文者得天下。"细想：我们希望得到的语文是什么呢？是高考分数组合中重要的占比，是只要不排进课程就再也不想相见的尴尬，还是除了应考，感觉全无用处的无奈？给孩子一个充满智慧的牛顿"金苹果"，让语文成为人生获得幸福的利器，这恰是"语文人"永恒的追求！

2022年11月5日，汪萍老师的教育故事在湖北省教育学会班主任专业委员会第一届学术年会的育人故事环节做了分享，全文如下。

时光纵不语　花开终有时
——破"冰"之旅
武汉市江岸区惠济路小学　汪萍

故事的小主人公名叫冰冰。

破"冰"之一：观察并了解

记得刚见到冰冰时，我便被她的可爱模样所吸引，于是我热情地走上前去和她打招呼，谁知冰冰只飞快地瞥了我一眼，便低下头继续闷声不吭地坐着，丝毫不理会我。初识孩子的异样反应反而引起了我的兴趣，要知道，孩子们尤其是一年级新生可是很喜欢老师对他们的关注呢！于是，我开始观察起冰冰了。

刚刚开学，孩子们需要熟悉新的环境、新的老师以及新的同伴。半个多月过去了，我很高兴地看到孩子们一个个融入新生活，但是，冰冰却还是游离在集体之外：进校后，她总是慢吞吞地走进教室，并不和我打招呼，我主动问候她，她也不回答，最多只是摇摇头或点点头而已。上课时，冰冰总是安静地坐着，不吵也不闹，喜欢低着头玩纽扣或是盯着自己的鞋子，似乎并没有听讲，但实际上她在认真听老师讲课呢！课间活动时，冰冰不肯走出教室，同学们热情邀请，她既不出声也不行动，当我拉起冰冰的小手，她虽然没有拒绝，跟着我来到操场，但并不参与任何活动。

原以为孩子是和我不熟悉才会这样，但经过一段时间的接触，我发现她还是老样子，没有丝毫改变。冰冰，一个过于内向的孩子，就这样把自己的心门关得紧紧的，别人走不进她的世界，她也不愿走进别人的世界。莫非冰冰就像自己的名字一样冷漠吗？我满满的工作热情，却在这样一个不言不语甚至完全不搭理我的小女孩面前全部失效了。说实话，我有点沮丧，但更多的则是思考该怎么来破"冰"了？

我首先向冰冰妈妈了解情况，原来这孩子一向胆小，但她在家里还是很活泼的。如此看来，冰冰是因为到了一个完全陌生的环境而采取了自我保护措施，她还没有建立起信任感和安全感。我意识到，目前自己要做的就是尽快消除孩子对环境的陌生感和不信任感，让她把心门打开，最终让我走进她的世界。

破"冰"之二：给予助接纳

我开始多关注冰冰了，并创造各种机会和她交流。比如，早上她到学校时我还是一看到她就热情地和她打招呼。冰冰一开始仍很戒备，只是用眼睛看看我，防范的情绪很明显。我并不气馁，已经做好了她这样特别胆小的小女孩需要较长适应时间的准备。我相信，只要给冰冰营造一个温暖、安全、放松的环境，她内心的戒备总会慢慢解除的。

在每天的教学和生活中，我注意不给冰冰压力，而是给予她支持和理解。我会给她各种机会回答问题，并让其他孩子鼓励她，但如果她依旧抗拒交流，也并不勉强她。我会说冰冰还没有想好，老师希望过会儿能听到她的回答。经过一段时间，我发现冰冰不再那么恐惧，有时会动动小嘴巴了，虽然还是没有足够的勇气开口，我惊喜地看到了她在改变。

这天下午，冰冰咳嗽得很厉害，我便打电话给她爸爸，冰冰爸爸说马上就到学校来接。正是下课时间，冰冰站在窗口，透过窗帘的缝隙张望着大门口。我告诉冰冰"爸爸一来就来接你"，并请她坐我身边来。冰冰没有挪动身体，于是我就蹲下来陪她，轻声问她想不想喝点水，她好像没有听见我的询问，而是用她可爱的小手指着玻璃上用贴纸剪成的动物，我在冰冰的脸上看到了笑容。原本我还想和她说话,但是一琢磨,最后没有打扰冰冰,让孩子继续沉浸在自己的世界中。因为我希望给她一个自在的空间,所以我压抑住了自己的好奇心。过了许久,冰冰突然转过头,欲言又止的样子。我猜这是孩子想和我交流了,我再次蹲下身子。果然,接下来我们开始了对话。虽然,孩子开口不多,但眼神中没了以往的疑虑和害怕,反而多了渴求。

冰冰终于愿意接纳我了,这让我十分高兴。虽然孩子的爸爸因为突然有事来晚了,冰冰也没有着急,而和孩子交流的这段时间里,我终于在孩子脸上看到了轻松而愉悦的笑容。

破"冰"之三:信任促转变

跨出了第一步,接下来似乎顺利许多。当然,在很多时候,我并不去打扰她,但是却会让冰冰适时感觉到我的存在,感受到我对她持续的关注与关心。在冰冰需要帮一把的时候,需要得到我的肯定的时候,我一定及时出现。我和孩子之间的交流多了起来。在做早操或课间活动时,我也是尽量站在她的旁边鼓励她,必要时给她一些帮助,冰冰渐渐地愿意参加集体活动了,当我向她微笑时,她也会回应以或含蓄或羞涩的笑容。冰冰和我之间终于开始建立起一种信任,她慢慢敞开了她的心扉,禁锢她心灵和情感的桎梏正在一个平等、信任、愉快、舒适的环境中消失,冰冰慢慢变得活泼起来了,开始愿意和同学们一起交往、做游戏了!

就这样,我走进了冰冰的世界,并由此看到了一个初入学小女孩最自然的一面:盈盈的笑脸、肉肉的小手,还有眼神里闪亮的光彩!她会偶尔和我调皮,向我撒娇。她渐渐开朗起来,活跃起来,没有了以往的拘束和矜持,有的是与其他孩子一样和人交往的快乐和轻松。孩子爸爸妈妈给我留言:"冰冰完全变了!这都是老师的功劳啊!谢谢老师!"家长的肯定,孩子的进步,让我感到莫大的欣慰和自豪。

破"冰"之反思:静候终花开

回顾冰冰的变化,反思走进冰冰内心世界的过程,我发现自己其实并没有刻意去要求孩子,更没有给孩子制造达到的教育目标,我只是尽可能地让冰冰感到老师在关心她,在她不敢尝试新事物时给她帮助,在她需要倾诉时聆听,并及时给予孩子赞美和鼓励,尽可能给她创造一个安全、愉悦、舒适的心理环境。这样做的结果反而使孩子感受到了我对她的关注、尊重、关爱和信任,让她逐步放松对陌生环境的戒备,自然而然地打开了心门。

这只是一个普普通通的教育小故事,但我还是忍不住和大家分享。我在自己亲历的教育实践中,深深感受到大师叶圣陶先生的教育智慧。他说:"教育是农业而不是工业,需要耐心等待。"每个孩子都是一粒种子,只是花期不同而已。我们要做的就是在孩子成长之路上,给这粒小种子阳光的照射、雨露的滋润、肥沃的土壤,只有这样,小种子才会慢慢生长,绽放出美好的未来!是啊,最好的教育从来都是"润物细无声"的!只有这样,教师才能顺利地走入孩子的世界,把美好的品格传递给孩子,用正确的行动带动孩子。享受孩子成长的美好过程吧——"时光纵不言不语,静候花开终有时"!

最后,和大家共勉:孩子的成长自有他的规律,孩子的盛开自有他的时节。

学会等待,修炼一种不催不急的心态。在孩子面前,我们缺少的也许并不是引领,而是驻足。尊重孩子的生命节奏,将会迎来更高层次的成长!

希望每一位教师都成为孩子的朋友!

第五节 研究总结

一、活动育人,以爱润心

活动育人是立德树人的重要教育手段,活动是青少年最喜闻乐见的参与形式,具有巨大的育人潜力。当前社会普遍重视教育,心理困境学生成因复杂,心理问题突出,单纯的"大道理式"的教育策略已然不能适应当前教育。班主任需要开发更多班级活动作为育人资源,在活动中吸引学生参与,在互动中达成育人成效。

在本行动研究中,课题组主要以活动来引领学生心理脱困,通过集体的力量化感染学生。研究在每个实验班以常规适应、学业适应、师生关系适应、同伴关系适应、自我接纳为主题,开展了近60个活动。这些活动在学生层次上,既涵盖全体学生又重点关照困境学生,点面结合,在营造良好班级氛围的同时重点突破心理困境学生;在活动设计层面上,主要以小活动为主,通过将活动与学生日常学习生活进行连接,以浸润的方式来润泽孩子成长;在参与人群上,研究以构建心理困境学生的系统微观环境支持为主要着眼点,因此将与学生接触密切的家长、班主任、科任教师以及同伴均纳入活动设计中,从整体上为心理困境学生提供支持网。

从本质上看,活动只是外在形式,真正赋予活动教育价值和意义的是爱。团队教师本身是具有较高教育情怀、关注学生心理发展的教师,因而在设计活动时以"爱唤醒爱"

为中心原则。教师用爱主导活动来唤醒心理困境学生内在的希望、友爱、善念和向上动力，激发同学之间的宽容、友爱、信任，在整个班级形成积极向上、包容互助的氛围，每个孩子都能在班级感到安全、自在和归属。在这样的班级环境中，孩子闭锁的内心才会向教师、同伴敞开，同时通过活动形式传递爱。

二、个性教育，成就成长

心理困境儿童的困境问题都是独特的，每个孩子面临的问题并非一致，造成问题的原因也是多样的。因此，想要通过统一的活动来解决学生的问题几乎是不可能完成的任务，这也是课题组在第一阶段设定统一活动方案后实施效果欠佳的重要原因。在从统一化活动转变为个性化教育思路后，心理困境学生更能从中获益。在行动第二阶段的转变思路后，全班统一性活动旨在建立良好的班级氛围来引领和感染心理困境学生；小组活动旨在帮助心理困境学生建立更为亲密的小组同伴关系，让心理困境学生通过同伴的帮助和支持，感受到同伴的友谊、关爱，提升学校适应的能力；针对心理困境学生本身的活动，会根据造成学生心理困境的原因，对家庭和班级环境资源进行不同程度的调动来综合解决其心理困境。

"一生一方案"是课题组针对严重心理困境学生的重要解决策略。首先，班主任通过家长、科任教师及与学生本身谈话，了解孩子当前心理困境的情况和产生的原因，掌握详细的学生资料；其次，班主任针对学生的心理困境开展初步的干预活动，比如任命班干部、重点关注、小组活动等，观察学生的行为反应；再次，团队教师相互支持，每一个月团队会进行案例研讨，针对心理困境学生，大家相互分析、出谋划策，用集体的智慧来推动心理困境学生的脱困；最后，纳入家庭支持，班主任在有必要的情况下，与家庭多沟通，引领家长教育观念的转变，深入参与到脱困方案中来，共同解决学生问题。

三、家校合作，助力脱困

家庭是心理困境学生脱困中的重要一环，既隐藏着造成儿童心理困境的部分原因，也是帮助心理困境学生脱困的重要支持。因此，调动家庭的力量参与干预是助力心理困境学生脱困的必要路径。

在活动设计的时候，首先，课题组会在日常活动中设计亲子活动，安排适宜在家庭中开展，又不会引起家长反感的小活动。安排这些小活动主要是为了增加亲子沟通的机会、增进父母对自己孩子问题的关注，通过活动化解掉部分孩子与父母之间的隔阂，为进一步解决学生的心理困境打下基础。其次，在活动中期，班主任就心理困境学生在前期方案活动中的表现，与他们的父母多进行沟通，正向反馈学生的细微转变，引导家长对孩子的积极关注；再次，如有必要的话，可以开展家访活动，教师家访、家长与家长访客，一般地，孩子成为心理困境学生，多数与家长本身不具备家庭教育能力有关，因而提升心理困境学生的家庭教育能力也是帮助和保持心理困境学生脱困的长效之法。通过教师家访以及家长之间的互助，给心理困境学生家长建立家庭教育的良好支持体系，能够帮助他们就解决家庭教育问题找到出口，家校共同来解决孩子的教育问题。

第六节 研究反思

本次行动研究仍然存在一些不足之处，对本项目全过程的反思，有利于我们项目日后改进和完善，形成更为全面和系统的行动研究模式。

一、线下活动开展力度不足，线上活动育人影响力没有充分发挥

我们行动研究整个项目始终是处于疫情状态下进行的，这给课题造成了一定的实施困难。一方面，线上线下的交替打断了我们原先计划好的实施方案和步骤，使我们不得不暂缓或将活动转移到线上开展，但线上开展活动存在着沟通困难和效果难以保证的情况。基于这一情况，我们团队又重新着手设计更为适合线上开展的活动。例如，我们把亲子活动搬到线上开展，正适合居家学习期间开展家庭活动。另一方面，也正是受疫情影响，存在心理困境的学生人数较以往更多，在前测中可能班级有10%左右的学生是心理困境学生，即一个班有4—5个心理困境学生，但是随着项目的进展，因各种因素，学生遭遇心理困境的普遍程度上升，在前测检测出来的学生的基础上，后期平均每个班又发现了3—4个心理困境学生，这也给我们项目带来了一定的难度，但同时也进一步说明了我们项目此时开展的必要性和重要性。

二、实施过程监控和效果评价较为困难

在我们团队中，教师并不是来自一所学校，而是来自不同学校，因而实验班开设在不同学校，年级也不尽相同，这也导致了实施过程监控和评价困难。首先，每个月的集中反馈和指导（有的时候是线上）只能就某一个问题进行研讨，较少针对细节进行深入研讨，因为大家实施的学校、班级不一致，差异性大；其次，专家主要负责建立和完善理论架构，较少对实施过程进行具体指导，也没有深入实验班级来观摩活动的进展和实施，这也使得理论和实施存在壁垒；最后，在效果评价上，虽然采用了量化和质性相结

合的方式来严密控制，但仍可能会存在一些自然因素影响评价结果，比如孩子的困境的减轻是因为实验活动起作用还是孩子本身成长了，自我解决了发展问题？因此，如果要得出精确结论，需要进行非常严密的准实验控制，但这在现实条件下几乎是不可能实现的。

最后，在这里感谢团队所有成员张颖、尹霞、石莉、张琴、艾莉、何凌、汪萍、吴燕、钟勤、向红两年多来的辛苦付出与努力，正是因为他们的坚持，才有今天项目的完满结束和良好效果。更为重要的是，为期两年多的行动研究见证了团队的成长！

本章参考文献

[1] 王扬,滕玥,彭凯平,等.新冠疫情期间海外中国留学生心理健康的影响因素及其干预策略[J].应用心理学,2022(2).

[2] 叶笑竹,王莉.重视挫折教育 培育健全人格[J].辽宁教育,2011(9).

[3] 蔡连玉,姚尧.少子化社会学生坚毅品质及其培养研究[J].浙江师范大学学报(社会科学版),2017(5).

[4] 董金茂.挫折教育的尺度与把握[J].教学与管理,2020(20).

[5] 王清宣,白义.提高学生抗挫能力的途径与方法[J].教学与管理,2010(3).

[6] 宛蓉,兰文杰.教师表扬班级环境与八年级学生心理健康的交叉滞后分析[J].中国学校卫生,2020(6).

[7] 尚晓援,虞婕.建构"困境儿童"的概念体系[J].社会福利(理论版),2014(6).

[8] 张威."困境儿童保障与服务"在欧洲的历史演变及其对中国的启示[J].中国民政, 2015(19).

[9] Bonanno G A. Loss, trauma, and human resilience：Have we underestimated the human capacity to thrive after extremely aversive events？[J] American Psychologist, 2004(1).

[10] Mindfulness books for children are a runaway publishing trend[J/OL].https://www.theguardian.com/books/2022/nov/14/mindfulness-books-children-runaway-publishing-trend.

[11] 滕洪昌，姚建龙.困境儿童概念辨析[J].社会福利，2017(11).

[12] Reardon T C, Gray K M, Melvin G A. Anxiety disorders in children and adolescents with intellectual disability：Prevalence and assessment[J].Research in Developmental Disabilities，2015(1).

[13] Dave S , Petersen I , Sherr L , et al.Inci-dence of maternal and paternal depression in primary care: A cohort study using a primary care database[J].Arch Pediatr Ado-

lesc Med, 2010(11).

[14] Merikangas K R, He J P, Bumstein M, et al. Lifetime prevalence of mental disorders in U.S. adolescents: Results from the National Comorbidity Survey Replication-Adolescent Supplement (NCS-A)[J].Journal of the American Academy of Child and Adolescent Psychiatry, 2010(49).

[15] 黄文倩,王志仁,刘亚培,等.早期适应不良图式对抑郁的影响[J].临床精神医学杂志,2021(5).

[16] 安媛媛,臧伟伟,伍新春,等.创伤暴露程度对中学生创伤后成长的影响——复原力的调节作用[J].心理科学,2011(3).

[17] Simeonova D I, Lee F J, Walker E F.Longitudinal investigation of the relationship between family history of psychosis and affective disorders and child behavior checklist ratings in clinical high-risk adolescents[J].Schizophrenia Research, 2015(1-3).

[18] 张发斌,文建军,张海青.贫困大学生心理健康综合干预效果分析[J].中国学校卫生,2008(12).

[19] 欧薇,谢琴红,何静,等.综合干预模式对农村留守初中生心理健康干预效果研究[J].中国学校卫生,2016(6).

第三章

父亲参与班级活动对学生的影响研究

第一节　问题提出

北宋文学家宋祁曾说"父慈于棰，家有败子"，北宋诗人林逋也曾提出"父善教子者，教于孩提"。首师大的李文道博士与教育专家孙晓云在二人合著的书中，就将"好好做父亲"作为"男人最有价值的投资"。家庭是个体存在最基本的社会单元，家庭关系所构成的亲本责任（父母与子女彼此间的责任）是责任的最初组成部分。父亲作为子女最重要的"他人"，对他们的影响巨大。父子关系是家庭关系中的重要一环，增进父子关系，引导父亲积极参与到孩子的学校教育中，和孩子一起开展班级活动，对孩子的成长有很大的帮助。

一、生育政策对父亲参与教养的推动

2015年10月，中国共产党第十八届中央委员会第五次全体会议公报指出：坚持计划生育的基本国策，积极开展应对人口老龄化行动，全面实施一对夫妇可生育两个孩子政策。2021年5月31日，中共中央政治局召开会议，审议《关于优化生育政策促进人口长期均衡发展的决定》（简称《决定》），就积极应对人口老龄化、调整生育政策等问题，在会议上作出部署。《决定》中提到，要将婚嫁、生育、养育、教育一体考虑，加强适婚青年婚恋观、家庭观教育引导。国家卫健委有关负责人表示，群众生育意愿降低，其排名前三的原因之一为女性难以平衡家庭与工作的关系，女职工生育后工资待遇下降的有34.3%，其中降幅超过一半的达42.9%。

我国家庭政策的不断更新迭代，在改变社会结构的同时也推动着家庭单位中夫妻的分工脱离传统的"女主内，男主外"的模式。社会变迁重塑了家庭关系与家庭功能，夫妻之间的权利格局不断变化，代际之间文化和传统价值观的传递趋于减弱，家庭中抚育后代、赡养老人以及家务劳作等职能逐渐需要社会来共同承担。

最新生育政策的出台让父亲需要承担越来越多的教养与抚育工作。大量社会学、心理学研究表明，家庭中父亲更多地参与儿童养育不仅有助于母亲更好地平衡工作与家庭，同时也有利于孩子的成长与发展，提高整个家庭的生活质量。在此背景下，父亲参与教养的重要性不言而喻。

二、社会现状与育儿观念转化

在传统中国文化当中，一直有"子不教，父之过"的说法，由此看来，国人早就已经认识到父亲在孩子的成长过程中发挥着至关重要的作用。而且在传统的家庭教育中，

也大多存在着"严父慈母"的分工，父亲更多地关注孩子的学识和人格的发展，母亲提供给孩子的则更多的是情感支持。

然而，这种划分在现代社会却显得越来越淡薄，儿童的全部教养责任表现得越来越向母亲独自教育的方向倾斜。孩子学龄前期的生活主要还是由母亲来负责，而父亲大部分时候都处于家庭中经济支柱的地位，在精神养育方面严重缺位。尤其是改革开放以来，传统的经济结构体的解体，社会竞争压力的增大，更是让父亲承受了更大的经济压力，使得父亲对于家庭以及孩子的情感诉求、回应都逐渐减弱，乃至父职严重缺失。调查显示，在当下，有些父亲仍然在家庭中保持着权威、严肃的传统角色，对孩子的教养参与较少，缺乏和孩子的沟通与交流，惯常采用训斥和责罚等方式对孩子进行管理，造成父子间关系比较疏离。

在当代中国，育儿参与已经成为父职的重要维度。这是一项重要的变化，其背后是家庭与社会伦理的改换。随着改革开放政策的实施，人们受到解放、个人自由、独立等价值观的影响，许多男性开始思考如何成为一名合格的父亲，如何在家庭中扮演一个合格的角色。同时，受到自身成长时期父亲缺位的负面影响，部分有养育意识的父亲会对不合理的缺位行为主动地进行规避和反思，并出于自身糟糕的成长经历而对自己的孩子产生补偿心理，努力让自己的孩子拥有一个健康、有利的成长环境和一个完整、幸福的家。

三、儿童心理健康发展的需要

近年来，青少年儿童心理问题事件增多、事故频发，究其原因，与其原生家庭的教养方式紧密相关。在原生家庭中，父亲与母亲由于性别角色不同，对孩子的心理成长有不同的影响。近年来的大量研究逐渐关注父亲在孩子成长过程中的不可忽视的作用。已有的研究结果表明，父亲对孩子的健康成长具有重要作用，并且这种作用是不能被母亲所替代的。著名心理学家格尔迪说过，父亲的出现是"一种独特的存在"，对培养孩子有一种独特的力量。研究表明，父亲在家庭中的活动时间、对待伴侣的态度、与孩子交流的时长与方式都对孩子的性别角色、人格发展和认知发展具有极为深远而且重要的影响。

不仅如此，《国家中长期教育改革和发展规划纲要（2010—2020年）》明确提出，要将"着力提高学生服务国家服务人民的社会责任感"作为全面实施素质教育的一个重要目标。责任感作为一种非智力因素，对孩子的智力发展、学习成绩提高和能力培养等具有重要影响。学生责任感的培养是家庭教育中一项非常重要的基础性工作。家庭关系所构成的亲本责任（父母与子女彼此间的责任）是责任的最初组成部分，对学生责任感培养影响力最大。父亲作为家庭中最重要的"他人"，对子女的影响和作用更为重要。父子关系是家庭关系中的重要环节，是学生责任感培养的重要影响因素。然而，由于各种原因，现在年轻一代的父亲参与孩子教养的时间和精力非常有限。许多的年轻父母对孩子的态度是"生而不养"或"养而不教",缺乏基本的社会责任感。因此,本研究主要从责任感的代际传递角度来探究培养学生责任感的方式,帮助学生更好地成长。

第二节 文献综述

一、相关概念界定

(一) 父亲参与

国外对父亲参与的时间的研究更早,理论模型也更成熟。其中,Lamb(1986)最早提出了父亲参与教养的概念的三因素模型,将父亲的参与划分为3个部分:投入、可接近和责任。Lamb提出三因素模型后,国外学者在此基础上纷纷提出了自己多维度结构,为后继学者研究父亲参与教养提供了坚实的理论基础。Bruce和Fox描述了父亲参与的4种基本成分:一是执行功能;二是社会、情感功能;三是日常照看功能;四是教育功能(许岩,张文新,2006)。Dollahite和Hawkins(1997)提出了以下几种"父亲工作职责":伦理道德性工作、服务性工作、发展性工作、娱乐性工作、精神性工作等。而Hawkins(2002)认为,过去20多年里,学界对Lamb的三因素模型的过于依赖,导致一种单维度化的观点盛行,即都把父亲参与概念化和操作化为暂时的和易观察的事件R。Hawkins(2002)认为,父亲参与应该包括9个方面:提供经济支持、对孩子母亲的支持、管教和培养责任感、鼓励学业成就、给予表扬和情感支持、与孩子交流、关注孩子的日常生活、教孩子读书、鼓励孩子发展才能。

国内对父亲参与教养的概念研究主要是在西方文化理论背景下进行的。父亲参与即父亲参与教养,在我国,以往文献中也多用"父亲投入"或"父亲教养投入"等概念。也就是说,无论哪种表达,皆指父亲积极参与到孩子的教育培养中。许多学者在引进国外相关理论的基础上,进行了本土化的处理,不同的学者从不同的侧重点对父亲参与的内涵进行了阐述。王漫漫(2015)认为,父亲参与包括以下几个方面:对儿童教养参与的认知、时间、内容和参与儿童教养的方式。蒋琴(2018)认为,父亲参与表现在所有直接或间接影响幼儿成长的认知、情感、行为的活动上,包括日常护理、纪律制约、支持和规划、鼓励和赞扬4个方面。邹扬(2006)将父亲参与的概念解释为父亲在孩子教育中的心理和行为参与。赵娜(2007)认为,父亲参与是父亲在身体、情感和心理上积极参与儿童的家庭和学校生活。孙彦(2011)提出,父亲参与是父亲在行为、心理上参与教养从而影响幼儿的参与过程,其中既有直接参与,也有间接参与。孙玉丽(2013)认为,父亲参与应界定为,在儿童发展中,父亲在儿童身体、情感以及心理等方面的参与，同时又可以从内容与形式两个方面来阐述父亲在儿童身体、情感和心理方面的参与。在此基础上，学界一致认为父亲参与包括直接或间接的方式。

由此可见，国内学者在国外研究的基础上更全面地从父亲参与的方式及内容等不同层面来诠释其概念。总之，不能仅仅将父亲的参与看作线性的、暂时的、可直接观察到的现象，而应被看作一个内容丰富的、多方面多维度的过程，需要大量的工作进行更深的理解和测量。本研究将父亲参与定义为，在日常生活中，父亲在生理、心理、认知和行为等方面上的一切直接或间接影响儿童成长发展的活动。

（二）父子依恋

依恋是指将个体与他人紧密联系在一起的深厚而持久的情感关系（Schaffer，2008）。儿童的依恋对象通常为自己的父母。儿童在和父母互动的过程中，学会了理解自己与他人。依恋理论（attachment theory）隶属于发展心理学领域，重视对人格的解释性，强调父母与儿童间过去的依恋关系对个人的人格与社会理解力的影响，其核心观点认为个体从出生起就开始寻求与依恋对象（attachment figure）的亲近（proximity），建立情感联结以防御危险，提高生存的机会（Bowlby，1982）。

本研究将父子依恋界定为，在父亲抚育孩子的过程中，孩子对父亲建立起的长久、稳定的情感联结，表现为见到父亲时做出积极的反应，不愿与父亲分离，也代表着父亲对孩子有效的身心庇佑和抚慰。

二、父亲参与的国内相关研究

随着社会的不断发展，人们越来越关注教育与儿童的发展，尤其是父亲参与儿童教养状况。目前，国内外有关父亲参与儿童教养的研究成果颇为丰富。综合梳理国内外的相关文献，研究发现，在不同社会背景文化下，针对父亲参与的研究的重点也有所不同。

研究发现，学者们对父亲参与的研究一般集中在影响父亲参与的因素、父亲参与对儿童的影响以及父亲参与的测量方式等方面。

（一）影响父亲参与的因素的相关研究

派克（1999）认为，父亲参与孩子教育的状况必然受到他所在环境的影响。父亲参与儿童教养的程度不仅仅取决于父亲自身的因素，还受到家庭内各成员、家庭外各因素以及社会文化等方面的影响。现实也是如此，虽然随着社会观念进步，"男主外，女主内"的家庭情况有所变化，父亲参与孩子的教养也成为客观现实和必然趋势，但父亲参与育儿活动仍然受到多方面因素的影响。

徐安琪、张亮（2009）指出，影响父亲参与的因素既有宏观层面的，也有微观的：从宏观层面讲，有社会文化层面的，也有社会支持与政策层面的；从微观层面讲，有父亲的性别角色态度、育儿技能和社会经济特征因素，也有家庭因素，如母亲的态度、夫妻关系以及孩子的性别、年龄等因素。王漫漫（2015）则认为，影响父亲参与的因素主要有父亲自身因素、家庭因素、孩子的因素以及社会因素这四类；李萌（2015）借用布朗芬布伦纳的生态系统理论——一个包含微观系统、中观系统、宏观系统的生态系统理论来分析、归纳影响父亲参与的因素。她认为，从微观系统来讲，父亲自身的特征、母亲的特征、孩子的特征都影响着父亲的参与；从中观系统来讲，学校和社区环境影响着父亲的参与；宏观系统当中，社会文化因素也影响着父亲的参与。尹云霞（2012）发现，婚姻质量是影响父亲教养的一个重要因素，低婚姻品质可能使父亲有更大的消极性。同时，母亲对父亲的支持是影响父亲参与教养的一个尤为重要的因素。

通过文献梳理可以发现，影响父亲参与的影响因素大多可划分为父亲自身因素、家庭因素、儿童因素以及社会因素这几个方面。

（二）父亲参与对儿童影响的相关研究

教育家斯宾塞曾提出，父亲是孩子通往外部世界的引路人。在孩子教育中，父亲无论是在性格培养还是情感教育，无论是在智力训练还是道德、品质的培养上都起着巨大的作用（斯宾塞，2005）。随着社会发展，人们越来越注意到父亲参与教养对儿童发展是不可或缺的重要组成部分，父亲不再只是提供保护与支持的权威性角色，父亲参与教养较多的家庭中的儿童的认知能力发展得更好、对学校和教育的态度更积极（Carlson, 2006），也有更强的同理心以及更好的社会交往技能和同伴关系（Flouri, 2007）。

当前，对于父亲参与作用的研究主要集中在两个方面：一是父亲教养对儿童的影响，二是父子依恋关系的研究（Lamb, Lewis, 2003）。也就是父亲在位并参与孩子的教养对孩子发展的作用，以及对形成良好的父子依恋和稳固家庭结构的作用。在父亲参与教养对儿童自我发展的影响方面，有学者提到父亲参与育儿对孩子的身心健康有积极的影响，其中包括更强的自尊心、更好的沟通表达能力和较少的心理和行为问题等（张亮，徐安琪，2008）；李霞（2007）则发现父亲的性别行为榜样作用会影响到儿童性别同一性的形成和发展，也会影响到儿童性别行为角色的获得，并与儿童性别化发展程度密切相关；后又有学者从认知发展、人格发展、性别角色3个方面来阐述父亲参与教养对孩子的影响作用（蒲少华，卢宁，2008）；国内学者蒋琴（2018）则把父亲参与教养对儿童发展的影响分为认知和社会情绪能力2个方面，并从这两个方面详细论述了父亲参与教养对于儿童发展的重要意义。

总的来说，随着研究的深入，越来越多研究从不同层面、不同角度指出父亲在位参与孩子教养的重要性，大量研究都指出父亲参与孩子教养对孩子的各方面发展有很大的促进作用，无论是在心理或生理方面，还是社会认知、人格等方面。

（三）父亲参与的测量的相关研究

从研究方法看，已有研究中大多相关主题的文章以经验性描述和理论性思辨居多，实证研究相对来说较少。也有涉及父亲参与孩子教育的量化研究，只是一般针对某一个问题进行探讨或不是很系统。

在量化研究方面，有研究者使用父亲、母亲两个评定主体分别对父亲参与的现状进行评价，同时将父亲参与和母亲参与状况进行比较。结果发现，父亲自认为的参与情况与母亲报告的父亲参与具有较高的一致性，表明父亲对自我参与儿童教育程度的认识与母亲对其参与程度的认识基本相同。由于父亲对自身的教育参与情况更加了解，所以研究采用父亲自我报告的数据（李晓巍，魏晓宇，2017）。也有很多学者将质性研究与量化研究相结合，基于对国内外相关研究成果的整理分析，立足于父亲参与家园合作的现实情况，深入地研究和探讨父亲参与家园合作中存在的问题，分析成因，采用问卷调查法、访谈法，从父亲对家园合作的认识、参与的频率、参与的内容、参与的方法以及妨碍父亲参与家园合作的因素5个方面展开调查研究（李睿彤，2015）。

在父亲参与的测量相关研究中，有学者使用访谈法、文献分析法、作品分析法等方法直接分析调查父亲参与的程度及现状。在量化研究方面，学者大多使用问卷调查法来分析父亲参与情况，这些问卷大多都从可接近性、卷入程度以及责任这3个方面来测查父亲参与程度。

三、父亲参与的国外相关研究

（一）父亲参与儿童教养现状的相关研究

西方国家的研究者长期对父亲参与儿童教养现状进行研究，成果颇多。国外研究者对父亲缺位现象较为重视，探究出造成父亲缺位的原因也多种多样。虽然意识到父亲参与教养的重要性和必要性，父亲参与数量和时间逐年增多，但父亲缺位现象依然严峻。

首先，被监禁的父亲数量的增加。越来越多的定性和定量研究，揭示了曾经和当下正在被监禁的父亲是如何与子女互动的。监禁期间的探视往往受到探视规则和条例的限制，父亲监禁在许多方面使亲子关系复杂化，许多婚姻关系是在监禁期间结束的。儿童在父亲监禁期间和之后可能会遇到诸如家庭不稳定、父子关系紧张、父亲缺位和父亲权威丧失等问题。在大多数情况下，被监禁的父亲缺席儿童家庭教养，对儿童和家庭来说具有潜在的重要影响。

其次，无家可归的父亲数量增多。收容所中无家可归的父亲面临的最大压力是，他们要在开放性较强的社区环境中抚养孩子，而不是在相对私密的家中。在收容所抚养孩子会增加育儿困难，因为非家庭成员也会试图教育孩子或批评父亲的育儿方式。另外，作为一个无家可归的父亲，很难找到或维持稳定的工作，因为这些父亲需要有弹性的时间来照顾他们的孩子。单身的、无家可归的父亲在找工作后，不能为儿童提供稳定的保育活动，许多庇护所都有严格的规定，规定儿童在任何时候都要受到父母的监护。无家可归的父亲也很难满足社会期待的"好父亲"形象,因为缺乏自尊或承担不起养家糊口的责任,很难在儿童心中树立起良好的父亲形象。

(二)父亲参与对儿童影响的研究

首先,父亲参与教养对幼儿学习表达情感、进行情绪调节、培养参与适当社会交往的能力具有重要意义。儿童时期是情绪社会化的敏感时期,儿童情绪的社会化很大程度发生在家庭环境中,父母是促进幼儿社会化的重要因素。然而,过去对儿童早期情绪社会化的研究大多集中在母亲作为儿童社会化的中介上,往往没有考虑父亲的贡献。Emma等(2018)制定了严格的筛选标准,运用自然观察法对观察对象进行追踪调查。通过录音、报告等主要方式进行了数据收集,并对数据进行处理和分析,最后得出结论。他们认为,父亲指导水平和积极表达水平越高,孩子在家中的积极情绪越多;父亲给予的情感指导越多,儿童的积极表达也越多。

其次,父亲参与儿童教养的方式与母亲参与儿童教养的方式不同。一般来说,母亲在交互和日常照顾活动中花费的互动时间比例明显较高,而父亲在游戏活动中花费的互动时间比例较高(Mcbride, Mills, 1993)。这表明,父亲和母亲行为之间的差异,可能与人格特征、家庭结构、教育背景、文化信仰和价值观的差异有关(Sandseter, Kennair, 2011)。

最后,父亲参与儿童教养对母亲、婚姻关系和父亲本身的影响研究表明,父亲参与儿童教养不仅有益于孩子,也有益于母亲和父亲本身。例如,20世纪30年代的一项父亲样本纵向数据研究表明,当孩子处于幼儿和青少年时期,积极参与教养的父亲占了中年父亲婚姻美满率的21%和父亲后期职业流动率的6%(Snarey, Pleck, 1993)。其他短期纵向研究进一步表明,父亲参与儿童教养对父亲的幸福感和人际关系会产生积极影响(Roberts, 2003)。

父亲参与孩子教养对孩子成长发展有着积极的影响,但父亲缺位也会对孩子发展产生负面影响。因家庭结构的改变导致的父亲缺位儿童教养,容易增加儿童遭受不公正对待的概率,亲生父亲不在身边,儿童也容易被忽视。虽然也会有亲生父母虐待儿童的现象,但与继父生活的儿童被虐待的风险更大(Bendheim-Thomas Center, 2010)。一项研究表明,生活在单亲家庭、再婚家庭或双亲伴侣家庭的孩子比传统家庭的孩子遭受虐待的概率更高。2013年,再婚家庭中19%的儿童和单亲家庭中16%的儿童遭受过某种形式的虐待,与亲生父母同住的儿童中,7%受到过虐待。单亲家庭和再婚家庭遭受家庭暴力的比例是单亲家庭和再婚家庭的两倍(Turner, Finkelhor D, Hamby, et al., 2013)。所以,原生家庭中的儿童生活环境是最安全、最适宜儿童健康成长和全方面发展的。

其次,经历过父母离婚、分居和非婚生儿童的平均成绩低于生活在原生家庭的儿童。

与单亲家庭相比，继父家庭的儿童成绩显著低于单亲家庭的儿童。经历过父母离婚、分居和非婚生儿童在学校的行为问题程度明显高于生活在原生家庭中的儿童。生活在继父家庭或单亲家庭中的儿童比生活在原生家庭中的儿童更容易产生与学校相关的行为问题（Tillman，2007）。父亲参与儿童学习活动还可以调节不良社区环境与儿童学业成绩之间的关系。当父亲参与儿童的家庭作业和学校活动时，不良社区环境和儿童成就之间的负相关水平降低了。类似的，研究人员还发现，父亲与儿童之间的关系质量调节了不良的社区环境与儿童学业成绩之间的关系。且父亲与儿童的关系质量对儿童学业成绩的整体中介作用强于父亲对儿童的学业参与对儿童学业成绩的作用（Gordon，2016）。因此，父亲缺位可能会造成儿童发展不良的人际关系，并产生不遵守纪律、不认真听讲、不按时完成作业等问题行为，长此以往，儿童学业成绩会越来越差，甚至辍学。

总之，儿童成长过程中父亲是否在位，父亲参与儿童教养水平以及父子关系的质量，都会影响幼儿期儿童的成长，并影响其整个青春期出现不良行为的可能。父亲缺位儿童教养是造成儿童犯罪的一个重要因素，父亲缺位儿童教养与男性的犯罪活动密切相关，父子关系的质量会对犯罪产生影响，父子关系质量越差，犯罪率越高。这很有可能是因为，父亲参与教养的程度对儿童的亲社会行为有积极影响，在父子依恋关系中，父亲参与教养程度在儿童亲社会行为的关系里起中介作用。

（三）父亲参与儿童教养措施的相关研究

国外研究者对促进父亲参与儿童教养的相关政策进行了分析。为了促进父亲多方面参与儿童教养，无论是政府、社会、家庭还是个人都做出了很多努力。大量研究者通过对政策、项目等进行分析和评估，不断为促进父亲参与儿童教养做出努力。

为了增加父亲参与儿童教养的机会，许多国家都制定并实施了陪产假政策，虽然具体规则和实施方式各不相同，但他们都有着保障父亲参与儿童教养的共同目标。陪产假通常作为一种增加父亲对婴幼儿照顾机会的措施，使父亲不用辞职就有机会花时间照顾孩子。通常情况下，由父母决定谁来使用孕产相关假期（家庭权利），或者部分假期可以专门分配给父母中的一位（个人权利），如果不能转让给父母中的另一位，则属于个人不可转让的权利（如父亲配额）。根据定义，陪产假是父亲不可转让的权利，而可转让的假期则为可转让的个人权利。陪产假并不能有效地支持双工双护的家庭模式，只能让父亲在一定程度上成为母亲教养过程中的帮手。

不同国家和地区给予父亲休假的权利不同，使父亲在儿童保育中的地位、作用和重要性产生了差异，而且对父亲休假率也产生了影响。研究表明，父亲休假天数与父亲配额的持续时间直接相关，父亲配额的效果立竿见影，父亲的配额时间越长，父亲休假的时间越长。例如，在挪威，父亲配额每增加一次，父亲休假的比例就会提升。

（四）父亲参与教养模型

由于有关家庭结构和父亲的角色的文化期望发生改变，父亲参与的概念已经从强调父亲在其个人环境中的身体或经济能力的一维结构演变为强调父亲在政治、经济、文化、社会和家庭环境中的角色功能的多维结构。在20世纪80年代中期，研究人员开始更广泛地研究父亲，解决诸如父子关系的质量、父亲对儿童发展的影响以及父亲参与对儿童和家庭的幸福和发展的影响等问题（Marsiglio，Cohan，1997）。由于焦点的转变，涌现了许多关于父亲参与的理论模型。

Pleck关于父亲的身份和角色的研究以及Lamb等关于互动性（interaction）、可及性（accessibility）和责任性（responsibility）的模型对父亲参与教养的研究产生了巨大的影响。

Pleck（1997）认为，父亲职能已经成为界定父亲参与这一概念的核心概念之一，且非常重要，因为父亲的行为是自主决定的，与母亲的行为相比，更少受到社会规范的约束。越来越多来自父职理论的研究表明，父亲的行为方式在本质上是动态的和流动的，这取决于他们的角色投资，并会随生育子女、婚姻和非婚姻关系的变化以及家庭和家庭构成的变化而发生巨大变化（Fox，Bruce，2001）。孩子出生后，父亲面临着把自己作为父亲的自我形象付诸实践的艰巨任务。如果他的自我形象没有冲突，那么父亲就能够产生更多参与到孩子生活中的动力；如果父亲的自我形象是有冲突的，他们就很难回应新角色的要求，很容易感到被排斥，与社会环境脱节，从而减少与子女接触。

Lamb等在Pleck的研究基础上，提出了互动性、可及性和责任性三因素模型，该模型使研究人员可以更加深入地探究家庭的日常生活，以便对家庭成员之间的社会互动有更深入的了解，对研究父亲参与儿童教养具有重要意义。其中，互动性，指的是父亲与儿童之间的直接互动，包括照料、游戏玩耍等；可及性，指的是父亲花在与孩子亲密相处上的时间，但不包括与孩子直接互动，例如身体接触和监控活动；责任性，则是父亲承担养育孩子的责任，诸如保姆、医生的预约和安排日托服务等。

我国研究者在进行父亲教养相关研究时，根据现代中国的社会文化特点，对这3个维度进行了本土化的修正。其中，互动性指父亲直接参与照顾和教育孩子，如生活照顾、学业支持、情感交流、规则指导和休闲活动等；可及性指父子未发生直接互动，当孩子需要时父亲能够注意并做出回应，分为空间可及性和心理可及性；责任性指父亲为了孩子的发展而做的准备、积累、规划、支持等活动，如榜样示范、父职成长、信息获得、教养支持和发展规划等。父亲参与教养模型已经成为研究父亲参与教养水平和效果的重要理论模型之一。

四、父子依恋关系的相关研究

（一）依恋及依恋理论的一些概念

依恋是指将个体与他人紧密联系在一起的深厚而持久的情感关系（Schaffer，2008）。依恋对象通常为自己的父母，儿童在和父母互动的过程中，学会了理解自己与他人。依恋理论（attachment theory）隶属于发展心理学领域，重视对人格的解释性，强调父母与儿童间过去的依恋关系对个人的人格与社会理解力的影响，其核心观点认为个体从出生起就开始寻求与依恋对象（attachment figure）的亲近（proximity），建立情感联结以防御危险，提高生存的机会（Bowlby，2010）。

从Bowlby的研究中可以发现，随着儿童心理和年龄的成长发展，依恋在他身上所体现出来的作用和价值也就越发明显。Bowlby把依恋解释为一个终生建构的过程，也就是说"儿童会在整个童年期继续维持依恋联结，直至成人期发展并形成其他依恋关系（如配偶、恋人之间、朋友之间的依恋）"。

依恋理论核心的概念是内部工作模式（internal working model）和依恋类型（attachment pattern）（Bretherton，1985）。内部工作模式概念诠释了依恋影响人格形成的发生机制。内部工作模式是指个体会在亲密关系互动过程中形成对自我与他人的表征，分为积极与消极两个维度（Sydow，2002）。该概念的主要内涵是如果在婴幼儿时期父母能对孩子发射的信号做出积极或消极的反应，会使个体在婴幼儿时期就形成一个自己独有的但大部分类型可以进行概括的内部工作模式，此时形成的模式会一直存在于儿童体中，在成年期会无意识地在内部进行运作。所以消极和积极的内部工作模式会在一定程度上影响婴幼儿心理成长。

依恋类型是根据个体与依恋对象关系是否安全进行划分的。Ainsworth（1978）最早对儿童依恋关系进行分类，在实证上支持了依恋关系的存在。

（二）依恋理论的4个发展阶段和学术流派及代表人物

1. 依恋理论的4个发展阶段

第一阶段：约翰·鲍比是最先提出依恋关系的人，被称为"依恋之父"。他建立的依恋行为系统由三个方面组成：第一，寻求检测依恋对象并试图和其保持亲近；第二，将依恋对象作为"安全基地"使用，从"安全基地"开始，去陌生的环境探索和体验；第三，将依恋对象当作"安全港"，在面对危险情境和受到惊吓的时候逃向此处。

第二阶段：Ainsworth被称为"依恋之母"，她最先开创了陌生情境实验，其中的八步骤具有借鉴意义。也是她对依恋模式进行了总结，将其分为安全型、回避型、矛盾型。

第三阶段：玛丽·梅因从前人的三类型中提出了一个新的类型——混乱型。梅因认为，混乱型婴儿不像其他三种婴儿一样直接天生地逃向父母或者躲避父母，他处在靠近还是逃避的纠结状态之中。

第四阶段：主要是巴塞洛缪研究的成人依恋模式，即新增的痴迷型依恋。

2.依恋理论可考的四大学派及代表人物

第一，精神分析的依恋理论：Freud在1914年发表的《论自恋·一篇导论》中第一次用动物学中的伪足来类比依恋（Hartup, Lempers, 1973）。依恋被设想为儿童力比多投射的结果。力比多指向社会世界，关注于能给予快感的客体，因此成为儿童与该社会客体保持亲近的联结（朱佳颖，2012）。

第二，习性学的依恋理论：习性学的依恋理论从进化的观点来解释依恋，认为依恋是人的本能反应，是人类长期进化的结果，其意义在于保护幼小后代免受威胁以促进生存，并成为个体社会行为发展的基础。习性学的依恋理论把依恋看成是母婴双方协调发展起来的过程，这是依恋双方交互影响思想的起源（朱佳颖，2012）。

第三，学习领域的依恋理论：学习领域的依恋理论认为依恋的形成机制是基本需要被满足而获得的二级强化行为（李凤莲，2008）。它强调母婴依恋是首要地位。

第四，认知领域的依恋理论：认知领域的依恋理论与其他不同，不重视满足或者学习强化，而是强调认知能力对依恋发展的影响。认知的依恋理论认为儿童依恋必须建立在两种认知能力上：一是学会区分环境中不同的人，二是具备认知永久客体的能力（朱佳颖，2012）。如认知心理学家Kagan用"图式"来解释依恋的形成机制，认为婴儿在交往过程中会逐渐形成人和物体的图式（李凤莲，2008）。

3.Bowly的依恋理论框架

可以说，Bowly的理论是在前人基础上的一个总结，是各学派观点的一个整合。上述各学派对于依恋形成的根源、依恋的实质以及依恋作用的心理机制作了不同的阐释，但是前3个理论都带有强烈的生物决定论倾向，过分注重依恋形成和发展的生物基础和进化根源，认知理论又完全忽视了生物基础和情感因素，因此这些理论都缺乏系统的理论体系。

Bowly提出的依恋发展的阶段模式可体现对各学派观念的融合。

前依恋阶段（从出生到6周）：婴儿生下来就有一种有助于依恋发展的内在行为，如哭笑等情绪反应能吸引母亲注意并使母亲待在他的身边。

依恋开始形成阶段（6周至8个月）：婴儿开始能对熟人和陌生人分别做出不同的反应，对父母做出依偎亲近的反应，对陌生人显示出警觉的神情，但母亲离开时不会抗议，表明依恋尚未形成。

依恋形成阶段（8个月至18个月）：婴儿对熟人产生依恋，并表现出分离焦虑。

互惠关系形成阶段（18个月以后）：语言和表征能力的迅速发展使婴儿开始理解母亲离开的原因，并能预测母亲会回来，因此抗议减少，婴儿开始使用谈判策略，在条件得到满足之后，允许母亲离开。

前依恋阶段体现了依恋建立的生物基础，刚出生的婴儿哭等先天行为为其与照顾者之间建立依恋关系创造了条件，保证照顾者能对婴儿不离不弃。但是，儿童要有差别地与特定个体建立和发展起依恋关系，则离不开认知能力的发展，这种认知能力用以发展目标矫正行为与内部工作模式等。

Bowly 的依恋理论解释了儿童对母亲依恋的工作机制，论述了最初几年母婴依恋关系的发展，这一理论框架之后被安斯沃斯用陌生情境技术验证并拓展（朱佳颖，2012）。

（三）父子依恋的影响因素研究

在依恋领域，对父子依恋的研究远远落后于母子依恋，不论是研究内容还是研究方法，父子依恋的研究都深深打上了母子依恋研究的烙印。但是不管怎样，将父子依恋放在了一个独特的位置上去研究仍是依恋领域的一大进步，回顾父子依恋的研究历史就会发现，父子依恋的产生是有其生物学、社会学和心理学基础的。

在灵长类动物和食肉动物中，有 30%—40% 物种的雄性直接参与到幼崽的养育活动中。在鸟类中，有多于 90% 的物种的雄性扮演着养育合作者的角色。对灵长类动物的观察发现，如果环境有利，几乎所有的灵长类雄性都可以被诱导出恰当的养育行为。基于对雄性动物参与幼崽养育的研究，我们可以看出父亲具有养育孩子的潜能。基于灵长类动物中，雄性表现出的依恋行为，如拥抱、抚养幼崽等，我们可以从中受到启发，研究人类群体中的父子依恋。

回到人类现实生活中，依恋通常最早在婴儿和他们的母亲之间发展，究其生物学原因主要是因为，刚刚出生婴儿的大脑还没有发育成熟，他们的身体发育需时也较长，这导致了婴儿与其他灵长类动物相比更加依恋自己的母亲。然而在孩子眼中，父亲是一个令人耳目一新的角色，很多父亲们承担着培养孩子冒险、勇敢的性格，这就要求父亲要直接参与到教养孩子的工作中去，他们要以榜样的示范作用来教会孩子如何抵御危险、如何求得生存。而且，父亲是有着养育孩子的巨大潜力的，人们通常会认为父亲缺乏母性本能，根本不会照看或者照看不好孩子，然而事实情况并不是这样的，从一些只有父亲的单亲家庭来看，父亲能主动承担起母亲的职责，并能够把孩子照看得很好。

从社会心理学的角度来看，以往关于儿童依恋的研究中几乎不涉及父子依恋的一个公认的原因就是，在与婴儿的相处时间上，父子互动的时间远远少于母子互动，那么，看起来父子依恋的作用也就不及母子依恋的作用大。

从父子依恋的研究历史来看，以往对于父子依恋的研究多是围绕儿童能否对其父亲建立起依恋关系来展开的，而且很多研究也证实了父子依恋的产生是有其生物学、社会学和心理学基础的。父子依恋的产生时间与母子依恋相比可能较晚，但它是存在且有着自己的独特性的。随着研究的不断深入，相信关于父子依恋的研究会越来越成熟、越来越完善。

父亲本身拥有的性格和父亲普遍采用的与婴儿相处的方式，与母亲相比往往有很大的不同。婴儿在与父亲相处的过程中会更加兴奋也会更加主动参与活动或亲子游戏，以此能发现在父子依恋的过程中的一个影响因素——互动过程和参与度。

父亲的激励功能远远超出了某些伦理学家赋予父亲的社交功能，因为它涉及对自然环境和社会环境的探索。在一个高强度的激励关系中，孩子们将会学会信任自身的能力去应对自然环境和社会环境中的威胁和陌生感，因为，父亲会在一个确保安全的环境中鼓励他的孩子去接受更大的挑战，并通过严格的纪律和限制来保护他的孩子。研究表明，父亲可能在孩子的人生中扮演着间接和直接的角色：在压力时期，发挥间接作用，给予孩子母亲精神和物质上的支持；从无压力时期的第二年开始，父亲就开始在孩子的探索和自主发展方面发挥直接作用。术语"激活"也可以理解为是因为接触了新经验或感受到陌生而激发的情感性冲动机制。这是社会能力发展中的重要步骤（丹尼尔，2004）。

但是从理论上来说，激励关系可以在各种父母中发展，但相当一部分父子之间的依恋关系是通过游戏建立的。即使父亲陪伴孩子的时间少于母亲，但高强度的游戏可以促使孩子与父亲之间建立牢固的联系。事实上，与喂养相比，游戏过程中幼儿与父母的情感具有更高的一致性，这表明幼儿与父母在游戏环境中可能可以更加亲密地"调和"彼此，因此，儿童可能不一定需要大量的游戏时间才能从中受益。亲子之间互动的质量比耗费的时间更加重要。对于与孩子进行游戏的父亲或成年人来说，这一点可能更为重要（丹尼尔，2004）。

从婴儿期到童年中期，父亲在与儿童的互动中所扮演的角色均表现出与母亲不同模式和风格（Parke，1995；Russell，Russell，1987）。Lamb对1—2岁的婴儿与父母的互动过程进行观察后发现，父亲与婴儿有更多刺激性的身体接触。相似的结论在其他年龄段的婴幼儿身上也得到了佐证。Parke等发现，母亲更喜欢对孩子进行生活上的照料和情感上的交流，父亲与孩子的活动则集中于对游戏的积极参与。母亲通常希望孩子保持顺从和安静；父亲则常与孩子玩一些追逐打闹的游戏，在这样的游戏过程中，父亲与孩子会有较多的身体接触，这样也会鼓励孩子独立探索和应变，同时父亲会给予孩子相应的保护和激励。这样的游戏也容易让儿童缓解紧张情绪，减少压力，充分投入到游戏中（李丹，丁雪辰，2013）。可见，在早期与儿童互动过程中，父亲主要扮演着玩伴的角色，这种角色的特殊性使得父子依恋具有独一无二的特点和功能。

父子依恋形成受父子双方各自的个体因素影响（李丹，丁雪辰，2013），儿童并非亲子互动中的被动者，他们自身的特质会影响其对于父母行为的反应，从而影响父母的感知和回应。例如，困难型气质的婴儿对外界的刺激会更加敏感，会有更多的哭闹行为，这将反过来影响父亲的行为。研究显示，婴儿的气质类型不能很好地区分父子安全型依恋和非安全型依恋，却是区分回避型依恋和矛盾型依恋的重要因素，困难型气质的婴儿将更多地形成矛盾型依恋（Belsky，1996）。另有研究认为，婴儿气质只与父子依恋有关，对母子依恋没有影响（Edwards, Eiden, Leonard, 2004）。这可能是因为，母亲全身心投入抚养行为，而父亲与婴儿接触较少，较容易受婴儿反馈影响。最近的研究还表明，婴儿的紊乱型气质（fussiness）会增加父子非安全型依恋的可能性。同时，婴儿气质与父亲的角色认同存在一定的交互作用：当婴儿为高度紊乱型气质时，父亲对于自己的角色越认同，就越容易与婴儿形成安全型依恋（Wong, Mangelsdorf, Brown, et al., 2009）。

父亲的人格特点会影响其对婴儿发出信号的反应行为，促使婴儿在父子互动中表现出不一样的模式，并进而影响父子依恋的形成。Belsky（1996）发现，对于区分父子安全型依恋和父子非安全型依恋，父亲人格的外倾性和宜人性是首要因素。外倾性和宜人性分数高的父亲更容易与婴儿形成安全型依恋。因为外倾的父亲会对婴儿表达自己的积极情感，宜人性高的父亲更易给予婴儿信赖和关怀，婴儿也就容易在与父亲的互动中发展出安全型依恋。

父亲的内部工作模式、教养信念和教养方式也会对与婴儿的依恋关系产生影响。首先，父亲自身的内部工作模式会影响其对养育婴儿的判断，诸如婴儿是否值得爱，与婴儿的互动是否会达到自己的目的等。这种内部工作模式还会代际传递（intergenerational transmission）。自身是安全型依恋的父亲会更多参与到游戏互动中，较少使用惩罚，与婴儿形成安全型依恋的可能性较大；自身是非安全型依恋的父亲更容易与婴儿形成非安全型依恋（Grossmann, Fremmer-Bombik, et al., 2002; Steele, Steele, Fonagy, 1996; Brown, McBride, Shin, et al., 2007; Newland, Coyl, Freeman, 2008）。

其次，父亲的教养信念及对婴儿的态度会影响父子互动的开展，当母亲恢复工作，需要父亲参与孩子的抚养时，他们会权衡现在和以前角色的差异，并对实施的抚养行为产生影响。研究表明，如果认同自己的父亲角色接纳并喜爱婴儿，就会对婴儿需求非常敏感，这种认同还与婴儿气质和婚姻质量产生交互作用，即当婴儿为紊乱型气质、婚姻质量较高时，父亲会更认同自己的角色，父子依恋的安全性会更高（Cox, Owen, Henderson, et al., 1992; Wong, Mangelsdorf, Brown, et al., 2009）。

最后，父亲的教养方式也会对父子依恋的形成产生影响。严厉的教养方式、较少的父子玩耍时间、在父子接触中的参与度较低，以及较少表达自己的积极情绪，都可能形成非安全型父子依恋。父亲的教养质量还调节了父亲教养参与和父子依恋安全性之间的关系，具体表现为当父亲教养质量较低、积极的情绪表达较少而干扰较多时，父亲的参与程度与父子依恋安全性呈负相关（Brown, McBride, Shin, et al., 2007）。也就是说，父亲的教养质量比父亲的教养参与程度更为重要，父子互动更应该重视质量而不是仅仅考虑时间，时间只是一个必要条件，并不会直接影响父子依恋安全性（DeKlyen, Speltz, Greenberg, 1998）。

（四）研究依恋理论对小学生的作用和意义

研究依恋理论能帮助小学生过渡到初中阶段，培养社会化意识。依恋是指幼儿对其主要抚养者特别亲近而不愿离去的情感，是存在于幼儿与其主要抚养者，特别是与母亲之间的一种难舍难分、强烈持久的情感联系。早期的亲子依恋经历与幼儿情绪社会化的发育关系密切。家庭环境恶化、亲子关系疏离等因素影响幼儿安全感的形成，进一步幼儿情绪社会化的发展（魏文君，2015），幼儿社会化发育的重要发源地是家庭，在家庭中进行良好亲子互动，如亲子游戏等能激发幼儿愉悦情绪，培育幼儿的安全依恋情感，利于幼儿健康成长。

不同依恋类型对幼儿情绪社会化的影响不一样，安全依恋类型对幼儿情绪、心理发展有积极影响。依恋的形成是相互的，父母对婴儿微笑、关爱、精心护理等会增加幼儿自信，促使幼儿安全依恋的形成。本次研究倡导父母在养育幼儿过程中注重安全感的培养，重视与幼儿建立良好依恋关系，在生活情境中引导幼儿学会正确的情绪回应，促进幼儿情绪社会化的良好发展。

儿童时期是情绪社会化的敏感时期，儿童情绪的社会化很大程度发生在家庭环境中，父母是促进幼儿社会化的重要因素。儿童保健工作者在日常工作中要指导幼儿养育者在幼儿成长过程中，选择让幼儿形成安全依恋关系的科学养育方式，促进幼儿情绪社会化的发展，让幼儿快乐、健康成长（王飞英，倪钰飞，倪勇，等，2017）。

家庭是促进个体成长的重要场所，是个体社会化的载体。对婴幼儿时期的依恋影响研究，同样也可转化应用到儿童时期。婴幼儿时期与父母之间建立起的情感基础，在很大程度上会影响到儿童的成长时期。

研究依恋理论能维护人际关系和避免儿童小学阶段容易出现的心理问题。幼儿根据社会的要求来理解、表达、调节自己的情绪活动，以达到社会要求的过程称为幼儿情绪社会化。本次研究结果显示，安全依恋型的幼儿能控制自己的情绪，以合理的方式表达自己的需求，回避型和反抗型的幼儿安全感缺失，当环境发生变化时容易产生焦虑、恐惧情绪，更多地会以愤怒、抵抗等消极情绪处理问题，长久下去会对幼儿的心理行为发育产生影响，甚至导致日后一系列心理问题的发生，影响幼儿身心健康。

1—3岁是儿童认知、情感发育的黄金期，情绪社会化发育是否正常会对以后因性格和性格因素导致的行为生活产生影响。母亲以鼓励方式养育幼儿能正向、积极预测幼儿的社会行为，而退缩、悲观的教养方式将影响幼儿自我认同的发育，由此引发系列行为问题的发生。

目前，很多幼儿家长在关注智能发育的同时，也在积极关注幼儿情绪情感的发育。因此，有必要让家长认识到，安全依恋关系的建立对幼儿的情绪发展有着重要意义（王飞英，倪钰飞，倪勇，等，2017）。

个体环境交互作用模型（organism environment interaction model）认为，一个复杂系统的各因素并非独立起作用，而是相互依赖，即个体因素（如亲子依恋）的作用可能因环境因素（如压力水平）的不同而有所差异（Cummings，Davies，Campbell，2012）。可选取压力性生活事件这一变量，考察亲子依恋（个体因素）与压力性生活事件（环境因素）对儿童心理健康的交互影响，即检验压力性生活事件是否对亲子依恋与心理健康的关系进行了调节（傅俏俏，苗静宇，陈启山，2013）。

良好的亲子依恋关系可以表现在日常家庭生活中，子女与父母关系是否坚固持久、父母对子女或者子女对父母有没有强烈的双向互动式的情感输出，都决定着儿童作为个体脱离家庭社会后的其他人际关系维护优劣和社会功能建设的强弱以及儿童是否会因为无法和他人建立良好关系而出现心理问题。

（五）父子依恋相关的测量研究

对父子依恋结构的把握能够更好地对父子依恋做出测量。同时，从测量方法上分析父子依恋结构，也能够对父子依恋有着更加深入的认识。目前，对于父子依恋结构的把握主要是通过依恋的特征来提取的，且多是从亲近和焦虑两个方面进行研究。本研究对父子依恋的测量方法进行了系统的梳理，并从测量学上探讨了父子依恋的结构。

最早对父子依恋的测量是沿用了安斯沃斯的陌生情境测验（SSP），该测验将被试对象换成了父亲，适用于测量12—20个月婴幼儿对父亲的依恋行为，但是所得的研究结果往往不同于母子依恋，甚至不支持母子依恋的结果。

随着研究的不断深入和发展，学者Paquette提出了使用"危险情境"这一创新的方法来测量父子关系和父子依恋，这对于一味借鉴"陌生情境"来探究父子依恋是一次重大进步。该测验向儿童提供有"危险感"的情境，诱发儿童寻求父亲的安慰，最终目的是使儿童在探索环境和寻求安慰之间找到平衡。该程序需要20分钟的时间来完成观察，适合于12—18个月的婴幼儿。此方法对于过程信息编码的内容简单、易用，能够根据父子依恋的特点对其作出较好的测量，并将父子间的互动分为活跃型（activated children）、不活跃型（under-activated）和过度活跃型（over-activated）3种。

总的来说，目前用于依恋关系测量使用比较普遍的应该还是Waters等开发的Q分类法，它适用于1—5岁儿童依恋安全性行为的测量。这种方法克服了陌生情境法在生态效度上的缺陷，把依恋安全作为连续变量来考察婴幼儿的安全基地行为质量。

（六）父亲参与与父子依恋关系的相关研究

自妇女大量加入劳动大军以来，家庭结构发生了重要变化，改变了父母的角色。调查表明，在20世纪90年代，在某些社会人口统计学类别中，许多家庭习惯于通过父母双方分担照料的任务。养育新人的父亲继续行使权威，而父亲和母亲都倾向于承担为儿童提供情感支持、监督和管教以及亲子游戏的任务（丹尼尔，2004）。随着时代的发展，父亲和母亲开始在儿童的教育方面起到同样重要的指导作用，父子之间也开始进行多重情感交流，父亲在子女教育上开始担任不一样的角色，父亲在开始接触孩子的思想教育活动中，开始了解孩子的内心世界。

Lamb（1986）提出，玩耍可以促进孩子对父亲的依赖，而母亲与孩子建立的依赖主要是在照料中发展的。但是从理论上来说，激励关系可以在各种父母中发展，但相当一部分父子之间的依赖关系是通过游戏建立的。即使父亲陪伴孩子的时间少于母亲，但高强度的游戏可以促使孩子与父亲之间建立牢固的联系（丹尼尔，2004）。研究表明，父子依恋关系的建立大多因为"游戏"，尽管父亲参与游戏的时间不长但是父亲在孩子心中的位置变得重要，说明父子依恋关系可以通过参与孩子的游戏活动获得明显加强，父亲在孩子的人生中发挥着有别于母亲的作用，这种作用是不可替代。从中我们发现，尽管父亲参与游戏游戏的时间很少，但只要父亲参与到孩子的游戏中就可以很快的促进孩子对父亲的依恋。

有国内学者发现，父亲参与教养的程度越高，越能建立良好的、优质的父子依恋关系（黎志华等，2012）。

国外学者Caldera用AQS测量父亲参与教养与幼儿的安全型依恋关系发现，父亲参与教养可以稳定预测父子依恋关系。国内学者尹霞云也得到类似观点，并且发现父亲参与教养程度越高，越能建立良好的、优质的父子依恋关系；反之，则父子依恋品质越低（黎志华，尹霞云，蔡太生，等，2012）。父亲参与教养的时间越多，越能促进父子之间的交流，加强父子依恋。

李梦婷（2020）的研究将父亲参与教养归纳概括为狭义和广义。狭义的父亲参与教养，即父亲与幼儿的直接接触以及可观察的现象，如生活照顾、学习辅导、游戏互动等。广义的父亲参与教养不仅包括即时观察的活动，还包括其直接与间接的支持，认知、时间、情感、道德和行为的投入，更确切的表述是一个多维度的动态过程。李梦婷（2020）的研究发现，父亲从不同维度参与儿童的教养有利于发展儿童的安全感、鼓励儿童克服负面情绪形成父子依恋。结合以上的研究基础，本论文主要讨论广义的父亲参与教养。

黎志华等（2012）的研究也发现从父亲参与教养的程度中可以准确地预测父子的依恋关系，父亲参与教养程度越高，越能建立良好的优质的父子依恋关系；相反，则父子依恋的品质越低。研究结果也表明，父子依恋关系在父亲参与教养程度对儿童亲社会行为预测中起着显著的中介作用[1]。所以，父亲多参与到孩子的教养活动中可以促进父子依恋关系的发展。

通过对父亲参与与父子依恋关系研究进行总结概括，发现以前的文献对这两者关系研究很少，存在一些问题，概括总结如下：第一，从研究对象的年龄看，以往的研究者大多偏向于研究婴儿或者大学生，缺少对少年儿童的相关研究；第二，从研究的维度来看，以前的研究偏向父亲受教育水平、家庭婚姻关系、是否独生子女对父亲参与和父子依恋关系的影响研究，缺少直接针对父亲参与和父子依恋关系的研究，更多研究针对父亲参与对儿童心理发展、安全感的影响。

第三节 研究过程

一、激活父子关系与父子的责任感

肢体游戏是父亲与子女之间"激活"关系的主要手段,"打闹游戏"被证明能够有效地增强子女的责任心、竞争力和自信心。

总之,父子关系是家庭关系中的重要环节,激活父子关系,使父亲积极参与到孩子的学校教育中,和孩子一起开展班级活动,对其成长有很大的帮助。因此,我们根据本班实际情况,并结合区局及学校开展的一系列活动,设计了"老爸,我想对您说……""好爸爸陪我'闹'""我和爸爸去郊游""爸爸教我做家务""我和爸爸共读书"等活动,旨在加强爸爸和孩子之间的互动交流,增进父子感情,让孩子在有爸爸更多参与的教育过程中更加健康快乐地成长。

现在父亲参与孩子教养频率不高的现象,频繁出现在我们的教育之中。为了更好地了解父亲参与孩子教育的频率,我们前期对父亲参加班级家长会、辅导孩子作业,以及参加班级活动等方面的情况进行了调研,发现父亲的参与率都比较低。而父亲对子女教育的参与程度越高,孩子就越聪明,适应力越强,性格更加宽容,更合群,更富有责任感和使命感。因此,我们在班级中持续开展了父亲参与的班级活动,为父亲搭建亲子活动的平台,并且借活动提高学生的责任感。

二、"父亲参与"班级活动的优秀案例摘录

(一)父子关系激活团队的活动纪实

我们团队共有7位成员,大家在各自的教学岗位上持续开展了1—2年的班级活动,结合学校的要求,分别安排了父亲参与的各种班级活动。下面是几位老师的"父亲参与"班级活动的优秀案例摘录。

系列一 激活父子关系
武汉市育才实验小学 张荟

活动一:"老爸,我想对您说……"

一、活动过程

这个活动是结合语文课本中《写给家人的一封信》的习作内容,针对当下

大多数家庭中父亲平时参与孩子的教育较少，与孩子的沟通不够畅通的情况设计的，希望通过让父亲参与有效的班级活动，来促进父子关系的发展和维持，保障学生的生活中父亲的参与度和孩子健康的发展。

活动前让每位父亲长辈（最好是爸爸）先给自己的孩子写一封信，谈学习、谈生活、谈回忆均可，将平时没有时间说或不好意思说的话写下来，和孩子进行交流。

随后，请孩子思考问题：心里话为什么不愿意跟爸爸说？心里话为什么愿意跟爸爸说？在大家交流讨论的过程中，让孩子将埋在心里的不愿或不敢与父母说的话一吐为快，从而了解孩子们不与父母沟通的原因。

然后，出示视频呈现一段父子沟通不畅的情景——因为一次考试，爸爸迁怒于电脑，从而引发了一次家庭争吵。借这样的事例，再次让孩子们思考：我们在生活中应该怎样与父母沟通？视频是面镜子，它能让孩子们清晰地看到生活中的自己，让孩子把自己就当作案例中的"我"，说说自己遇到这样的情况时应该怎样说或怎样做。在交流、碰撞中，引导孩子们说出如何与爸爸沟通的最朴实的好方法和好方式。

最后，在轻柔音乐营造温馨的气氛中，让孩子们打开爸爸写给自己的信，通过这样特殊的交流，让孩子们回忆起生活中的点点滴滴，感受到原来爸爸是这样的爱我们，是如此渴望与我们交流、沟通。

接下来，让孩子们以"老爸，我想对您说……"为题，给自己的爸爸回一封信，让孩子也能敞开自己的心扉，把平日里不敢说、没时间说的话都和爸爸坦诚交流，虽然孩子的文笔很稚嫩，有的语句都不够通顺，但是看得出来，孩子们都是用心用情在与自己的父亲交流。

二、活动反馈

这个活动完成后，班上很多爸爸也都和我反馈：看了孩子写给自己的信后，有感动、有思考、有反省，不读信不知道自己在孩子的心目中分量这么重；不读信不知道原来很多时候并没有站在孩子的角度真正地为他着想；不读信不知道有些事确实是自己冤枉了孩子……最重要的是，爸爸们从信中读出了平时没有感受到或忽略了的孩子对自己的爱与依赖。有些爸爸说要重新审视自己和孩子之间的关系，有的爸爸说以后哪怕工作再忙，也要尽量挤出更多的时间来陪伴孩子；还有的爸爸说，以后遇到事情，一定要先耐心地听孩子倾诉，然后和孩子一起找到解决问题的方法……爸爸们都感觉通过这个活动让自己更了解孩子，也让孩子和自己走得更近！

同时，我还对爸爸们提出如下要求：①父亲就算工作再忙，也要抽出时间来跟孩子相处，不然父子的关系一定会变得很生疏；②父亲要以朋友的身份跟孩子交流，不要总是一副命令的语气，这样孩子才会愿意和你分享；③父亲应该了解孩子的喜好孩子的脾气，同时，孩子也要学会去了解体谅父亲；④父亲不能随便地向孩子发脾气，尤其不能体罚孩子，否则会让孩子产生畏惧的心理，更不利于真心沟通；⑤父亲要用心去体会孩子的内心世界，不要仅仅看到孩子的表面外在。

三、活动效果与评价

"老爸，我想对您说……"这个活动是教会学生掌握如何与父亲长辈沟通的方法，它的教育作用较强，因为老师不可能永远跟着学生，也不可能帮助学生解决所有的问题，教育重要的是"助人自助"，也就是教会学生在遇到问题时自己知道应该如何分析、如何面对、如何解决。本次活动鼓励父子用书信的形式，建立对话的平台，能够让爸爸和孩子将平时难以开口的一些话有序、清楚地表达出来，解除了父子之间之前存在的一些误解，让孩子能够更好地与家长沟通。同时，让他们双方学会和对方沟通的技巧，以此来帮助家长和孩子共同创造家庭的和睦。

活动二：好爸爸陪我"闹"

一、活动过程

"好爸爸陪我闹"这个班级活动，旨在让父亲和孩子通过打闹、玩耍激活父子关系，让彼此在活动中更加亲密，关系更加和谐。活动过程中，教师指导父子按周次完成打卡，每次活动拍成视频或照片，在班级中展示，请学生和老师一起点赞。

一段时间后，父亲和孩子从一开始单纯的快乐玩闹，到后来一起玩益智游戏，一起进行各项室外运动，逐渐玩出更高的质量，玩出更深的感情，父子关系已经完全被激活，孩子也更加依赖和信任父亲，从中获得的快乐体验，也让孩子更活泼、勇敢、更有创新意识。

整个活动结束后，再让父子一起共同完成活动手册，将活动中的精彩瞬间、难忘时刻以及自己的感受、体会用绘画、写日记、贴照片等多种形式记录下来，再一次回味父子在一起的美好时光。

这个活动鼓励每个家庭里的爸爸都能放下手机、电脑，在自己的空闲时间能够更多地陪伴孩子，不论是掰手腕、顶牛，还是下棋、打牌……让父子在各种游戏中增进平日里疏离了的感情，加强沟通交流，使父子关系更加融洽。

二、活动反馈

"好爸爸陪我'闹'"这个活动完成后，感觉到学生和自己父亲的关系更加融洽，在学校课余时间孩子们和我的交流中，爸爸这个词出现的频率明显增加,他们很乐于和他人分享自己和爸爸玩游戏的过程,也很享受这份难得的亲子时光,相信这会成为他们童年记忆中难以忘怀的欢乐时光。

三、活动效果与评价

"好爸爸陪我'闹'"这个活动大大增加了父亲与孩子之间的互动,使父子之间更加亲密。很多男性家长后来碰到我都说,孩子现在变得和自己有很多话说,甚至包括自己的一些心事、小秘密,也愿意和爸爸交流,父子关系得到较大改善。

活动三:我和爸爸去郊游

一、活动过程

结合江岸区教育局"打卡红色地标 传承红色基因"活动,教师鼓励每个家庭的父亲在寒暑假、节假日,特别是清明节时,带着孩子走出家门,对本地的红色地标进行打卡。

首先,父子共同商议打卡地点,设计出最佳路线;然后,爸爸和孩子上网查找、阅读和这些红色地标相关的资料,对这些地方有一个初步的了解。在打卡过程中,爸爸给孩子讲解红色地标的故事并答疑解惑,让孩子对历史有更进一步的体会,帮助孩子感受红色文化、了解历史背景,孩子也能从爸爸的讲解中走近那一段不能忘却的历史。

二、活动反馈

"我和爸爸去郊游"这个活动鼓励每个家庭的爸爸,利用节假日,一方面带领孩子走进大自然的怀抱,让孩子们亲近自然,开阔眼界,发现自然界的美景,感受人与自然的和谐;另一方面,带领孩子学习更多书本上没有的知识,受到爱国主义教育。同时,活动还能在无形中增进父子之间的感情。

三、活动效果与评价

"我和爸爸去郊游"这个活动优化了亲子关系,挖掘了父与子之间的协作力与默契感,有利于创建和谐幸福的家庭,让孩子在活动中,培养感受力、勇于表达自己的想法;学会与男性长辈进行沟通与交往,从而让亲子联系更紧密;提升自立自主精神;培养活泼、开朗的性格。

活动四:爸爸教我做家务

一、活动过程

"爸爸教我做家务"这个活动简单易操作。首先,父子共同制定出孩子学习做家务的小目标,选择孩子感兴趣、平时没有敢于去尝试、没有掌握技巧的家务劳动,列出任务清单。在规定时间内,孩子跟着爸爸进行学习、操作,学成后,由爸爸对孩子的劳动成果进行评分,学会了的爸爸及时予以鼓励;还没学到位的,爸爸再次进行指导。只要爸爸在家,只要爸爸有空,就可以带着孩子做各项家务劳动,指导孩子掌握做好家务的技巧。这个活动可以培养孩子的家庭责任心和劳动能力,使得孩子在学习之余,能够不被数码产品干扰,在家里与父母分担自己力所能及的家务。

二、活动反馈

"爸爸教我做家务"这个活动可操作性较强,而且孩子们很感兴趣。教与学的过程,使父子之间的互动增加了,而且使爸爸逐渐变得更有耐心,摸索总结出和孩子平等、和谐相处之道,同时,培养了孩子的动手能力和家庭责任感。

三、活动效果与评价

"爸爸教我做家务"这个活动特别受班上妈妈们的欢迎,活动开展后,班上的妈妈们碰到张老师就说:"谢谢你呀,张老师,是你'解放'了我们,爸爸带娃的时候,我们终于有时间逛逛街,喝喝茶了!""为了教会我家孩子学做家务,孩子他爸自己先琢磨着学做了几道拿手菜,味道真不错!之前我还不知道,他爸在这方面有这么大的潜力!"……

活动五:我和爸爸共读书

一、活动过程

在开展"我和爸爸共读书"这个活动时,首先下发《亲子阅读活动告家长书》,引导家长正确认识到自己的示范作用在孩子的成长中的重要作用,认识到阅读在一个人成长中的重要作用,认识到亲子共读不仅可以帮助孩子培养读书的兴趣,形成好的阅读习惯,而且是家长与孩子进行情感交流的有效途径。

然后,老师推荐适于父子同读的书籍供父亲和孩子选择,同时要求父子一起约定共读的时间和时长,并信守承诺。在履行约定的过程中,无论是父亲,还是孩子都能够意识到要做好一件事,都要付出时间、付出精力,只有这样才能收获愉快、收获亲情,懂得承担责任。父亲还可以与孩子一起共同商议,制定图书管理规则,让孩子承担"图书管理员"工作,父亲当助手,图书管理员不仅要督促父亲一起读书,更是要做好归还书籍、有序摆放书籍、整理书架等工作。这样,在共读中,孩子起到主导作用,能培养孩子的责任感。

班主任定期了解每位学生家庭的亲子共读情况,及时给予帮助并搜集比较有价值的方法和经验。最后,到学期末组织家长和孩子进行读书交流。

(1)教师就本班和别班亲子共读中出现的一些共性问题和有效的方法进行归纳总结,并组织家长讨论和学习。

（2）在有条件的情况下，让有成功经验的学生和家长做讲座，现身说法给大家传经送宝。

（3）年级组进行"说故事比赛"。

（4）总结和延伸。

①评出班级书香家庭和阅读明星。

②孩子和父亲各上交1篇亲子阅读心得体会。

二、活动反馈

家庭是孩子栖息的港湾，父母又是孩子的第一任老师，家庭、学校是孩子一生受教育的两个重要阵地。家校携手，开展"亲子阅读"活动，能够激发孩子的读书兴趣，培养孩子读书习惯，更重要的是爸爸的参与能为孩子提供榜样，促进孩子全面健康地成长。亲子阅读是一项父母与孩子一起阅读的活动，这项活动不是单方面的，是父母和孩子共同参与的。亲子阅读是要"授之以渔"，而不是"授之以鱼"。活动有助于孩子养成阅读的兴趣和习惯，将阅读变成孩子生活中必不可少一部分，让阅读成为孩子的一种快乐、一种享受，以此来培养孩子爱阅读、会阅读、乐阅读的习惯。

三、活动效果与评价

活动前，教师听到许多家长说："我们没有时间和孩子一起读，也缺乏经验，不知该怎么读。"据此，教师在班级里提出了"每天共读半小时，书香拉近两代心"的读书倡议，并从以下几方面进行了具体的指导。

（一）每日共读

其实亲子共读并不需要太多时间，每天只要20—30分钟就可以，关键在于持之以恒。

（二）每读共思

在亲子共读中引导孩子边读、边思考，使阅读成为一种积极的活动，培养孩子观察、分析、初步推理等能力。爸爸要提出一些问题让孩子思考回答，加深对书中内容的理解，促使孩子主动阅读、主动思考、主动探索。

（三）读后共联

阅读不是读完即了的事情，成功的共读活动可以唤起阅读者丰富的联想和广泛的兴趣，如画画、表演，进行观察、实验，都是非常积极的反应。家长要抓住孩子的兴趣，进一步延伸阅读，以起到将事半功倍的效果。通过活动使家长感到，阅读不仅是孩子有效的学习渠道，也是拉近亲子距离，促进两代人心灵交流的有效方法之一。

系列二 爸爸陪我一起长大

武汉市育才实验小学 李丹

每天放学，我都会发现在放学点接孩子的妈妈身影永远比爸爸的多，仅有的那么一两个爸爸，还会远远地站在路旁的那棵树下，静静地等待孩子，孩子出现，招手就走。家庭作业本上的签字反馈，妈妈们娟秀的字迹出现的频率也远高于爸爸们的。好像在爸爸们的心中，管作业、和老师沟通这类琐事，妈妈一定会干的比他好。

看着那些既要管好孩子们生活和学习，又要管好孩子们周末的娱乐和身心健康，忙碌不停的妈妈们，我不由得从心底里佩服——她们真实是太辛苦了！可是爸爸们在孩子的校园成长过程中，到底出现在哪里呢？

经过一个学期的小课题研究探讨，我针对父亲参与成长设计了一系列活动，通过挖掘学生与父亲相处的细节，与学生真心交流，尝试激活亲子关系，力求在体验、感悟上下功夫。让学生从中体会到父爱的艰辛和伟大，尝试让爱的教育从身边做起，从学会感恩父母做起！

"爸爸教我……"系列活动是每周四无作业日的定向实践活动，通过爸爸教我叠衣服、爸爸教我做运动、爸爸教我扔沙包、我陪爸爸去上班这4个活动激活父子关系。爸爸们在家陪伴孩子的时间有限，每周四定期布置这样的增进亲子关系的实践活动，既给爸爸们提供一段亲子欢乐时光，又能激活亲子关系，一举两得。

活动一：爸爸教我叠衣服

孩子们在学校里，常常会根据温度的变化穿脱自己的外套，特别是上完体育课后，班上的抽屉里、椅子背上，随处可见孩子们搭在那里的衣服，一不小心，衣服掉到地上还会被踩一脚。孩子们的收纳整理习惯，成为我们在德育课堂中需要关注和培养的重点。

针对这种情况，我给孩子们布置了"爸爸教我叠衣服"的实践活动，请孩子们回家向自己的爸爸请教叠衣服的技巧，并且跟爸爸一起学会叠衣服。那天晚上，我们班的QQ群里非常热闹，第一次有这么多爸爸的身影出现在了班级群，有的爸爸和孩子一起动手操作，有的虽然害羞地躲在一旁教孩子，没露脸，但是看着孩子熟练地叠衣服照片，我能感受到其中浓浓的父爱。

第二天的夕会课上，我请孩子们推荐收纳小能手，向全班同学分享自己昨天的收获。从大家的分享中，我能够感受到孩子们的劳动能力在成长，且父子关系得到了促进，分享叠衣技巧和活动感受的时候，孩子们都觉得自己的爸爸特别棒！

活动二：爸爸教我做运动

从一年级开始，学生健康体质监测就成了和学习一样重要的硬指标。一年级孩子，对于跳绳的掌握能力参差不齐，为了能够让孩子们能学会跳绳，坚持有效锻炼，运动细胞更为优秀的爸爸们，成为他们最好的陪伴伙伴。

这项实践活动分了几周去完成。第一周，请爸爸们教跳绳技巧。一对一的专职教练，给了孩子们更好的助力。孩子们从一开始的一个都不会跳，渐渐地能连续跳好几个了，更有运动能力强的孩子，一分钟能跳一百多个了。有了爸爸们的陪伴，孩子们学得更快，玩得更好了。第二周，当他们觉得跳绳是一项很有意思的体育锻炼以后，爸爸们便从私人教练，转变为宣传达人，每天根据孩子一分钟跳绳的数量，打卡朋友圈。连续几天下来，看着孩子一点一滴进步，感受陪伴的乐趣。第三周，孩子们基本都学会了跳绳。体育老师组织在学校体育课上开展一分钟竞技，通过一分钟的跳绳比拼，让孩子们铆足劲，使劲儿跳，感受自己的成功。

活动三：爸爸教我扔沙包

一年级孩子课间游戏的活动场地受限，扔沙包成为一种非常有意思，又易于合作完成的怀旧游戏。爸爸们不扔沙包已经很多年，小时候的记忆立刻被活动唤醒。这次实践活动让爸爸们享受美好亲子时光的同时，也让孩子们乐在其中。爸爸们仿佛回到了自己的童年，孩子们也学到了许多扔沙包的新玩法。

在本次活动中，孩子们头天晚上跟自己的爸爸学习技巧；第二天的夕会课上，进行游戏分享，你一言，我一语。我们在班级内解锁了好多沙包的不同玩法。可以一个人玩，在沙包冲向空中的时候，赶紧抓起桌面上的小橡皮块；也可以两个人玩，边抛沙包边拍手，既惊险又刺激；三个人玩也挺有意思，一个人在另外两人轮换掷沙包的时候躲沙包，空中翻飞的沙包，伴随着孩子们的笑声到处乱飞；一群人也可以玩，利用沙包抓小鱼，看看谁是"漏网之鱼"……

其实还有很多宝藏游戏，爸爸都可以教给自己的孩子，自己的孩子又可以分享给同学们。这项活动，让大家重拾传统课间游戏的乐趣。

活动四："我陪爸爸去上班"活动

在传统的中国家庭里，一般都是父母、长辈对孩子的关注度更高，孩子们似乎都缺乏对亲人的关心，所以在亲子关系激活的活动设计中，我从孩子的角度设计了"我陪爸爸去上班"系列活动。孩子可以通过陪爸爸走上班的路、陪爸爸上次班两个活动，了解爸爸的工作内容、理解爸爸的辛苦，进而学会体谅、关心爸爸，激活父子间的亲子关系。

陪爸爸走上班的路：爸爸每天都要上班，他在什么公司上班？怎么去上班？用什么交通工具？途经哪些主干道？每天几点钟下班……随便找一个一年级的孩子问问，可能一个都答不出来。所以，我想通过陪伴走上班的路的形式，让学生感受到爸爸工作的艰辛，让学生学会感恩，激活父子间的情感。

请孩子回家后问问爸爸，可以在爸爸的帮助下，尝试用百度地图，搜一搜爸爸上班的地点和家的位置；算一算运用不同的交通工具，爸爸上班需要多久的时间；问一问爸爸的感受，面对很远的上班距离，自己又是怎么想的呢；周末的时候，陪爸爸走上班的路。

陪爸爸上次班：在家选择一个自己最喜欢的小玩偶，代替自己陪爸爸去上一天班。并且在当天回家后，进入角色扮演，把自己当作小玩偶，可以提出最想知道的3个问题。孩子们通过问题，可以了解父亲工作环境、工作中的细节、工作中的问题……从而更加了解爸爸的不容易。

我们对孩子说无数遍爸爸工作很辛苦、爸爸挣钱不容易，都不如让孩子根据自己想了解的问题进行提问，走进爸爸的工作内容。有了工作的亲身体验，孩子也许就会明白，家里的收入不是凭空而来的，是辛辛苦苦挣来的，自然就会理解爸爸的辛苦，进而学会体谅、关心爸爸。

所有的爱都不是单向的，只有双向奔赴，才是最容易达成关系的。本活动通过鼓励孩子通过关心爸爸的活动，激活亲子关系。

总之，这一个学期，我从激活父子关系的视角，设计了一系列适合父亲参与、促进父子关系改善的班级活动。爸爸们从中收获很多。

小管同学的爸爸，在这个寒假的"云端唱红歌"比赛中贡献很大。不仅前期细心地策划录制红歌视频方案，后期还花费了好几个晚上的时间给孩子们剪辑视频，最终展现了一支属于我们班级的红歌MV，取得了全校第二名的好成绩，给班上所有孩子们的童年留下了一份珍贵的回忆。

小肖同学的爸爸，在上学期伊始的"慧爸慧妈进课堂"活动中踊跃报名。他是一名中学的物理老师，准备在家长课堂中给孩子们讲讲生活中的物理现象，从而开启孩子们的科学之旅。他的积极参与，让我深深地感受到，为了孩子，他愿意什么都试一试的那一份决心。

小汪同学的爸爸，在生鲜市场摆摊，工作时间长、陪孩子时间少。虽然工作很忙很辛苦，可是他却能够一直做到坚持每天来学校接孩子。小汪同学每次放学，一看到爸爸，就会背着小书包飞奔过去，他们父子间的关系十分亲密融洽。这样有坚持力的爸爸，真是我们班放学点的一道不一样的风景线。

不同爸爸们的身影，就在我的脑海里不断闪过：坚持天天在作业本上签字留言写反馈的小柴同学爸爸；为孩子送落在家里的学习用品来学校的小殷同学爸爸；还有每周一在校门口护卫队执勤的好几位爸爸……他们都很棒！让我印象最深的，是我们班一位小叶同学的爸爸。

小叶同学在开学后不久，就表达了不想上学，只想回家看电视的想法。面对孩子有了不一样的需求，当时我和她的妈妈总是关心她、常常电话联系如何配合着开导她。可是由于妈妈的工作很忙，常常出差，于是前段时间，我和小叶同学的爸爸有了一段接触。

在帮助小叶同学的过程中，本来工作很忙爸爸为了她时常请假，带她去书店、公园散散心来开导她；还来学校，和年级分管领导一起谈论家里的情况，思考后期如何家校配合；在妈妈出差的时候，一直和我保持QQ联系，希望帮助孩子早日回归正常。最终，在爸爸妈妈的共同努力下，小叶同学又变成那个活泼可爱的孩子。这件事情过后，我知道小叶同学的爸爸也是一个有责任和有担当的爸爸。

也许，各个家庭里，爸爸和妈妈只是在管孩子这方面的分工有不同；也许，爸爸更相信妈妈有时间也有能力能够管好孩子；也许，他们只是缺少一个大显身手的机会。爸爸们其实都很棒，他们能够在工作岗位上做好自己的事情，就能在家庭岗位中履行好自己的职责。希望这种爸爸参与的活动，能够给学生家庭带来不一样的体会。

活动还在继续，希望这一系列活动能帮助提高学生父亲的责任与担当、激活亲子关系，使孩子愿意与父亲进行沟通，促进亲子之间的感情，最终让父亲通过身上独有的特性，培养孩子坚强、独立、勇于承担责任的性格特点。

系列三　父亲参与让教育更有温度
武汉市育才实验小学　饶慧

现实生活中，大部分家庭养育孩子的主要的责任都是由母亲和老人承担的，父亲能主动参与其中的不多见。而现在，因为在孩子的家庭教育中父亲参与教养的缺失，越来越多的孩子失去了向父亲学习勇敢、独立等良好品格的机会，甚至很多男生从行事风格到语言表达，表现出软弱、怯懦等特点。

翻看教育书籍，一个家庭是个体存在最基本的社会单元，家庭关系所构成的亲本责任（父母与子女彼此间的责任）是责任的最初组成部分，对儿童责任感影响力最大的是父母因素。父亲作为家庭中的"重要他人"，对子女的影响和作用是非常重要的。我们认为父子关系是家庭关系中的重要环节，激活父子关系，使父亲积极参与到孩子的学校教育中，和其一起开展班级活动，对孩子成长有很大的帮助。

我从父亲参与班级活动的真实现状出发，从依恋理论的关系激活视角，结合六年级学生的特点，设计合适的活动，希望提高班级活动中的父亲参与程度和参与水平，充分发挥父亲的优势作用，培养学生的人际交往能力、学习动力、自控能力等，促进学生健康成长，以此来鼓励更多的父亲参与到孩子的教养中，保障更多孩子的健康发展、更多家庭的和谐运转。

"父亲参与"主题活动菜单：

（1）"父子通信 心灵沟通"。
（2）"父子共读 温暖心田"。
（3）"父子运动 激情四射"。
（4）"父子郊游 亲近自然"。
（5）"传承技艺 传承文化"。
（6）"毕业礼物 深情寄语"。

活动一：父子通信　心灵沟通

一、调查问卷

上课之前，我在我班调查学生与自己父亲的关系，学生在调查时不需要写明自己的名字，共有3个答案可供选择。

A.亲密　　　　　　　B.比较紧张　　　　　　　C.疏远和一般

据统计：选A的学生有（10）名，选B的有（10）名，选C的有（25）名。

二、煽情导入

集体朗诵诗歌：

《父亲》

父亲，是一座高山，用他那坚实伟岸的身躯将我擎起。

父亲，是一架登天的长梯，用他的高度帮我攀登梦想之巅。

父亲，是一条淙淙流淌的河流，用他毕生的血液灌注我茁壮成长。

父亲，是一棵青翠的白杨，用他的绿荫为我遮挡生命中的风雨。

殷：《父亲》一诗把我们带到父亲身边，带到父亲暖暖的情谊中。爸爸，多么亲切的字眼；爸爸，多么诚挚的称呼！

姚：人生在世，谁无父亲，谁没有沐浴过父亲的养育之恩。从呱呱坠地，学会走路，学会说话，到长大成人，谁也不能离开父亲的呵护、教诲、影响和扶持。

殷：心理学家研究表明，融洽的亲子关系能更好地培养青少年的家庭角色和社会责任感。处在近青春期的学生，生理、心理都在发生着明显的变化，自我意识不断增强，在这一时期，与父亲的良好关系，直接影响着父亲对其教育的效果，有着极为重大的意义：有利于孩子智力和人格的健全发展，有助于孩子个性的和谐发展，有益于促进孩子的生理和心理健康。

姚：然而，最近在班上完成的一项调查显示，同学们与自己的父亲越来越疏远，甚至从不与父亲交谈。调查数据显示，约69%的学生感到无法与父亲交流和沟通；对于成长过程中遇到的困惑、烦恼和问题，42%的学生认为难以与父亲交流；27%的学生表示从不与父亲交流。

殷：越是亲近的人，就越不愿表达，或是不善于表达。我们很想说："爸爸，我爱你！"但是，更多的时候，我们把它埋在了心底，这有时候就阻碍了我们与父亲之间的沟通。今天，就让我们以写信的方式，和父亲做一次心灵的沟通吧！把平时不好意思或不便于用语言表达的感情和想法用文字表达出来。

三、给父亲的信（见图3-1）

图3-1　给父亲的信

姚：我发现有一部分同学在信中大力夸赞自己的父亲，感谢父亲的教育。我们一起来听听他们的心声吧！

学生1：亲爱的老爸，在我心里有一句话已经埋藏很久了，在今天我想对您说出来，老爸您辛苦了。在别人眼里，可能这句话没什么了不起的，可是在我心里，这句话像刻上去的……您天天早起送我上学，晚上接我放学，如此不断地循环往复真的很累。有时看着老爸开车时还打哈欠，这就说明您为了我早早去上学，觉都睡得很少。

学生2：当我很抗拒数学时，您总是鼓励着我，陪伴着我，一遍遍地教我做题目。看着您认真思考着题目，然后指导我，没过一会儿一道题的答案就出来了，我真是从心底里佩服您。

学生3：我对您的感情不是一句"我爱您！"就能表达清楚的。记得那天您问我，"女儿，等我老了以后，你会对我好吗？"我想告诉您，"无论什么时候，我都会对您好，就像您对我一样！"

殷：我也发现有部分父亲对孩子的教养参与较少，孩子非常渴望父亲的参与和陪伴，甚至有些怨言。

学生4：老爸，我希望您可以多陪陪妈妈和我，因为每次我和妈妈一起出去，总会看到别的小朋友和他的父亲在玩耍，我多么希望您可以带我们出去玩啊！

学生5：每次放学都是妈妈来接我，我多么希望来接我的是您啊！

学生6：希望在以后的生活中，我们能够更加自然、舒适、融洽地相处，共同分享快乐，也希望您能改掉坏脾气，一起进步！

四、父亲的回信（见图3-2）

图3-2　父亲的回信

姚：我们的信只言片语，换来的却是父亲们的千言万语。面对我们的信，父亲们用自己的心给我们写下了回信。父亲的回信中也表示出愧疚，并表示以后会多多参与孩子的教养。

父亲1：我的乖女儿，读了你的信，我发现我的小宝贝已经变成一个懂事的大孩子了……爸爸感谢你。正是你，给我带来了多少快乐，你是上帝馈赠给我的最美好的礼物。孩子，谢谢你给了我生活的激情和勇气，谢谢你带给我的喜悦和快乐。

父亲2：儿子，你好！看了你的信，让我深感欣慰、幸福。说句实话，父亲是一个很难做的角色。特别是对于男孩子来讲，严厉过头就意味着暴力，过于温和又仿佛失去了威严，尺度很难拿捏……我不希望今天成为我们的沟通日，而是希望今天是我们沟通的开始。

父亲3：我从来没想到你能够理解我为你做的事。自己从来没想到，平时开车时打哈欠的小动作，都会被你注意。这让我觉得自己的爱有了肯定和回报。工作忙、沟通少，加上平时的"严父"作风，爸爸在你心里总是"有点儿远"，但爸爸希望能和你做朋友！

父亲4：我发现我们两个的关系越来越疏远了，这让我很失落，我想这可能是你进入了青春期造成的，也是因为最近我没有好好地照顾你、陪伴你造成的，你信中给我指出的问题，我会认真地反思和改正，希望我们能回到以前那样温暖、融洽的状态。

五、拓展延伸

姚：父亲是春雨绵绵，无声陪伴我成长；父亲是夏日树荫，在我快放弃时给予我慰藉；父亲是秋风习习，是那些严肃认真的话语；父亲是冬阳暖暖，给予我无微不至的关怀。

殷：也许你曾经和父亲发生过误会，也许你曾经和父亲发生过争吵，不必烦恼，不必担忧，因为爱与理解会融化这一切。关爱是一盏灯，体谅是一团火，沟通是一座桥，它能让我们与父亲的心贴得更近，能让我们与父亲之间的爱更稳固！

姚：除了这种写信的方式之外，我们还可以多找一些和父亲沟通的途径，多和父亲聊天，增进彼此的了解，拉近彼此的距离，让我们的父子关系更融洽。

活动反馈：

和孩子写信是一种很好的沟通方式，这让亲子间平时不好意思或不便于用语言表达的感情和想法，有了一个宣泄的渠道。而且通过这样的方式，父子可以把不好意思用口头表达的话，用文字表达出来。父亲和孩子可以多用这样的方式来交流。此次活动之后，不少孩子告诉我，现在他们经常用这种方式和爸爸沟通，有的是因为爸爸工作忙，晚上回家晚但早上出门早，有的是不好意思和爸爸面对面说……还有的孩子告诉我，爸爸也用写信的方式和自己沟通当面说自己无法虚心接受的问题。其实，父亲还可以多找一些和孩子沟通的途径，多和孩子聊天，让他们放松地和父亲交流。

活动二：父子共读　温暖心田

这次沟通后，很多父亲意识到自己参与孩子的教养不够，孩子需要他，对参与孩子的教养引起了重视，有了愿意多参与孩子教养的想法。于是我努力给父亲创造参与孩子教养的机会，在寒假期间开展了"父子共度读书之夜"活动，让他们预热一下（见图3-3）。

图3-3　父子共读活动

活动中，我们推荐了书单供父亲和孩子选择，包含《你很快就会长高》《从窗外送来的礼物》《猜猜我有多爱你》等十本书，建议父亲和孩子约定共读的时间和时长，共同挑选共读的一本书。以下是孩子们和父亲们的亲子共读感受。

学生1：我喜欢看书，更喜欢让爸爸陪着一起阅读的感觉。我觉得和爸爸一起读书更有意思。

学生2：现在，我和爸爸常常共同阅读一本好书或是文章。在读过之后，我们总是会谈谈各自的想法和感受。通过不同的思考点来评析书籍能让我和爸爸更深入地了解彼此。我在理解他的同时，他也能知道我的所感所想。

学生3：通过亲子阅读，我深刻地认识到，父子之间真正需要的是互动，是了解。这种互动的方式是多样的，共读一本好书就是一种好的方法。它就像一座桥梁，能将两代人的心紧紧连在一起；它就像一座山，将误会隔绝；它就像一盏明灯，指引我们上前去……

父亲1：与儿子一起参加读书会，一直以来都是我想做的事情，只是碍于工作繁忙，实在抽不出太多时间来陪儿子一起读书。假期来了，让我能有充分的时间陪伴孩子读书，感觉非常好！

父亲2：每次等看完一本后，我们会在一起讨论和回味书中的故事情节。孩子会告诉我在书中他认为感兴趣的故事，而我则帮他分析为什么会发生这样的事。同时我还启发孩子对书中的人物进行比较，寻找书中每个人物身上优秀及具有"闪光点"的地方。

父亲3：我从假期和孩子一起读书的时光中体会到了幸福和满足。希望我以后每天都能抽出一点时间和孩子一起读书，更好地引导他探索知识世界的奥妙！

父亲4：陪孩子一起读书，意味着你可以走近孩子的心灵，再也没有比这样的模式更加有效的了。我们经常会发现，什么时候与孩子的关系好，什么时候的教育就容易成功；什么时候与孩子的关系糟，什么时候的教育就容易失败。明智的家长总是能勇敢地选择"与孩子一起读书""向孩子学习，与孩子共同成长"，这恰恰是化"代沟"为"代桥"的有效手段。

活动反馈：

父子共读活动增加了父子间的互动，拉近了父子间的距离，我们将在这学期继续开展"共度读书之夜"活动，希望以此活动改善当前的亲子关系，使孩子愿意与父亲进行沟通、促进亲子之间的感情，提高父亲的责任与担当，帮助父亲培养孩子坚强、独立、勇于承担责任的性格特点。

活动三：父子运动　激情四射

开学后，我又组织开展了第三个活动——父亲参与亲子运动。要求父亲每周保证至少一次参与亲子运动，让孩子亲近父亲，让父亲了解孩子；让父亲在繁忙的工作之余留点时间陪伴孩子，让孩子成长过程中留下更多关于父亲的美好回忆。

一、父子共同锻炼，增进父子感情（见图3-4）

图3-4　父亲参与亲子运动（一）

学生1：和爸爸一起锻炼身体，不仅增强了体质，还让我增加了一项新技能，也丰富了人生的阅历。我从打羽毛球中汲取的人生道理，是只有自己亲身经历才能感受到的。打羽毛球也拉近了我和爸爸的关系，所谓"近水知鱼性，近山识鸟音"，只有和爸爸互相交流才会更加了解彼此啊！

学生2：尽管这次父亲是为了完成作业才愿意陪我打球，但这短短一小时的相处让我深切感受了父亲的温暖。若多开展此类活动，日积月累下来，我与父亲的距离也会再拉近些吧！相处时间这般珍贵，那定要不负于此。

在一起运动锻炼时，爸爸和孩子都处于非常放松和舒适的状态，这为爸爸和孩子敞开心扉、进行有意义的交谈与对话创造了绝好的机会。而爸爸和孩子在运动锻炼时关于个人信仰、梦想和成功的讨论，也会引导孩子树立正确的三观、远大的理想与抱负。爸爸们对于孩子的爱很少"说出口"，因此，这样的亲子运动形式是促使双方自然、舒服地沟通交流的良好途径。因此，爸爸和孩子一起进行运动锻炼能够加强二者之间的情感沟通与联系，使彼此真正做到相互了解。

二、创造良性竞争，保护孩子的成就感（见图3-5）

图3-5 父亲参与亲子运动（二）

学生3：我不后悔，反而很开心，开心我有一个羽毛球打得这么好的爸爸。在往后的生活中，爸爸的陪伴是不可缺少的，也希望爸爸多多参与我的生活。

学生4：虽然和爸爸打篮球输得很惨，被盖了七八次帽，但我还是非常开心。我没想到老爸的篮球竟然厉害到这种程度，看来以后得多讨教了，这真是不小的收获啊！

学生5：爸爸气喘吁吁地躺在椅子上对我说："现在你可以小瞧我了。"我和妈妈都笑了。这次爸爸可以说是完败，但这可一点都不影响我们的兴致，我们约好下次还一块儿打！

在运动过程中，父亲不仅能让孩子得到成功的成就感，也能让孩子体会到失败，从而有机会鼓励孩子在失败中重新站起来，从中学习坚韧。有失败有成功，父亲就能不断地在过程当中引导孩子面对事情有更积极的心态以及保有进取心。

三、心怀感恩，孝敬父母

学生6：骑在回去的路上，我看着爸爸的背影，忽然觉得爸爸老了。爸爸的背挺得没那么直了，说话也不再中气十足了，力气也似乎变小了。听到最多的，是他的叹息声："我老啰！"一想到自己再长大一些就将没有时间闲下来让爸爸陪我，我心中就有些难过。我想着，不自觉地骑慢了些，"爸，骑慢点吧！"我对爸爸说。坐在餐馆里，我并没有专心致志吃饭。以后，一定要留出点时间让爸爸陪陪我，参与一下我的生活。我想着，对爸爸说："爸，以后工作之余抽点空，多陪陪我吧！"爸爸笑了："行啊，只要你有空。"我也笑了。

学生7：我想，我们应该有父亲的"存在空间"，我们应该多去陪陪自己的父母，不然，我们还有多久呢？这不仅是一种亲子运动，也更是一种快乐和陪伴，我们应该多去和父母交流，让他们不再被忽视。

在运动的过程中，孩子们感受到父爱的同时，也感受到父亲的渐渐衰老，意识到自己要多陪陪父亲，感谢父亲的恩情。

活动反馈：

此次活动，让孩子们感受到：有个地方，是他们永远可以安然甜睡的港湾，那就是一父母的怀抱。父母渐渐苍老的容颜，记载着孩子们走过的漫长而艰辛的岁月，也许孩子们未来的路还很长，也许它充满了曲折和荆棘，不过总会有个人给他们引路，与他们相扶，那就是爸爸妈妈。父母的爱是世间最伟大、最无私的爱，也是情愿用生命呵护的爱。他们感受到父亲的付出，学会了感恩、孝敬父母。这样的亲子运动一定要坚持开展，其意义重大。

活动四：父子郊游　亲近自然

我还结合学校的清明节活动，利用清明节假期，让父亲带着孩子，打卡武汉红色革命地标，重温党的历史，感受革命先烈的光荣事迹。同时，我响应教育局号召，动员学生参加"拥抱绿水青山 亲近大美春天"社会实践活动，让父亲带着孩子，来一场说走就走的假期亲子郊游（见图3-6、图3-7）。

图3-6 红色地标打卡

图3-7 父子郊游活动

学生1：在夕阳下，你会看到一个老顽童带着一个小顽童在田野里奔跑，在平时我们父女俩都没有玩得这么开心过。这次亲子郊游拉近了我和爸爸之间的距离，化被动为主动，增进了父女俩之间的情感，让父亲不仅是我的爸爸，更是我无话不谈的知心朋友！我以后要尽量多抽时间陪陪爸爸，不要等爸爸老了再去后悔。

学生2：这次父子郊游真棒，让我充分感受到和家人在一起的幸福感！

学生3：爸爸一直以饱满的精神鼓励着我，我突然觉得爸爸很伟大，他那么胖，为什么可以爬得比我还快？这次亲子郊游，我非常开心，最让我开心的是我看到了爸爸的坚强。

学生4：爸爸告诉我，唐僧师徒取经道路之难，整整九九八十一难，但他们最后取得了真经，这就是"吃得苦中苦，方为人上人"。学习也是如此，应该不怕吃苦，才能有所成就。

学生5：爸爸非常开心道："没想到你能克服困难，挺厉害呀！"听着爸爸的表扬，看着眼前的美景，我心里别提多开心了！然后我们匆忙不舍地离开了景区，这里总是令人流连忘返，不知何时还能同爸爸一同游玩！

学生6：这次旅游，受益颇多，希望以后还有更多的机会能够亲近大自然，和爸爸妈妈一起旅游！

学生7：绳索、攀岩、铁索桥等项目，我全都和爸爸玩了一遍，真是太刺激了！不过，感觉爸爸都快被吓傻了。爸爸这简直就是舍命陪君子啊！心中有股无名的感动！谢谢您，爸爸！

学生8：今天玩得十分高兴，我今天也变得更加勇敢，不会有一点困难就害怕，如果爸爸天天这样陪我，那该有多好啊！

活动反馈：

看孩子们拍的郊游照片，看到家长跟孩子在一起游玩脸上露出的笑容，我仿佛可以听到家长与孩子们的欢笑声，这一切都非常的珍贵。孩子的童年是有限的，以后我还会利用节假日组织这样的亲子郊游活动，希望平时整日都在忙碌着自己的事情的爸爸们，能抽出点时间来和孩子快快乐乐地游玩，真心地和孩子交流，认真地倾听孩子的想法。在这样的亲子郊游活动中，爸爸们能有更多的机会与孩子相处，拉近自己与孩子的距离，促进孩子的身心健康发展。可以说，亲子郊游活动增进了家长与孩子彼此间的感情。

活动五：传承技艺　传承文化

"传承技艺 传承文化"活动鼓励爸爸将自己拿手的、孩子不会的技能教给孩子。孩子们确定内容后就可以开始学习了，还可以用文字、照片、视频的形式记录下学习的过程，在班级展示自己的学习成果，分享自己的学习体会（见图3-8）。

学生1：点钞是20世纪银行的一大特色，我是一名双银子女，昨天爸爸决定教一教我如何点钞。这项技能很独特，是爸爸的拿手好戏，我一定要多加练习！

学生2：爸爸说："涵涵，你是女孩子，必须学一些防坏人的招数呀！爸爸教你防身术好吗？"愿我和爸爸能共同拥有更多美好的时光，愿我们父女的感情越来越好！

学生3：今天我迎来一节特别的摄影课，父亲手把手地教我对焦、调整参数、拍照……这就是我的父亲，一位优秀的父亲！

图3-8　父亲教我拿手戏

学生4：爸爸常年不在家，他能教我什么？有了，他会造桥啊！于是我就打电话给他，让他给我讲讲关于如何造桥的知识。这次活动让父亲与我说了很多话，让我对造桥有了一个十分清晰的认识，也让我感觉到父亲是一个很有趣的人，让我学到很多。

学生5：通过爸爸悉心的教导和我的努力，我钓到了许多条鱼。同时我还懂得了"做事要有耐心，不能半途而废与骄傲自大"！

学生6：爸爸一步一步地教我如何"自律"，我相信，如果爸爸一直陪伴我、帮助我，我的学习一定会越来越好。

学生7：爸爸教我吹口琴，虽然我还不在拍子上，还时常跑调，但也算学会了。有时候，我觉得爸爸还真是挺厉害的，他可以将一个技能自学会，我也要多向他学习。

学生8：爸爸教育我："干什么都不能心急，我开始学也是这样，只要你勤奋、努力一些，慢慢你会比我打得还好。"我明白了："世上无难事，只怕有心人。"

学生9：今天，爸爸又教会了我一项滑雪的技能，还有学会爬起的精神。父亲不仅教会了我技能，还促进了我们的父子关系。

学生10：从下棋中，我感受到爸爸很懂策略，也十分聪明，以后要多向爸爸学习，一来可以使我变得聪慧，二来可以增进我与爸爸的感情。

学生11：今天我向父亲学习烹饪，并且想用亲自烹饪的菜品回馈父亲。当我轻拍父亲肩膀，告诉父亲上餐桌共进晚餐时，心中油然而生一种自豪，父亲满足地笑了。父亲陪伴我成长时，我也在真切感受父亲的爱。

活动反馈：

突然发现本班的父亲们真是多才多艺啊！防身术、点钞、摄影、滑雪……向爸爸学习爸爸的拿手戏，能让孩子们对爸爸更加崇拜，为自己有一位优秀的父亲而感到自豪！这个活动，不仅让孩子们学到了技艺，懂得了许多的道理，也让父子关系更加亲密。孩子们都希望能与爸爸共同拥有更多美好的时光，愿父子、父女的感情越来越好！相信父亲的拿手戏绝不止一项，鼓励孩子们把爸爸的绝活全部学过来。

活动六：毕业礼物　深情寄语

12年前，在爸爸妈妈殷切的期待中，同学们幸运地来到这个世界。在他们的关爱和呵护下，同学们幸福成长。12年后，是一个崭新的起点。在新的旅程开始的时候，爸爸妈妈感慨万千，有好多好多话要对同学们说，也有一份特殊的毕业礼物想送给同学们，让我们一起来聆听爸爸的视频寄语吧！这是来自家长的惊喜（家长提前录制好的视频，用班级的多媒体播放）（见图3-9）。

图3-9　父亲送我毕业礼

父亲1：爸爸送给你一块手表，希望你合理规划学习时间，做个守时、惜时的好孩子。在时间的长河里永远做自己的主宰。把时间用在有意义的事情上面。

父亲2：这是爸爸送给你的一部相机，望你有一双善于发现的眼睛，用相机拍下你生活中的美景趣事，你会发现生活是如此的美好。

父亲3：爸爸送给你一本集邮册，它集齐了中国17所知名高校百年校庆的纪念邮票，望能激励你对知名学府的追求和向往，也是爸爸对你金榜题名的美好祝愿！

父亲4：这个算盘是爸爸刚上班时爷爷送给我的，一直到现在都珍藏着，现在爸爸送给你，它的寓意深刻，望你学习多点认真，少点马虎，做人宽容谦虚少计较。

父亲5：爸爸送你一本笔记本，你可以用它记录你生活中高兴、忧伤的事情，以后再看时一定会有所收获。

父亲6：你一直都很喜欢画画，爸爸送你一盒纪念版的画笔和颜料，望你用它绘画属于自己的篇章，书写属于自己的辉煌。

父亲7：爸爸送你一架望远镜，望你拥有一颗求索、好奇的心，目光远大、前程似锦、志存高远。

父亲8：你从小就特别钟爱中华的传统文化，在你小学毕业之际，爸爸送你一幅中华刺绣，望你在完成初中繁重的学习任务的同时，能保持对中华文化的热爱。

父亲9：爸爸送你这本书你向往了许久的书，望你坚定目标，在知识的海洋里探索。

父亲10：爸爸送你一本成长纪念相册，它记录了我们陪伴你长大的过程，让我们回忆相处的美好。

父亲11：爸爸送你一支笔，望你用它谱写你新一阶段的精彩。

父亲12：要上初中了，爸爸送你一部手机，望你合理使用它，用它记录美好的生活。

父亲13：你平时电子产品用得多，当然许多时候都是为了学习，爸爸送你一副蓝光眼镜，希望今后的学习生活中，你能保护好自己的眼睛。

活动反馈：

每位父亲都可谓是用心良苦，挖空心思选择最有意义、最适合自己孩子的毕业礼物，毕业祝福更是意味深长，饱含了对孩子的无限期望。孩子们收到来自父亲的毕业礼物，听到他们对自己的祝福与寄语，激动不已，并有所思考。这么有仪式感的活动，不仅让孩子们感受到爸爸的爱，拉近了父子之间的距离，更是给孩子们的初中蓄满了力量，让他们能全力扬帆远航……这都是孩子们终生难忘的。

（二）父子关系与责任感团队的活动纪实

陈玲老师的班级活动精彩纷呈，而且整个活动有连续性，更直观地向我们展示了班级活动之后，父亲们可喜的变化。

系列一　父亲参与与小学生责任感培养行动研究

江岸区汉铁小学　陈玲

活动一：光盘行动 筷乐就餐

我从开学初，就在班级里开展光盘行动，让每个孩子以"光盘"为荣，"剩宴"为耻。老师会给学生树立一个好榜样，吃多少盛多少，树立节约光荣、浪费可耻的思想观念，如此一来，孩子也会受影响，成为"光盘行动"的践行者。每天中午吃饭时，个个吃光碗里的最后一粒米、盘中的最后一棵菜，个个光盘。

在前期调查中，我了解到，家庭中承担一日三餐制作的基本上都是妈妈，陪孩子一起进餐的也是妈妈，爸爸参与度较低，家庭就餐中浪费现象较严重。针对出现的问题，我将班级的光盘行动推广到每个家庭，开展了家庭中父子共同践行"光盘行动"的活动，希望父亲参与此活动能提高父亲参与孩子就餐习惯的培养，以及培养孩子在光盘行动中的责任感。活动得到了父亲们的全力支持。

活动中，每个家庭中的父亲与孩子一起约定每周共同进餐的时间，制定营养搭配合适的菜谱，在约定的日子里父亲承担家庭餐制作的责任，孩子从旁协助，用父亲身上的责任感来影响孩子在家庭光盘行动中责任感的培养，每个孩子和父亲一起签订"光盘行动"承诺书。

孩子们还主动承担家庭分餐的重任，担当光盘监督员，制定监督员职责，父子共同制定详细的家庭光盘完成打卡表（见图3-10）。

图3-10　父子共同践行"光盘行动"的活动

活动二：父子共度读书之夜

我在班级中开展了"父子共度读书之夜"活动。活动中，我推荐了供父亲和孩子选择的书籍，要求父子要信守承诺，一起约定共读的时间和时长。在履行约定的过程中，无论是父亲，还是孩子都能够意识到要做好一件事，都要付出时间、付出精力。只有全身心地投入任务，才能收获愉快、收获亲情，懂得承担责任。

父亲在活动中与孩子商议、制定图书管理规则，约定由孩子负责"图书管理员"工作，父亲当助手，图书管理员不仅要督促父亲和自己一起读书，更是要做好归还书籍、有序摆放书籍、整理书架等工作。这样，孩子能在共读中起到主导作用，从而提高责任意识（见图3-11）。

图3-11 "父子共度读书之夜"活动

活动三：红色地标打卡

结合江岸区红色地标打卡活动，我让父亲利用假期及课余时间，带着孩子，打卡武汉红色革命地标（见图3-12），重温党的历史，感受革命先烈的光荣事迹。同时，为响应教育局号召动员学生参加"拥抱绿水青山 亲近大美春天"社会实践活动，我让父亲带着孩子，来一场说走就走的假期亲子郊游。打卡后孩子会给父亲写信，父亲回信。

图3-12 打卡武汉红色革命地标

我发现有一部分孩子在信中写到父亲能和自己一起参加活动感到很意外，同时内心是很欣喜的，孩子很渴望父亲能多陪陪自己。另外，孩子从活动中发现了父亲身上，自己平时没有发现的优点。父亲参加活动的这部分孩子，普遍在班级中的表现是很优秀的。活动拉近了孩子和父亲的关系，父亲参与到活动中，看到孩子写的信，都觉得自己的孩子成长了，懂事了，希望多开展此类活动。

活动四：父亲职业体验

开学后我又开展了第四个活动——孩子体验父亲职业。这个活动能让孩子亲近父亲，让父亲了解孩子。孩子需要了解、记录清楚父亲一天的作息时间安排、一天都做了哪些工作、工作多少时间、劳动强度如何……体验父母工作的辛劳，用心感悟社会（见图3-13）。

图3-13 孩子体验父亲职业

体验无疑是辛苦的，但大家都认识到父亲的艰辛：日复一日，年复一年，在平凡的岗位上挥洒汗水，甘愿为家庭遮风挡雨，为孩子创造温暖的天地……读书虽苦，但父母更不易，同学们纷纷表示，自己也要承担一定的家庭责任，回报我们平凡而伟大的父母。因此，我顺势开展了家庭劳动的活动，让孩子们承担家庭的责任。

活动五：家庭劳动

我们的多数家长在孩子上学以后，为了让孩子能够专心致志地学习，不让孩子干家务活，甚至包办了孩子的家务劳动。究其原因，一是心疼孩子，不肯过早地把责任加在孩子身上；二是不屑于让孩子干"杂活"，怕影响孩子的学习。殊不知，越是这样，孩子的成绩越不好，家长又难免抱怨："什么事情都不让你干，你居然还不好好学习，干什么了？"

其实，不是家庭劳动需要孩子，而是孩子个性的发展需要家庭劳动。孩子参与家务劳动的着眼点不应放在劳动的效益上，而应放在劳动对孩子的个性全面发展的巨大意义上。家务劳动能够消除孩子的依赖性，增强孩子的家庭责任感。当家务劳动在潜移默化中融为孩子生命的一部分时，孩子会为自己能够为父亲分担家务劳动而感到自豪，同时认清自己的责任和义务。

活动六：父亲参与家长会

学期末组织的活动是小升初家长会，家长会前，我没有提要求爸爸来参加，想看看开展了一系列的爸爸参与的活动后，爸爸主动参与活动的意识有没有提高。让我感到欣慰的是，我们班有一半的爸爸来参加了家长会，爸爸的身影逐渐增多（见图3-14）。以前的家长会，爸爸的身影是凤毛麟角。虽然他们都很低调，纷纷将班级里的C位让给了妈妈们，但个个都拿着笔记本认真地记录着老师所说的内容。或许这场家长会的爸爸们好多都是首次参加孩子的家长会，分外认真与重视。这是因为，活动让父亲们有了机会更多地了解孩子、关心孩子，让父爱和母爱都不再缺失。

图3-14　父亲参与家长会

活动让男家长知道父亲参与班级活动有利于孩子智力的发育和体质的增强。父亲的引导，对孩子的自理能力、社交能力、思维能力等发展都会起到促进作用，对孩子积极勇敢面对困难、不怕挑战的性格塑造都有良好的榜样示范作用。

活动拉近了父亲与孩子的关系，孩子在活动中也在不断成长，立志勇于承担自己的责任，争做新时代的好少年。

活动的效果和评价：

父亲参与班级活动对孩子的成长具有重要的意义。目前，父亲班级活动的积极性总体有所增长，虽然在实际生活中仍会受到主客观因素的阻碍。这更提醒我们教师，要加强与孩子父亲的沟通，并以丰富多彩的形式开展亲子教育活动，让父亲深度参与到孩子的学习与发展过程中。

孩子在父亲参与班级活动后，社会责任、家庭责任、学习责任等责任意识有所提高，并且提高了自己的主观能动性。父亲参与班级活动，受到了家长和孩子们的一致好评，纷纷表示希望学校多开展此类活动。

系列二　立家规家训　明家庭责任

江岸区惠济路小学　赵争

学校在5月份开展"寻访家史，传承优良家风家训"的活动，要求高年级学生讲述自家家风家训故事。中华文化源远流长，自古以来，就非常重视家规家风的教育。良好的家规家风能给予学生正确的引导，让学生认清自我、明确做事的方法与准则，对学生的健康成长与发展具有极为重要的作用。

这项活动十分有意义，在活动中，我极力倡导父亲参与到活动中来，因为父亲作为家庭中的"重要他人"，可以在活动中引领学生成为一个注重自律的家庭成员，在家庭中享有威信，成为家庭的中流砥柱。

于是，我制订了以下活动规划。

（1）进行一次班级"家规家训"小调查（4月19日—4月23日）。
（2）开展一次有关家风家规的宣讲活动（4月27日）。
（3）和父亲制定家规（5月1日—5月5日）。
（4）开展"我家的家规家训"班会活动（5月7日）。
（5）开展家庭家规家训竞赛活动（5月10日—6月6日）。
（6）活动小结（6月7日）。

活动一："家规家训"小调查

活动规划好了之后，我首先在班级中开展活动一——"家规家训"小调查。

我给每位学生下发了一张调查表（见图3-15）。

```
        六(3)班家规家训调查表

                                姓名：_____

  1.你知道什么是家规吗?(简单说一说)
  _____
  _____

  2.你家有家规吗?(  有    没有)
  3.若有家规，请列出2—3条。
  _____
  _____
  _____
```

图3-15　六（3）班家规家训调查表

下发调查表之后，我提出了填表的要求，要求学生们实事求是地回答。学生填完表格后，我收上来一看，发现班级中64%的学生不知道什么是家规家训，或者说还根本没有听说过这几个词，更谈不上如何去理解；32%的学生能简单地列举一两条加以说明，诸如：不准吃零食，不准睡懒觉，不准骂人，不准打架，不准迟到，不准闯红灯，过马路要走斑马线，对人要有礼貌等，说得比较朦胧、比较浅显、比较片面，对家规家训的理解较为模糊；大约4%的学生能够比较准确地描述家规家训，基本能懂得家规家训的基本含义和要求。总体而言，只有极少数学生家里有明确的家规，大多数学生家庭没有家规家风一说。

活动二：家风家规宣讲

针对这一情况，我在班级中开展了活动二——家风家规宣讲。

活动目标有两点：一是让学生了解家风家规是什么，认识到良好的家风家规对于我们的健康成长的重要意义；二是通过不同的形式了解各种家规，接受正能量的熏陶，养成积极向上的生活和学习习惯。

整个活动过程分为两个部分。

一、看视频，写家风

1.播放视频——《你家的家风是什么？》

看完以后，小组讨论：你觉得家风是什么呢？

2.写出能够展示家风的词语，比一比，看谁写得多

表示家风的词语有勤劳、节俭、爱国、自强、敬业、诚信、友善、谦虚、礼让……

教师小结：

家风就是做善事，不求回报；家风就是为人老实，不干坏事；家风就是小小举动创美德；家风就是常做好事，无怨无悔；家风就是心中有家，心中有国。

二、听故事，明道理

1.读一读

展示《颜氏家训》《名门家训》《傅雷家书》部分内容，学生读一读。

2.听故事

曾国藩治家"八字诀"：书蔬鱼猪（读书、种菜、养鱼、喂猪），早扫考宝（早起、扫屋、祭祖、睦邻）。

3.说一说

听完故事，你有什么想法？

教师小结：

家规家训是我国传统文化和教育的重要组成部分，是一个家庭或民族的传统风尚，也是一个家族代代传承的教育规范后代子孙的行为准则。有了良好的家规家训，整个社会也会更加和谐。

活动三：定家规　立品行

老师：同学们，我们利用五一节假日开展一个"定家规　立品行"活动，给自己定一个学习、交友、礼节、劳动等方面的小家规，同时带动每名家庭成员，特别是父亲一起制定自家的家规家训参与制定家规，相互监督、共同遵守。大家把制定家规家训的全过程，用照片或小视频的形式记录下来。

活动四：我家的家规家训

五一小长假结束之后，我利用星期五的班会课，开展"我家的家规家训"活动。班会课上，学生们进行了热烈的讨论，你说你的家规，我说我的家训，有的同学还对自家的家规家训做了具体的说明。

会上，学生们分别展示了自家的家规家训，以及和父亲一起制定家规的照片（见图3-16）。

图3-16　学生们展示家规家训以及和父亲一起制定家规

学生们畅所欲言，争相分享了自己父亲参与制定活动的感言，有的学生说："这次编写家规家训是爸爸和我一起完成的。一开始我是不想完成的。但听到爸爸会和我一起完成，我就改变了原来的想法……这次和爸爸一起制定家规家训，让我十分快乐，也增进了我和爸爸的感情。"

有的学生说："爸爸告诉我，我们是一个大家庭，要想让这个家庭长久持久下去，就必须要有这个家庭的规定，不然就像沙子一样，抓都抓不起来。听完了爸爸的话，我明白了家规的重要性。于是，我就高高兴兴地和爸爸一起编写我们家的家规家训了。"有的同学说："爸爸在这次活动中对我有许多的帮助,他和我一起讨论,让我明白了,我身为家庭一员,我得好好照顾家。"

有的学生说:"之前,我们虽然编写过家规,但刚定完没几天,我就没好好遵守了。这次我和爸爸一起制定,并且提出要严格遵守。和爸爸一起讨论,不仅增进了我们父子之间的亲情,而且也让我更加深刻地知道,对于这个家,缺少哪一个不行,让我对家庭的责任感油然而生。"

活动五:家规家训竞赛

班会课后,我们班开展家庭家规家训竞赛活动,活动目标是与父亲约定进行遵守家规比赛活动,利用父子(女)的相互促进、相互督促,帮助学生进一步建立规则感与边界感。

活动要求是做好一个月执行记载表,记录下和父亲遵守的家规家训的过程,写一写和父亲一起遵守的小故事。

活动结束后,学生们陆陆续续上交了记载表和活动感言。利用星期一早上的晨会时间,学生们对这次活动进行了简单的交流。

回顾整个活动,我发现学生有一定的收获,他们开始理解了父母对于自己的训诫,不少学生以自己的父亲为偶像,学着他们的勇于担当的处世哲学,激发了学生内心的责任担当。这项活动有利于学生在学校遵守校规,更有利于将来进入社会后遵守国家的法规法律。

但是由于所带班级是六年级毕业班,在活动开展方面存在着时间紧,许多后续工作无法实现的问题,也造成了资料的收集工作完成得不够全面。在后续活动中,我会在新的班级中继续完善父亲参与家规家训的班级活动研究。

一、举办父亲专场讲座

邀请班级中部分父亲到班级里进行演讲,同时,邀请其他学生的父亲出席本次活动,通过演讲的方式来深化家长对家规家风的认识与理解,并意识到其重要性。让家长能具体了解在家中如何树立良好的家规家风,并纠正家长的错误教育理念,从而让其在今后的生活中,以身作则,给学生树立良好的榜样,让学生能在一个拥有良好家风的家庭中健康成长。

二、开展家规家风征文比赛

组织班级家规家风征文比赛,主题为家风、家规等,内容紧扣传统文化,并结合时代进行叙事论理,要求做到紧扣主题、言之有据,内容积极向上、引人深思。在活动中,鼓励学生和父亲一起参与本次征文比赛。

我想,开展此系列活动不仅能深化学生及家长对家规家风教育的认识与理解,还能让学生在父亲的陪伴、引领下,完善自我,最终促进学生的全面发展。

第四节 研究成效

根据本项目的研究思路,整个研究进行的是有对照组的前后测设计。在行动研究开始之前,团队成员对实验组和控制组的学生进行了前测。在为期半年的干预行动研究之后,也就是行动研究过程讲述的各种班级活动进行的干预之后,团队成员对实验组和控制组的学生进行了后测。利用前测和后测数据之间的差异,反映实验组和对照组的不同变化,来评估本次行动研究带来的效果。

一、父亲参与孩子教养的状况:前测

(一)目的

探究实验对象中父亲参与教养的现状及其对亲子关系、夫妻关系,以及孩子的责任感的影响。

(二)方法

1. 被试

在武汉市江岸区的实验学校(汉铁小学、育才实验小学、惠济路小学、丹水池小学、育才怡康小学)分别选取实验组和对照组。实验组和对照组的学生对于本次实验设计的目的都处于盲被试状态。实验前后,研究者通过被试的学校名称、班级名称、在班级中的序号对被试进行匹配。学生的信息和父亲、母亲的问卷也采用相同的方式进行匹配。

2. 工具

同前测。

3. 数据处理

使用 SPSS 11.5 进行数据分析处理。

(三)结果

由于量表的测试采用的是整群取样,因此某些人口学变量下包含的样本数不足够多,可能不具有代表性。因此,在本部分的结果分析中,都只采用了单因素的平均数差异的显著性检验,并没有对交互作用进行分析。

1. 父亲参与教养整体状况

1)描述性统计分析结果

共有715位父亲参与了问卷的填写,通过对父亲参与教养及其4个维度的得分进行描

述性统计分析发现，江岸区小学生的父亲参与教养的情况处于理论均值以上的水平。其中，父亲参与教养在鼓励与表扬维度得分最高，表现最好；在管教约束维度得分最低，表现相对较差，具体的得分如表3-1所示。

表 3-1　父亲参与教养的描述性分析结果

维度	N	Min	Max	M	S
管教约束	715	1.00	7.00	5.52	1.22
支持与规划	715	1.00	7.00	6.52	0.77
鼓励与表扬	715	1.00	7.00	6.04	0.97
日常照顾	715	1.00	7.00	6.34	0.80

2）文化程度差异

将父亲的文化程度分为初中及以下、高中或中专、大专或高职、本科、研究生及以上5个层次。在调查的样本中，有12.4%的父亲文化程度在初中及以下，20.3%的父亲文化程度为高中或中专，22.7%的父亲文化程度为大专或高职，34.0%的父亲文化程度为本科，10.6%的父亲文化程度在研究生以上，如表3-2所示。

表 3-2　父亲在文化程度上的分布情况表

变量	文化程度	人数	占比/（%）
父亲的文化程度	初中及以下	89	12.4
	高中或中专	145	20.3
	大专或高职	162	22.7
	本科	243	34.0
	研究生及以上	76	10.6

F检验结果显示，父亲参与管教4个维度的得分在父亲的文化程度上有显著差异。综合来看，文化程度较高的父亲表现出更多的参与，其中父亲的文化程度在本科及以上的，表现出的父亲参与比其他文化程度的父亲更多，如表3-3所示。

表 3-3　父亲参与教养在父亲的文化程度上的差异检验结果

		管教约束	支持与规划	鼓励与表扬	日常照顾
初中及以下（1）	M	5.22	5.89	6.36	6.18
	S	1.45	1.10	1.03	1.04

续表

		管教约束	支持与规划	鼓励与表扬	日常照顾
高中或中专(2)	M	5.29	5.81	6.35	6.14
	S	1.39	1.15	0.89	0.95
大专或高职(3)	M	5.63	6.14	6.61	6.38
	S	1.16	0.93	0.64	0.77
本科(4)	M	5.58	6.09	6.58	6.41
	S	1.10	0.88	0.69	0.66
研究生及以上(5)	M	5.88	6.27	6.62	6.56
	S	0.91	0.60	0.60	0.52
F		4.90	4.38	4.10	5.42
P		0.001	0.002	0.003	0.000
多重比较	0.10水平	5＞1；5＞2；5＞3；	3＞2；5＞2	3＞2；4＞2	5＞1；4＞2；5＞2；

3）经济收入差异分析

将父亲的经济收入水平分为较高、中等、较低3个层次。在调查的样本中，有7.4%的父亲经济收入水平在较高层次，77.6%的父亲经济收入水平在中等层次、15.0%的父亲经济收入水平在较低层次，如表3-4所示。

表3-4 父亲在经济收入水平上的分布情况表

变量	经济收入水平	人数	百分比/（%）
父亲的经济收入	较高	53	7.4
	中等	555	77.6
	较低	107	15.0

F检验结果显示，父亲参与管教4个维度的得分在父亲的经济收入水平上有显著差异。综合来看，经济收入水平较高的父亲表现出更多的参与，如表3-5所示。另外，经济收入较低的父亲表现出对孩子的关注断崖式的下滑，如图3-17所示。

表3-5 父亲参与教养在父亲的经济收入水平上的差异检验结果

维度	较高（1）		中等（2）		较低（3）		F	P	多重比较
	M	S	M	S	M	S			
管教约束	5.63	1.23	5.60	1.14	5.02	1.48	10.58	0.000	1＞3；2＞3

续表

维度	较高（1）		中等（2）		较低（3）		F	P	多重比较
	M	S	M	S	M	S			
支持与规划	5.94	0.98	6.10	0.88	5.74	1.29	6.67	0.001	1＞3；2＞3
鼓励与表扬	6.63	0.56	6.57	0.70	6.20	1.07	11.20	0.000	2＞3
日常照顾	6.42	0.63	6.39	0.73	6.30	1.10	9.44	0.000	1＞3；2＞3

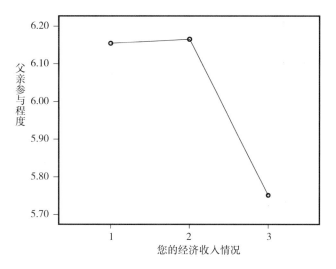

图 3-17 父亲参与教养的程度在父亲经济收入水平上的差异

4）配偶是否工作差异分析

将配偶的工作状态分为在工作、无工作和其他情况 3 类，其他情况包括离婚、丧偶等特殊情况。在调查的样本中，有 71.2% 的配偶在工作状态，18.2% 的配偶无工作，10.6% 的为其他情况，如表 3-6 所示。

表 3-6 配偶在工作状态上的分布情况表

变量	水平	人数	百分比/（%）
配偶的工作状态	在工作	509	71.2
	无工作	130	18.2
	其他情况	76	10.6

F 检验显示，父亲参与管教 4 个维度在配偶的工作状态上差异不显著，这可能是受到了样本量的大小的影响。

但是从图 3-18 可以看出，父亲参与程度的总体得分在配偶工作时比不在工作时更高，其他情况中的父亲更少参与儿童的教养。

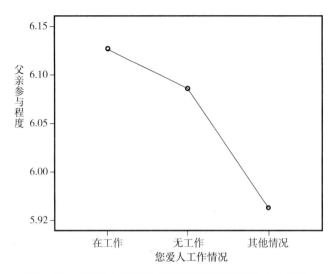

图 3-18 父亲参与教养的程度在母亲工作状态上的差异

2. 婚姻质量整体状况

1) 描述性统计分析结果

共有 742 位母亲参与了前测中的《家庭亲密度与适应量表》和《婚姻质量问卷》的填写。通过对母亲问卷进行描述性统计分析发现，武汉市江岸区小学生的母亲的家庭生活满意度和夫妻关系满意度在中值以上，问卷的中值为 3.0。

从结果看来（见表 3-7），家庭生活满意度相对低一些，这可能是因为母亲家庭生活满意度受到与夫妻关系之外的家庭成员间关系的影响，比如婆媳关系等。

表 3-7 母亲问卷的描述性分析结果

维度	N	Min	Max	M	S
家庭生活满意度	742	1.00	5.00	3.55	0.45
夫妻关系满意度	549	1.00	5.00	4.04	0.82

2) 文化程度差异

将母亲的文化程度分为初中及以下、高中或中专、大专或高职、本科、研究生及以上 5 个层次。在调查的样本中，有 14.0% 的母亲文化程度在初中及以下，21.3% 的母亲文化程度为高中或中专，24.4% 的母亲文化程度为大专或高职，33.8% 的母亲文化程度为本科，6.5% 的母亲文化程度为研究生及以上，如表 3-8 所示。

表 3-8 母亲在文化程度上的分布情况表

变量	文化程度	人数	百分比/（%）
母亲的文化程度	初中及以下	104	14.0
	高中或中专	158	21.3

续表

变量	文化程度	人数	百分比/（%）
母亲的文化程度	大专或高职	181	24.4
	本科	251	33.8
	研究生及以上	48	6.5

F 检验结果显示，母亲的家庭关系和夫妻关系，在文化程度上表现出显著差异。综合来看，文化程度较高的母亲拥有更优的夫妻关系，却对家庭关系的评价更低，如图 3-19 所示。

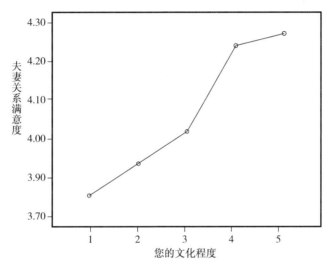

（a）母亲对夫妻关系满意度在文化程度上的差异检验结果

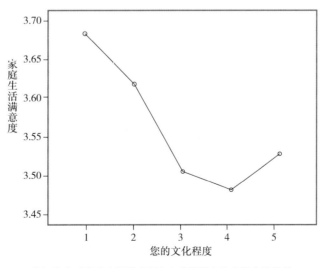

（b）母亲对家庭生活满意度在文化程度上的差异检验结果

图 3-19　母亲问卷在文化程度上的差异检验结果

3. 亲子依恋关系状况

共有552位4—6年级的小学生参与了前测中《亲子关系依恋量表》的填写，通过对《亲子关系依恋量表》进行描述性统计分析发现，武汉市江岸区小学生对父母的依恋程度处于中等偏上水平（量表的中值为2.5），对父母的亲近倾向相对较低，信赖程度更高，其中对母亲的信赖程度更高，如表3-9所示。

表3-9　亲子关系依恋量表的描述性分析结果

维度	N	Min	Max	M	S
对母亲的信赖程度	552	1.50	4	3.45	0.53
对母亲的亲近倾向	552	1.43	4	2.73	0.45
对父亲的信赖程度	552	1.00	4	3.24	0.65
对父亲的亲近倾向	552	1.29	4	2.64	0.45

4. 少年儿童自我责任感状况

共有610位4—6年级的小学生参与了前测中《少年儿童自我责任感量表》的填写。通过对《少年儿童自我责任感量表》的得分进行描述性统计分析发现，武汉市江岸区小学生的自我责任感处于偏上水平（量表的中值为2.5），可以认为武汉市江岸区的小学生的自我责任感水平较高，其中小学生在自强维度上得分最高，在自理维度上得分最低，如表3-10所示。

表3-10　少年儿童自我责任感的描述性分析

维度	N	Min	Max	M	S
自爱	610	1	4	3.58	0.50
自理	610	1	4	3.24	0.52
自律	610	1	4	3.47	0.52
自信	610	1	4	3.28	0.54
自强	610	1	4	3.62	0.38

二、父亲参与孩子教养的效果：前后测对比

（一）目的

通过干预实验，让父亲参与孩子学校组织班级活动，并且以打卡、照片等多种形式来完成任务，从被动参与到主动参与，来揭示父亲参与教养对亲子关系、夫妻关系以及孩子的责任感的影响。

（二）方法

1. 被试

在武汉市江岸区的实验学校（汉铁小学、育才实验小学、惠济路小学、丹水池小学、育才怡康小学）分别选取实验组和对照组，实验组和对照组的学生对于本次实验设计的目的都处于盲被试状态。研究者在实验前后通过被试的学校名称、班级名称、在班级中的序号匹配被试。学生的信息和父亲、母亲的问卷也采用相同的方式进行匹配。

2. 工具

1）《父亲参与教养问卷》

该问卷由父亲填写，共26道题。问卷采用1—7七级评分，包括4个维度：①支持与规划维度（涉及第21、10、8、9、7、11、18、19题）；②日常照顾维度（涉及第12、14、13、25、20、24、22、26、17题）；③鼓励与表扬维度（涉及第6、5、15、16、4题）；④管教约束维度（涉及第2、3、1、23题）。问卷得分越高，代表父亲参与教养程度越高。

2）《婚姻质量问卷》

该问卷由母亲填写。问卷采用1—5五级评分，只节选了《婚姻质量量表》的一个维度：满意度。问卷得分越高，代表家庭成员对家庭活动的参与度越高，家庭关系越紧密。

3）《亲子关系依恋量表》

该问卷由学生填写，共15道题。问卷分为《母子关系依恋量表》和《父子关系依恋量表》两个部分。每个分量表包括2个维度：第一个维度是信赖程度（第1—8题），第二个维度是亲近倾向（第9—15题）。问卷中，1、6、9、14题为反向计分题，分数越高则表示依恋的安全水平越高。

4）《少年儿童自我责任感量表》

该量表由学生填写，共25道题。量表包括5个维度：自爱、自理、自律、自信、自强。自爱涉及第1、6、11、16、21题，自理涉及第2、7、12、17、22题，自律涉及第3、8、13、18、23题，自信涉及第4、9、14、19、24题，自强涉及第5、10、15、20、25题。

3. 数据处理

使用SPSS 11.5进行数据分析处理。

（三）结果

1. 父亲参与教养前后测对比

本研究按照学生的学校名称、班级名称和班级序号3个信息进行数据的匹配，把数据分为第一轮数据和第二轮数据，分别称为前测数据和后测数据。前测和后测的时间间隔为6个月，其中实验组的被试有设计让父亲参与的班级活动，在六个月期间持续不断地监督父亲参与班级活动,对照组的被试没有设计任何特意让父亲参与的活动,和以前的教育相比没有变化。通过两种班级的前后测的数据的变化的差异,来反映让父亲参与班级活动的系列行动带来的影响。

通过对实验组和对照组的父亲参与教养的父亲问卷的第二轮和第一轮数据进行比较发现,父亲们在自我报告的参与教养上并没有明显的差异,这可能是因为,老师们设计的父亲参与班级活动在较大程度上使父亲们是被动参与了孩子们的教养,因此,自我报告并没有发生大的变化。

2. 母亲报告的家庭适应性与亲密度前后测对比

通过对实验组和对照组的家庭适应与亲密度的母亲问卷的第二轮和第一轮数据进行比较,探讨父亲参与教养班级活动有没有给家庭关系,尤其是母亲感受到的家庭关系带来显著的差异。

通过数据分析可以发现,相对于对照组,实验组的母亲们,在父亲参与孩子教养的班级活动之后,感受到更好的家庭氛围,在家庭亲密度和适应性上得分明显提高,而对照组的家庭,母亲们的感受是在变差的,如表3-11所示。

表3-11 家庭适应性与亲密度前后测对比

		亲密度	适应性
实验组差值	M	1.54	0.95
	S	8.99	6.85
对照组差值	M	-0.74	-0.49
	S	9.16	7.28
T		6.155	4.068
P		0.014	0.044

3. 学生报告的《亲子关系依恋量表》得分前后测对比

通过对实验组和对照组的《亲子关系依恋量表》的学生问卷的第二轮和第一轮数据进行比较,探讨父亲参与教养班级活动对孩子的亲子关系依恋有没有造成显著影响。

通过数据分析可以发现(见表3-12),实验组的学生们,在父亲参与孩子教养的班级活动之后,后测得分与前测得分在与父亲亲近维度上有差异显著,与父亲依赖维度上差异不显著。这说明父亲参与孩子教养,可以有效的促进父子之间的亲近,但是并不会让孩子依赖父亲,不会对孩子的独立性造成不良影响。

表 3-12　亲子关系依恋前后测对比

		父亲亲近	父亲依赖
实验组差值	M	0.75	0.67
	S	3.57	4.98
对照组差值	M	-0.35	0.27
	S	2.98	4.93
T		6.75	0.104
P		0.010	0.75

4. 学生报告的少年儿童自我责任感状况前后测对比

通过对实验组和对照组的自我责任感量表的学生问卷的第二轮和第一轮数据的比较，揭示父亲参与教养班级活动有没有令孩子的自我责任感出现显著的差异。

通过数据分析可以发现，相对于对照组，实验组的学生们，在父亲参与孩子教养的班级活动之后，在自我责任感的自强维度的得分上有显著的变化。自我责任感量表包括5个维度：自爱、自理、自律、自信、自强。其中，自强维度显著地受到父亲的参与教养的影响，如表3-13所示。

表 3-13　少年儿童自我责任感状况

		自强
实验组差值	M	0.385
	S	2.30
对照组差值	M	-1.50
	S	2.28
T		4.35
P		0.038

第五节　研究反思

在孩子的教育中，老师、父母都在不同的场合各自扮演着不同的角色，对于孩子的发展起着各自不同的作用。然而在现在的家庭教育中，往往都是孩子的母亲扮演着重要的角色，与学校教育积极互动配合的也多是母亲，而父亲主动参与孩子的教育的很少见。可是父亲在教育孩子时，具有男性的独特方式和特质，与母亲的教育方式截然不同，在教育方面有相当多的独到之处，在孩子成长中有着他人无法取代的影响力，具有不可忽视的作用。

以下为武汉市江岸区丹水池小学的方丽老师有关父亲参与孩子教养的课堂实录和研究反思。

我们班的学生大多是外来务工子女，家长忙于生计，很少有时间陪伴孩子的成长，家庭教育有所缺失。父亲作为家庭顶梁柱，更不用说抽空参与到家庭教育中来。但是2020年受疫情影响，一家人有了难得的相聚时光，我在线上开家长会时，鼓励爸爸们关注孩子的成长，放下家长的架子和家长的威严，参与到"父子共度读书之夜"活动中来。

活动中，我首先推荐了书籍供父亲和孩子选择，既有孩子喜欢的儿童读物，也有经典名著，还有适合家长的报刊，种类多，内容丰富，目的是吸引家长进行阅读。然后，我让家长和孩子一起制定读书计划，要求父子要信守承诺，一起约定共读的时间和时长。接着，我要求家长每天在班级群里读书打卡，督促家长和孩子履行约定，完成每天的小目标，一周进行一次小结，对表现好的父子组合大力表扬，肯定父亲的付出，鼓励父子们坚持参与活动全过程。

起初，活动并没有得到家长的积极响应，很多父亲焦虑的是受疫情的影响，孩子在家的学习不尽如人意，并没有参与活动的想法，我便请关系很好的几名父亲先行动起来，在家长群里把"计划书"的照片上传，供大家参考，每天上传父子一起读书的照片，并请妈妈们大力点赞。我也不时发些父亲参与到家庭教育中对孩子的影响的文章到群里指导家长阅读，营造一种"父子共读"的氛围。

慢慢地，越来越多的父亲看到别人家的孩子有进步，也愿意参与到活动中来了。这时，我就让孩子分小组，每天汇报父子共读的情况，还在家长群里反馈。每周的活动小结以表扬为主，鼓励父亲的参与热情。线上的家长会，还请做得好的家长传授经验、谈感受，使活动受到了家长们的好评。

新学期开学了，我发现班上的超重学生呈越来越多的趋势，说明他们缺乏体育锻炼，饮食不是很健康。现在班级的现状是，学生没有很好地坚持进行体育锻炼，三天打鱼两天晒网，达不到理想的锻炼效果。学校的"阳光一小时"活动开展了，孩子的运动量也没有达到。怎么能让学生坚持锻炼呢？

我和班上学生商量，请爸爸参与到孩子的教育中来，在这个"父亲参与，体育锻炼乐无穷"的活动中，和孩子一起锻炼，为孩子的坚持加油鼓劲。父亲参与的方式可以自由选择，可以是在孩子跳绳的时候帮忙计数，可以是和孩子一起跑步，可以是教孩子一项运动技能，比如打球、放风筝等，也可以是休息时间带孩子徒步、骑行等。当父亲参与到孩子的锻炼时，母亲可以在旁边拍照作记录，上传到班级群打卡，以此作为鼓励来促进父子间的情感交流，提高父亲参与的积极性和责任感，让孩子在父亲身上学到更多的优秀品质，如坚持、吃苦耐劳、有责任心、能担当等。如果父亲不在身边，也可以请男性长辈参与此项活动。

有了之前的"父子共度读书之夜"活动，我觉得这个活动应该是不难的。可是在开展了大半个月时，我进行了统计，能坚持下来的同学不少，但是能坚持的父亲并不多。于是，我在班级做了个小调查，让孩子们谈谈这次活动的感受。有父亲陪伴的孩子在谈自己心里话的时候说："在我锻炼时，爸爸在一边帮忙拍视频，因为开始没有配合好，重拍了一次，我生怕爸爸不高兴，但看到爸爸不像生气的样子，我才知道原来爸爸不是那么严厉的。"还有的同学说："和爸爸一起小跑时，内心感到一丝温柔。而且发现后来，和爸爸亲热多了。"有的同学"感觉有父亲陪伴是一件幸福的事"，有的甚至"都兴奋得睡不着"，但是没有父亲参与的同学有"不开心""失落""孤独""只想他陪我"等感受，还有同学可能父子间缺少情感交流，觉得父亲在场反而让他感到紧张。

我到班级了解情况，发现有不少同学的家庭中父亲是缺位的，特别是疫情之后，这种情况更加明显。换句话说就是，疫情前还可能是阖家团圆的情况，现在很多都是"爸爸在外地打工""爸爸一个月才回来一次""爸爸每天回来的时候我都已经睡了"。单亲家庭就更不用说了，让我知道我设计的活动预设和实际情况有很大的距离。

于是，我对活动进行了调整，对父亲参与提供了更多的方式：父亲在外地的，可以每天锻炼了后与父亲视频通话，汇报锻炼情况；父亲晚上回家晚的，可以锻炼时请家人录像，等父亲回来放给父亲看；可以请父亲有空时打电话督促自己锻炼……同时，我把孩子的心里话隐去姓名时，分门别类地发给家长们阅读，让家长们了解自己的孩子，明白孩子的需求，从而更好地、更主动地参与到孩子的教育中来。

父亲们在阅读了孩子的心里话后，感触颇多，他们对我说："方老师，我平时工作压力很大，都没有时间过问孩子的情况，是我对孩子忽视了。以后会和孩子交流的。""我没想到孩子对我的依赖蛮大的，我以前以为只要给孩子吃饱穿暖就行，哪家孩子不是这么长大的？看来我低估了我对孩子的影响。""我以前总是觉得孩子跟我不亲，老是跟我急，只听妈妈的。原来是我不好。""他平时有事只和妈妈说，我说什么他就阳奉阴违，最怕我打他。是我对孩子太严厉了，孩子都怕我。我都不知道这影响了我们之间的感情。"

于是，我指导家长改变教育方式，肯定家长之前在的"父子共度读书之夜"活动中的努力，要求父亲继续参与到"父亲参与，体育锻炼乐无穷"的活动中来。参与的方式可以更灵活，不在家的时候，每天打电话，关心地问孩子今天在学校的情况，叮嘱孩子坚持锻炼；可以在一家人一起吃饭的时候，加强与孩子的沟通、交流；有时间可以接送孩子上学放学，在回家路上进行快走、跑步、骑自行车等活动，增强趣味性，既可以增强父亲与孩子间的互动，同时锻炼了体质，一举两得；还鼓励全家可以齐动员，每天一起跳绳、散步、仰卧起坐、比赛兜球等，坚持十到十五分钟，活跃家庭气氛；鼓励父亲在周末对孩子一周的锻炼情况来个小结，以表扬鼓励为主，支持孩子坚持参与活动，这同时也是对父亲的一个督促。然后，父亲可以把孩子的情况反馈给我，我就在周一的晨夕会上，对坚持锻炼的孩子进行表扬，并请他们分享自己的锻炼经验和心得体会，激励更多的孩子坚持下去。

活动坚持了一段时间后，孩子们说："爸爸现在比以前更关心我了，有时候还送我上学，送我去补习班。""我爸爸以前只会问我考试考了多少分，现在他还会跟我讨论怎么运动效果最好，我好高兴。""爸爸经常不在家，我很想他，难得见到他。以前每次打电话就是问我学习，现在还会问我和班上同学关系怎么样，喜不喜欢老师，有没有抱着手机玩游戏……我觉得他比以前细心了。""我和爸爸一起散步，还比赛打乒乓球，我觉得爸爸也不是我想象中的那么严厉。我越来越喜欢现在的爸爸了。"听到孩子们的话，我非常高兴，这说明我们班的父亲有的已经参与到了孩子的教育中，能对孩子产生更好的影响。

我还发现，在班级中，如果学生的家庭教育中父亲参与的程度较高，孩子的各方面表现就相对比较好；反之，孩子或多或少地存在着小问题。我们班的两名男生就是这样的两个典型。

汤同学是我们班的小男子汉，在他身上有不可多得的好品质，他诚实、善良、有责任心、乐于钻研、兴趣爱好广泛……我觉得和他父亲对他的精心陪伴分不开。记得在一二年级时，他和班上同学的差距并不大，和其他的男生一样，贪玩、淘气，课间喜欢追逐，有时候还捣蛋，被追究起责任时也会推脱，还总掉眼泪。二年级上学期，他不服班长的纪律管理，偷偷和其他男生一起抓了西瓜虫放到班长的笔盒里，被班长告到了我这里。当时我很生气，班上的男生太调皮了。我把他叫来询问，他支支吾吾地不肯承认错误，还说虫子是班上其他男生抓的，他只负责放进笔盒。一天放学，很凑巧的是他父亲来接他，我把事情经过告诉了他，他说："平时我上班很忙，主要是爷爷奶奶照顾他，妈妈管管学习。今天好容易提前下班来接他，没想到他在学校表现这么糟糕，做了错事还不肯承认。"我生怕家长会狠狠地教训孩子，赶紧跟他父亲说："男孩子调皮一点是可以理解的，家长要正确引导，不要一味地打骂。家长教育孩子要目标一致，不能一边教育一边维护，特别是有老人在的时候，更要注意方法，爸爸妈妈管教的效果比老人要好，你们对孩子也要多关心。"

汤爸爸第二天和我私信，告诉我以后会抽更多的时间来关注孩子的成长。慢慢的，汤同学的身上发生了变化，虽然还是很爱玩，可是又有了很大的不同，再不是一味地疯跑捣蛋了，而是和同学玩游戏、打比赛、下棋、打乒乓球等，学习成绩也稳步上升，很快在班级中占据优等生的位置，对同学也很宽容，很少和同学针锋相对，发生矛盾。班上同学、老师现在都很喜欢汤同学，我知道，他的父亲功不可没。他的母亲告诉我，他的父亲仍然工作很忙，但是他会在下班后推掉不必要的应酬，回家来和孩子交流学校的情况，会过问他的学习，和他一起看电影，看《中国诗词大会》，假期一起旅游，还带孩子一起跑步、打球、健身，参加马拉松，送孩子学跆拳道。在父亲的潜移默化下，孩子的成长越来越可喜。虽然父亲的期望值很高，也会让孩子有压力，但有压力才有动力，未来可期。我不禁感慨，在男子汉的成长中，父亲的作用可真是不小。

武同学的情况和汤同学不同，在他很小的时候，他的父母亲就离婚了，母亲带着他和外婆住一起，父亲在生活中几乎没有出现。武同学的妈妈和外婆对孩子期望很高，要求也很高，在一二年级的时候，武同学除了偶尔不完成作业，字写得不太好外，是个让我很放心的孩子。可是到了三年级，他却变了不少，喜欢和同学打架了，而且总是他挑的事。我觉得很奇怪，家访才知道，原来是孩子的家里出了问题，妈妈出事了，外婆联系他的父亲，想让他帮忙照顾孩子，父亲以"在外地不方便"为由拒绝了，孩子有种被抛弃的感觉，难怪变化这么大。我和外婆一起，给孩子更多的关心和爱护，孩子有了一些改变，不再惹是生非了，但是和其他男生比起来性格上的缺陷还是不少，比如，爱哭、喜欢推卸责任、不敢大胆尝试力量型的游戏等。

以上两个男孩子，让我看到父亲在子女教育中的作用。其实，无论是男生还是女生，最早他们都是通过在家庭中观察父亲和母亲的行为来学习的。在这个过程中，父亲既是男孩学习的榜样，又是女孩日后寻找伴侣的标杆。因此，父亲既应该是老师，也应该是朋友。

在孩子心中，父亲是最具影响力的角色。在孩子的眼中，父亲通常是最有力量和最为权威的，是孩子心中的榜样。因此，父亲应该要充分意识到自己的语言、行为与孩子之间的关系，在与孩子的语言、行为交往中，谨于言、慎于行。

第六节　结语

家校合作教育已经成为我国当前教育改革的热议话题，全国人大代表也提出了相关的议案，进一步推进了家庭教育立法。著名社会学家费孝通先生认为，人类现在的生育制度决定了父母对子女的双系抚育形式。在双系抚育形式中，母亲主要关心孩子的生理需求的满足，父亲则对孩子的社会性发展和行为规范起到主要的规范作用。然而，目前的家庭教育大多数存在父亲教育缺失的现象，导致有些孩子在性格、行为、心理等方面出现了一定的问题，不利于身心健康成长。

至臻、全心工作室就"设计什么样的班级活动，能够让父亲更多地参与到孩子教育中来，激活亲子关系，培养小学生责任感"进行了"小学家校合作与父亲参与的行动研究"。

至臻工作室把"父亲参与"与培养小学生责任感联系起来，以小学生为研究对象，探讨"父亲参与班级活动"与"小学生责任感培养"之间的关系，有助于吸引家庭、学校乃至社会的关注和重视，强化父亲对自身角色的重视以及对子女教育活动的参与意识，有助于形成家校合作，在教育内容上达成互补，提升教育合力的作用，从而为小学生的成长提供良好的家庭、学校和社会环境。

全心工作室依据依恋理论的关系激活视角，设计合适的活动，以提高班级活动中的父亲参与程度和参与水平，充分发挥父亲的优势作用，培养孩子们的人际交往能力、学习动力、自控能力等，促进学生健康成长，以此来鼓励更多的父亲参与到孩子的教养中，保障更多孩子的健康发展、更多家庭的和谐运转。

一、行动研究具体活动内容

（一）家校合作研究调查问卷

为了更好地开展小学家校合作与父亲参与的行动研究，专家团队为工作室的老师们提供了《关于家校合作情况的研究调查问卷》。问卷分为家长卷和学生卷，旨在帮助老师们更全面更深入地了解家长和学生。开展活动前，工作室的老师们在专家的指导下完成了问卷的前测调研，让班级活动设计更有针对性，更贴近行动研究的内容，更能达到研究的目的。在活动结束以后，专家又为工作室的老师们提供了问卷的后测，帮助老师们从研究活动中提取活动的价值，发现存在的问题，便于提升后期活动的实效性。

（二）班级系列活动

至臻、全心工作室的老师们在专家团队的帮助和指导下，根据工作室的具体要求，在各自所在学校和班级开展了小学家校合作与父亲参与的行动研究系列活动。

全心工作室开展了以"激活亲子关系"为主题的班级系列活动，如表3-14所示。

表3-14 以"激活亲子关系"为主题的班级系列活动

系列号	系列名称	实施学校	实施教师	活动
系列一	激活父子关系	武汉市育才实验小学	张荃	活动一："老爸，我想对您说……"
				活动二：好爸爸陪我"闹"
				活动三：我和爸爸去郊游
				活动四：爸爸教我做家务
				活动五：我和爸爸共读书
系列二	爸爸陪我一起长大	武汉市育才实验小学	李丹	活动一：爸爸教我叠衣服
				活动二：爸爸教我做运动
				活动三：爸爸教我扔沙包
				活动四："我陪爸爸去上班"活动
系列三	父亲参与让教育更有温度	武汉市育才实验小学	饶慧	活动一：主题通信 心灵沟通
				活动二：父子共读 温暖心田
				活动三：父子运动 激情四射
				活动四：父子郊游 亲近自然
				活动五：传承技艺 传承文化
				活动六：毕业礼物 深情寄语
系列四	我们一起跑起来、跳起来	武汉市育才怡康小学	彭学锋	活动一：江滩酷跑
				活动二：舞动你的精彩，跳出我的风采

至臻工作室开展了以"父亲参与活动，培养孩子责任感"为主题的班级系列活动，如表3-15所示。

表 3-15　以"父亲参与活动，培养孩子责任感"为主题的班级系列活动

系列号	系列名称	实施学校	实施教师	活动
系列一	父亲参与与小学生责任感培养行动研究	武汉市江岸区汉铁小学	陈玲	活动一：光盘行动 筷乐就餐
				活动二：父子共度读书之夜
				活动三：红色地标打卡
				活动四：父亲职业体验
				活动五：家庭劳动
				活动六：父亲参与家长会
系列二	立家规家训 明家庭责任	武汉市江岸区惠济路小学	赵争	活动一："家规家训"小调查
				活动二：家风家规宣讲
				活动三：定家规 立品行
				活动四：我家的家规家训
				活动五：家规家训竞赛
				活动六：活动小结
系列三	父亲参与，体育锻炼乐无穷	武汉市江岸区丹水池小学	方丽	活动一：父子共度读书之夜
				活动二：父亲参与，体育锻炼乐无穷

（三）班级活动团队研讨

1. 活动分享聚力课题 专家下校团队赋能

2021年4月8日下午，专家团队来到武汉市江岸区丹水池小学，指导至臻、全心工作室开展课题"小学家校合作与父亲参与的行动研究"的第一次研讨活动。丹水池小学方丽老师介绍了前期开展的主题活动——"父亲参与，体育锻炼乐无穷"的实施情况。活动以父子共同锻炼为形式，父亲参与方式可自由选择，例如，帮孩子跳绳计数，或和孩子一起跑步，或教孩子一项运动技能，或休息时间带孩子徒步、骑行……以此促进父子间的情感交流，提高父亲参与的积极性和责任感。

专家指导团队肯定了方丽老师活动设计思想和实施过程，对方丽老师提供的活动文本资料进行了分析，建议方丽老师把学生对于父亲参与的活动感想及时反馈给父亲，让父子间的交流更直接、更深入，激发父亲主人翁精神，变被动参与为主动参与。

2. 答疑解惑明方向 家校互联促成长

2021年4月22日，专家团队莅临武汉市育才实验小学，对至臻、全心工作室开展的研究课题"关系激活视角下'让父亲参与'对班级活动研究"进行了专业的指导。武汉市育才实验小学饶慧老师向研究团队成员汇报了本学期开展的关于"父亲参与让教育更

有温度"的系列班级活动,她首先对父子信件交流、亲子共读、亲子运动、亲子郊游、父子技能教导5个活动进行了详细的介绍,在此基础上提出了3个议题:①在毕业季即将来临之际,如何有效结合毕业典礼设计"父亲参与"的班级活动?②如何让活动对学生产生持续的影响?③如何将开展的活动撰写成研究报告,形成具有价值的案例分析?

专家团队同样肯定了饶慧老师设计的系列班级活动,认为饶慧老师不仅为活动设计了清晰的目标,而且善于将活动与学校的安排有机结合起来,活动层层递进,注重将活动思想落到实处,让学生和家长从活动中真正受益,处处显示出她的用心。

3. 专家引领促进成长,活动分享共研课题

2021年5月20日,专家团队来到武汉市江岸区汉铁小学,对至臻、全心工作室开展的"父亲参与班级活动的小学生责任感培养的行动研究"课题进行现场指导。至臻工作室的陈玲老师在交流汇报中,重点介绍了本学期围绕"父亲参与"开展的班级行动——"光盘行动 筷乐就餐""红色地标打卡""父亲职业体验""家庭劳动"和"父亲参与家长会"的实施情况。在这5项活动中,父子共同签署承诺书,养成节约粮食的好习惯、共同打卡红色地标增进历史使命感与社会责任感,孩子体验父亲职业体谅父亲的辛苦,感悟学习的重要性……活动设计意在给父子交流搭建一个良好的平台,促进父子相互了解、相互沟通,强化为人父和为人子的责任意识,不仅仅培养了孩子的责任意识,也引起了父亲对家庭教育的重视。

最后,工作室成员提出了本次汇报探讨3个议题:①是否可以让父亲和孩子一起参与班级活动的设计,进一步提高参与活动的自主性与积极性?②如何在班级活动中提高学生的责任感?③如何在已开展活动的基础上撰写班主任论文?

二、专家指导建议

在团队研讨活动中,工作室的其他成员依次分享了开展的活动,专家指导团队针对工作室老师在班级中开展的研究活动,分别提出了指导意见。

第一,研究角度不要只局限于学生,更要关注父亲在活动中的反应。

第二,学生的心里话要及时反馈给父亲,让父亲感受到自己在孩子成长中的分量。

第三,父亲参与方式要多样化,要注重有效的陪伴。

第四,毕业典礼前后可以让家长(强调父亲参与)拍摄家庭中的庆祝视频,要做到有礼物、有仪式感,让亲子关系在情感上被真正激活。后期,老师在学校开展主题活动,可借用家长的视频分享感动。

第五,如果父亲和孩子一起设计活动肯定会更加有效,尤其低年级,给父亲提供参与的机会和平台,教育效果会更好。

三、展望未来

专家团队的指导和帮助犹如一抹春风，让工作室的老师们对后期活动的研究有了明确的目标，即充分利用活动，拓宽父亲参与的深度和广度，从多维角度去发现、总结、完善和提高课题研究的实效性。

专家团队鼓励工作室老师们要做教育家型教师，不仅要在口头上表达自己的思想，更应该学会把思想用文字表达出来，形成经验性的成果。专家团队对至臻、全心工作室的后续活动提出了明晰的目标——关注班级典型活动案例，做好相关资料的收集和整理，积极撰写心得，并时刻保持记录有价值案例的习惯，争取向更高的境界发展。

本章参考文献

[1] Lamb M E.The changing roles of fathers[M]//Lamb M E.The father's role:Applied Perspectives.New York：Wiley,1986.

[2] 许岩,张文新.父亲参与儿童教养研究综述[J].江西教育科研,2006(1).

[3] Dollahite D C, Hawkins A J. Generative fathering :Beyond de ficit perspectives[M]. Thousand Oaks，CA: Sage,1997.

[4] Hawkins A J. The inventory of father involvement: A pilot study of a new measure of father involvement Journal of Men's Studies[J].Harriman:Winter，2002(2).

[5] 王漫漫.父亲参与教养与儿童社会适应的相关研究[D].南京：东南大学,2015.

[6] 蒋琴.父亲参与教养、父子依恋与婴幼儿社会情绪能力关系的研究[D].上海：上海师范大学,2018.

[7] 邹扬.上海市父亲参与孩子早期教育的现状及问题研究[D].上海：华东师范大学，2006.

[8] 赵娜.父亲角色对儿童发展的影响[D].长春：东北师范大学,2007.

[9] 孙彦.父亲参与幼儿教养的现状调查与分析——以陕西省宝鸡市为例[J].早期教育（教科研版),2012(Z1).

[10] 孙玉丽.父亲参与儿童发展及其对学校适应的影响[D].无锡：江南大学,2013.

[11] Schaffer H R.发展心理学的关键概念[M].胡清芬,等译.上海:东师范大学出版社，2008.

[12] Bowlby J. Attachment and loss: Retrospect and prospect[J].American journal of Orthopsychiatry,1982(4).

[13] [美]派克.父亲的角色[M].李维,译.沈阳：辽海出版社,1999.

[14] 徐安琪,张亮.父亲育儿投入的影响因素:本土经验资料的解释[J].中国青年研究,

2009(4).

[15] 李萌.幼儿父亲角色研究[D].南京：南京师范大学,2015.

[16] 尹霞云.儿童与父亲的关系：影响因素及儿童的心理适应[D].长沙：中南大学,2012.

[17] 赫伯特·斯宾塞.斯宾塞的快乐教育[M].福州:海峡文艺出版社,2005.

[18] Carlson M J. Family structure, father involvement, and adolescent behavioral outcomes[J].Journal of Marriage and Family, 2006(68).

[19] Flouri E.Fathering and adolescents' psychological adjustment:The role of fathers' involvement, residence and biology status[J].Child:Care, Health and Development, 2007(2).

[20] Lamb M E, Lewis C. Fathers' influences on children's development: The evidence from two-parent families[J]. European Journal of Psychology of Education, 2003(18).

[21] 张亮,徐安琪.父亲参与研究:态度、贡献与效用[M],上海：上海社会科学院出版社,2008.

[22] 李霞.父亲角色在孩子人格发展中的作用探析[J].法制与社会,2007(6).

[23] 蒲少华,卢宁.父亲教养的研究进展[J].中国健康心理学杂志,2008(10).

[24] 李晓巍,魏晓宇.父亲参与的现状及其与幼儿社会能力的关系——母亲教养效能的中介作用[J].北京师范大学学报(社会科学版),2017(5).

[25] 李睿彤.家园合作中父亲参与的现状、问题及对策研究[D].济南：山东师范大学,2015.

[26] Emma G, Hooper, Qiong W, et al.Maternal emotion socialization and child outcomes among african americans and european americans[J].Journal of Child & Family Studies,2018.

[27] Mcbride B A, Mills G.A comparison of mother and father involvement with their preschool age children[J]. Early Childhood Research Quarterly, 1993(4).

[28] Sandseter E B, Kennair L E. Children's risky play from an evolutionary perspective: The anti-phobic effects of thrilling experiences[J].Evolutionary psychology: An international journal of evolutionary approaches to psychology and behavior, 2011(2).

[29] Snarey J S, Pleck J H. Consequences of fathers'care-giving for fathers themselves: Middle-adult love, work, and societal generativity[M]// How fathers care for the next generation.Cambridge, M A：Harvard University Press,1993.

[30] Roberts J.Involved fathering and men's adult development：Provisional balances[J].

fathering,2003(4).

[31] Bendheim-Thomas Center for Research on Child Wellbeing and Social Indicators Survey Center.CPS involvement in families with social fathers. Fragile Families Research Brief, 46. Princeton, NJ and New York, NY: Bendheim-Thomas Center for Research on Child Wellbeing and Social Indicators Survey Center, 2010.

[32] Turner H A, Finkelhor D, Hamby S L, et al.Family structure, victimization, and child mental health in a nationally representative sample[J]. Social Science & Medicine,2013(87).

[33] Tillman K H.Family structure pathways and academic disadvantage among adolescents in stepfamilies[J].Journal of Marriage and Family, 2007.

[34] Gordon M S. Community disadvantage and adolescent's academic achievement: The mediating role of father influence[J]. Journal of Child and Family Studies, 2016 (25).

[35] Marsiglio W, Cohan M. Young fathers and child development[M]//Lamb M E.The role of the father in child development.Hoboken, NJ: John Wiley & Sons, 1997.

[36] Pleck J H. Paternal involvement: Levels, sources, and consequences[M]//Lamb M E.The role of the father in child development. Hoboken, NJ: John Wiley & Sons, 1997.

[37] Fox G L, Bruce C.Conditional fatherhood: Identity theory and parental investment theory as alternative sources of explanation of fathering[J]. Journal of Marriage & Family,2001(63).

[38] Bretherton I.Attachment theory: Retrospect and prospect[J].Monographs of the Society for Research in Child Development, 1985(50).

[39] Sydow K V. Systemic attachment theory and therapeutic practice: A proposal[J]. Clinical Psychology & Psychotherapy,2002(9).

[40] Ainsworth, Mary D, Salter, et al.Patterns of attachment: A psychological study of the strange situation[J].Lawrence Erlbaum Associates, 1978(23).

[41] Hartup W W, Lempers J.Life-span developmentalpsy-chology: Personality and socialization[M].London: Academic Press,1973.

[42] 朱佳颖.依恋理论述评及展望[J].黑龙江教育学院学报,2012(8).

[43] 李凤莲.关于儿童依恋的研究综述[D].东北师范大学,2008.

[44] 丹尼尔·帕奎特.父子关系机制与发展结果的理论化[J].人类发展, 2004.

[45] Parke R D. Fathers and families[M]//Bornstein M H.Handbook of parenting: Status and social conditions of parenting. Mahwah,NJ: Erlbaum, 1995(3).

[46] Russell G, Russell A. Mother-child and father-child relationships in middle childhood[J].Child Development, 1987(58).

[47] 李丹,丁雪辰.西方有关父子依恋影响因素的研究述评及教育思考[J].外国中小学教育,2013(3).

[48] Belsky J. Parent, infant, and social-contextual antecedents of father-son attachment security[J].Developmental Psychology, 1996(32).

[49] Edwards E P, Eiden R D, Leonard K E.Impact of fathers' alcoholism and association risk factors on parent-child attachment stability from 12 to 18 months[J].Infant Mental Health Journal, 2004(25).

[50] Wong M S, Mangelsdorf S C, Brown G L,et al. Parental beliefs, infant temperament, and marital quality:association with infant-mother and infant-father attachment[J]. Journal of Family Psychology, 2009(23).

[51] Grossmann K, Grossmann K E, Fremmer-Bombik E ,et al. The uniqueness of the child—father attachment relationship: Fathers' sensitive and challenging play as a pivotal variable in a 16 year longitudinal study[J]. Social Development, 2002(11).

[52] Steele H, Steele M, Fonagy P. Association among attachment classifications of mothers, fathers and their infants[J].Child Development, 1996(67).

[53] Brown G L, McBride B A, Shin N, et al.Parenting predictors of father-child attachment security:Interactive.effects of father involvement and fathering quality[J]. Fathering, 2007(5) .

[54] Newland L A, Coyl D D, Freeman H.Predicting preschoolers' attachment security from father involvement, internal working models, and use of social support[J]. Early Child Development & Care, 2008(178).

[55] Cox M J, Owen M T, Henderson V K , et al. Prediction of infant-father and infant—mother attachment[J].Developmental Psychology, 1992(28).

[56] DeKlyen M, Speltz M L, Greenberg M T.Fathering and early onset conduct problems: Positive and negative parenting, father-son attachment, and the marital context[J]. Clinical Child and Family Psychology Review, 1998(1).

[57] 魏文君.浅谈良性亲子关系的有效进行[J].西北成人教育学院学报,2015(3).

[58] 王飞英,倪钰飞,倪勇,等.不同依恋类型幼儿情绪社会化发育的差异[J].中国妇幼保健,2017(10).

[59] Cummings E M, Davies PT , Campbell S B. Developmental psycho—pathology and famil y process: Theory, research, and clinical implications[M].New York: The Guilford Press,2002.

[60] 傅俏俏,苗静宇,陈启山.亲子依恋对小学高年级儿童心理健康的影响[J].中国儿童保健杂志,2013.

[61] 黎志华,尹霞云,蔡太生,等.父亲参与教养程度、父子依恋关系儿童亲社会行为的影响[J],中国临床心理学杂志,2012(5).

[62] 李梦婷.父亲参与教养、父子依恋与幼儿安全感的关系研究[D].上海：华中师范大学,2020.

[63] 王骁俊.关于责任感教育的探索和思考[J].科技信息,2009(19).

[64] 何睿.论现代责任感教育[J].华南理工大学学报(社会科学版),2006(2).

[65] 凌纪霞.小学生学习责任感研究[D].无锡：江南大学,2010.

[66] 王晓燕.北京市小学生责任感状况调查[J].中国德育,2014(13).

[67] 徐立明.小学生责任意识发展状况调查与对策研究——以德州市城区小学生为例[J].基础教育研究,2009(11).

[68] 葛海燕.当前我国小学生责任意识缺失问题研究[D].曲阜：曲阜师范大学,2019.

[69] 姜丽霞.小学生自我责任感及其相关因素的研究[D].上海：上海师范大学,2015.

[70] 李丹,刘朝燕,朱曼斐.责任关系视角下的儿童责任行为发展研究[J].应用心理学,2011(2).

[71] 汪明霞.何百通.小学生责任感的培养[J].教学与管理,2006(2).

[72] 石伟,张进辅.国外亲子关系和同伴关系对行为倾向影响的研究[J].心理学动态,1999(1).

[73] 段彩彬,刘春雷.大学生就业焦虑与父母教养方式、自我概念之关系[J].沈阳大学学报(社会科学版),2013(5).

[74] 史琼.大学生社会责任感与心理健康、应对方式及父母教养方式的关系研究[J].中国全科医学,2018(13).

[75] 刘金花.儿童发展心理学[M].上海:华东师范大学出版社,1997.

[76] 王利刚,谢东杰,樊春雷,等.儿童青少年自我控制发展的研究现状[J].中华行为科学与脑科学杂志,2014(10).

[77] 安晓爽.中学生家庭教养方式、自我控制与个人责任感的关系研究[D].福州：福建师范大学,2017.

[78] 张立,毛晋平,张素娴.高中生责任心与父母教养方式的相关研究[J].中国健康心理学杂志,2009,17(11).

第四章

社会情绪能力视角下小学生人际交往及心理健康促进的行动研究

本研究项目组成员及项目依托单位如下：张延风，武汉市江岸区鄱阳街小学；王娟，武汉市江岸区鄱阳街小学；张琼，武汉市江岸区光华路小学；詹娜，武汉市江岸区光华路小学；欧阳琳，武汉市江岸区光华路小学；徐佩琪，武汉市育才小学；袁泉，武汉市江岸区博雅小学。

第一节 问题提出

随着全球化发展，竞争日趋激烈，人际交往与沟通起着越来越重要的作用。《教育——财富蕴含其中》报告提出"学会求知、学会做事、学会共处、学会生存"的四大支柱教育，其中的"学会共处"就强调了人际交往与沟通的重要性（张祥斐，2020）。研究发现，一个人的事业成功有85%取决于良好的人际关系，同时，人际和睦也是社会和谐的重要标志。

2017年，我国教育部印发的《中小学德育工作指南》指出，中小学要积极"开展认识自我、尊重生命、学会学习、人际交往、情绪调适、升学择业、人生规划以及适应社会生活等方面教育，引导学生增强调控心理、自主自助、应对挫折、适应环境的能力"，这充分体现了国家对于培养学生人际交往能力的重视。

目前，小学生在人际交往活动中存在着很多不足，主要表现在：以自我为中心，不会换位思考；遇事冲动，不考虑后果；不善表达，容易引起误会；自卑胆怯，缺乏自信心等。其根源在于小学生缺乏人际交往基本技能，不知道如何建立和维持人际关系，不懂得如何化解矛盾冲突，人际交际能力有待提高。若小学生人际交往有困难，易被误会和排斥，对学生个性发展和社会适应产生不良影响，并对班级气氛、师生关系和与父母的关系产生消极影响。

此外，当前一些社会和家庭的挑战加剧了小学生的人际交往困境。一方面，移动网络时代，人与人之间面对面的交流减少，小学生社交技能实际操练的真实场景也变少了，影响了小学生社交和语言能力的发展；另一方面，家长的溺爱、大包大揽，促成了小学生娇惯和以自我为中心等心理特点，小学生自我成长的需要没有被看到和满足。此外，家长的重智商、轻情商观念，以及"二孩"时代使部分家庭中大的孩子被冷落的现实等，令小学生易表现出对抗、易怒、自卑的特点，更不利于其与人交流。

小学生在人际交往与沟通中的困境，引起了一线教师的广泛重视，如何立足小学教育实践，开展行之有效的活动，使小学生能较好地适应与发展是本课题重点关注的问题。解决这个问题，能支持和引导小学生学会共同生活、真诚交往，培养其积极的社会生活态度和良好的社会交往能力，使小学生成为一个受欢迎的人。本课题通过设计和实施系列活动，着力培养小学生的社会情绪能力，让小学生学会主动思考、积极调整思维方式，形成良好的人际技能，增强他们人际交往的信心，形成真诚和谐的师生关系、同学关系和父（母）子（女）关系。

第二节 文献综述

一、小学生心理发展的规律和特点

小学高年级学生会经历从童年期进入少年期心理上的转变，逐渐加大的学习压力也对其造成一定的影响。同时，小学高年级的学生开始不断对自我进行探索，部分学生由于学校适应不足、师生关系和同伴关系较差，在遭受一定的失败或者消极的体验后，易对自身的各项能力产生怀疑，长期如此则会形成习得性无助的消极认知。但是，如果学生能够获得较好的社会支持，则更有利于其心理发展。

（一）小学生的认知思维发展特点

一年级的小学生由于刚进入学校不久，需要学会适应校园的生活、融入班级，同时有了一定的独立意识，会力求能够自己的事情自己做。二年级的小学生在逐步适应校园后，喜欢和同学们一起玩，会关心集体活动，希望能够为班级争光，有一定的集体认同感。三年级的小学生更有自己的想法，其创造性思维发展迅速，有较强的求知欲。四年级的小学生的分析和推理能力进一步提高，正从具体的形象思维向抽象的逻辑思维过渡，能够独立、具体地分析事物。五、六年级的小学生，逐步步入青春期（娄娜，2017）。

总之，随着小学生的神经系统不断发展，其注意力、记忆力、思维能力、观察力、想象力等都有了很大的进步，语言能力亦持续增强，形成了一定的学习态度、学习习惯，有了自己的学习方法，学习能力方面也有了一定的提升，同时，小学生每天在学校度过的时间非常多，学校成为其重要的社会生活环境（雷雳，2021）。

（二）小学生心理社会性的发展特点

心理学家埃里克森将人的发展分为8个阶段，小学阶段的发展处于第四个阶段——勤奋（能力感）对自卑，这一阶段的发展主要是围绕能力而展开的。在学校，小学生接受读写能力的训练，需要付出努力,学习大量的知识。小学生会了解自己和他人的独特能力，发展与他人合作的能力等。如果这一阶段顺利，小学生就会体验到一种掌控感、熟练感，逐渐形成能力感。这里的"勤奋感"包含了积极而现实的自我概念、完成任务的骄傲感、更多的责任感、与同龄人的合作（雷雳，2021）。这一阶段的危险是"自卑"，反映的是小学生缺乏信心。如果在家里、在学校或与同伴一起时，小学生体验到消极的情绪，觉得自己无能，就可能会"自卑"。

总体而言，小学生能了解自己的情绪，并逐步学会通过一些方法来调节情绪，包括：管理好自己的情绪；对自我描述的方式变得更加现实、更加综合，能较为客观地看待自己、调控自己（黎海燕，2012）；感受他人想法的能力有所提升等。小学生的这一变化对自我概念、对他人的理解、对社会技能的发展都有促进作用。

（三）当前小学生心理健康的状况

小学阶段正是儿童身心发展的重要阶段，但近年来，我国小学生心理行为问题发生率和精神障碍患病率逐渐上升。有研究通过对近10年（2010—2020）小学生心理健康问题的检出率进行定量整合发现，小学生的心理健康问题不容忽视，检出率较高的前三位心理健康问题为睡眠问题、抑郁和焦虑（黄潇潇，张亚利，俞国良，2022）。可以说，小学生在学习、生活和社会适应方面遇到的困难和挫折越来越多，面临的心理压力与日俱增（张微，张宛筑，袁章奎，2018）。

成长中的每一个个体，都处在一定的社会环境中。研究表明，在人际交往中有困扰的学生，更容易抑郁；没有人际交往会让人感到孤独与无助（敬惠云，2022）。而随着积极心理学近年来的兴起，人们对于心理健康的理解进一步拓展，越来越多的研究发现，仅仅帮助个体消除心理问题，并不足以确保或维持其心理健康，有必要将幸福感、满意度等积极指标补充进心理健康测评体系（Seligman，Rashid，Parks，2008）。因此，引导他们进行积极的人际交往，有助于其拥有更好的人际关系，进而快乐地学习、生活，心理健康发展。

二、社会情绪能力的理论研究

（一）社会情绪能力的概念界定

近年来，学生的社会与情感能力逐渐被全球教育所关注。社会情感学习（Social and Emotional Learning，SEL）首次被提出，是在1994年美国菲兹尔研究所的会议上。1997年，《促进社会情感学习：教育者指南》一书对社会情绪能力的概念进行了初步界定。

到目前为止，学术界没有对社会情绪能力做出统一的定义。但在世界范围内，由促进社会情绪能力学习合作组织（Collaborative for Academic, Social, and Emotional Learning，CASEL）提供的，社会情绪能力是"学习并能够在生活中恰当地运用技巧、正确清晰地认识和控制情绪，考虑和关心他人的感受，形成并维持积极的人际关系以及做出负责任决策的能力"的定义受到广泛认可。

而依据教育部-联合国儿童基金会的定义，社会情感学习是基于儿童的发展需要，通过支持性环境的建设，在校内外形成相互尊重、理解和支持的人际关系与积极氛围，帮助学生在学校、家庭和社会生活中获得发展所必需的对自我、对他人、对集体的认知与管理意识以及知识和能力,培养学生自信心、责任意识,建立积极的人际关系,形成良好的情感和道德品质,有效地面对成长过程中的挑战,获得身心的全面协调发展。

(二)社会情绪能力的维度划分

1. 根据教育部-联合国儿童基金会的划分

教育部-联合国儿童基金会将学生的社会情绪能力划分为以下6个维度:自我认知、自我管理、他人认知、他人管理、集体认知、集体管理。

其中,自我认知是指对自己的情感、兴趣、价值观和优势的识别与评价。积极的自我认知能让人认同自我发展的积极品质并保持充分自信。

自我管理是指调适自我情绪和行为,调节自我压力。良好的自我管理能激励自我意志,形成和维持良好的情感体验与行为表现。

他人认知是指识别和理解他人的态度、情感、兴趣和行为。良好的他人认知使人能够站在他人的立场上看待问题,并且有主动与他人交流的意愿。

他人管理是指理解他人的想法、情感和行为,尊重差异,学会包容,化解冲突,建立并维持友善的人际关系。

集体认知是指形成集体与亲社会意识,认同集体价值观与集体行为规范,形成集体归属感、荣誉感,正确理解集体与个人的关系。

集体管理是指遵守集体规范,调适个体与集体的关系,明确个人在集体中的权利与责任,培养亲社会的行为。

2. 根据CASEL的划分

根据CASEL的研究,社会情绪能力包括自我觉知(self-awareness)、自我管理(self-management)、社会觉知(social awareness)、人际关系(relationship)和负责任的决策(responsible decision-making)能力。

自我觉知能力,即准确认识自己的情绪、思想和价值观以及它们如何影响自己的能力。有高自我觉知能力的人能够准确地评估自己的长处和局限性,保持自信、乐观的心态。

自我管理能力,即在不同情况下调节自己的情绪、思想和行为的能力。有高自我管理能力的人能够有效地管理压力、控制冲动、激励自己,实现个人和学术目标。

社会觉知能力,即从他人的角度看待问题,并与他人(包括来自不同领域、背景和文化的个体)产生共鸣的能力。有高社会觉知能力的人能够理解社会和道德规范的行为,能够识别家庭、学校、社区的资源和支持。

人际关系能力,即与不同的人建立和维持健康与有益的关系的能力。有高人际关系能力的人能够进行清晰的沟通,善于倾听、与他人合作、抵制不当行为和社会压力,建设性地协商冲突，在需要的时候寻求或提供帮助。

负责任的决策能力，即对个人行为和社会互动做出建设性选择的能力。有高负责任的决策能力的人对于各种行为有道德标准、安全意识和社会规范，并能够同时考虑自己和他人的福祉（Eklund，Kilpatrick，Kilgus，et al.，2018）。

由此可知，不论从哪种分类来看，社会情绪能力强调的都是学生对自己、对他人的良好认知与管理，具有自信心与良好的人际交往能力，从而能较好地解决发展中所面临的问题，并有对未来的积极心态和成长韧性。

（三）社会情绪能力的重要价值

众多的研究者从不同视角对社会情绪能力的价值进行研究，既有基于个体获得职业成功和生活幸福的视角，也有基于个人全面发展以适应未来社会素质要求的视角，并认为社会情绪能力具有重要价值和作用。

研究发现，社会情绪能力与学生的积极成果有关，包括学业投入、积极的行为成果和对学校的依恋（Zins，Elias，2007）。通过与对照组的数据相比发现，实施社会情感学习（Social Emotional Learning，SEL）组的个体在社会情绪能力、相关态度、积极的社会行为上均有提高，而在情绪困扰方面有所减少（Chen，Yu，2022）。对社会情绪能力的了解也被证明是高危青少年的保护因素，包括那些来自较低社会经济地位背景的青少年（Elias，Haynes，2008）。国内学者发现，非认知能力对学业成绩存在显著的正向影响，并强调在决定教育和职业结果方面，非认知能力比认知能力更加重要（刘志，2021）。

研究还发现，社会情绪能力的缺乏将可能导致负面的结果。例如，社会情绪能力不足的学生会有较低的学业成绩（包括较低的成绩和成就）、更多的纪律和出勤问题，以及更高的辍学率；Eklund等（2018）也发现，出现社会情感问题的学生更有可能有更多的违纪行为。2021年9月，社会与情感能力研究（Study on Social and Emotional Skills，SSES）项目首轮测评结果显示，社会与情感能力对教育、健康与生活质量均会产生影响，受欺凌程度较高的学生的社会与情感能力较低，学生受欺负的程度与较低的乐群和情绪管理密切相关。

社会情绪能力作为保护和促进因素，可以帮助儿童发展健康地应对和解决问题的技能。诸多研究提倡，学校应将社会情绪能力课程整合到已有课程中，并明确和系统地指导学生培养此项能力。

（四）社会情绪能力的培养探索

学校是学生生活、学习的重要环境。老师不仅可以教授学生学习认知技能，还可以引导学生学习社交和情感技能，促进学生的社会心理健康。尽管学术界关于社会情绪能力的标准、教授方式、评估体系等尚未统一，但越来越多的学校将社会情绪能力项目嵌入到多层次支持系统中，通过普遍的、有针对性的教育支持，促进学生社会情绪能力的提升，防止学生相关心理困境的发生和严重化。

在社会情绪能力培养路径的探索上，部分地区和学校是以独立课程的形式直接教授社会情绪能力，这种方式最为直接且最易被接受。如以"PATHS"（Promoting Alternative Thinking Strategies）项目为例，该课程机制包括明确直接的教学，基于情感-行为-认知-动力发展模型的理论、讨论、故事和视频等。部分地区和学校亦将社会情感学习融入学术课程中，如以品格教育有关的课程为例，强调的是培养学生的共同价值观，如尊重、责任、诚实、公平、同情、礼貌、勇气等，并帮助学生在社会、道德和学术上得到发展，使个体在真实的情境中意识到自己和他人的情绪情感体验，从而做出分析、判断和反思等认知行为，继而发展相应的技能。此外，还有研究者探索将社会情感学习融入日常实践，创造支持性的社会情感学习环境。

中国社会正走在现代化的道路上，各类教育的发展需要依循我国的社会文化特点和当前的具体生活实际。因此，要探索符合学生发展需要的课程，需要结合社会情绪能力维度，对课程干预的模式和效果进行充分的论证。

第三节 研究过程

一、研究过程概述

（一）概念界定

1.人际交往能力

在社会心理学的研究中，人际交往源自拉丁语"Communis"，现指人们用语言或行动进行信息交流和情感交流的过程。侯玉波的《社会心理学》一书中把人际关系界定为人们在人际交往过程中所结成的关系，表现为人们对他人的影响与依赖。人际交往能力是指人际交往过程中，个体具有交往意愿，能够积极主动参与交往，并且表现出有效和适宜的交往行为，从而使自身与他人的关系处于和谐状态的能力。人际交往能力是衡量一个人是否适应现代社会需求的标准之一。本研究中，人际交往能力由了解自己、了解他人、链接合作3个维度构成，大体划分为交往认知、交往动力和交往技能3个成分。

2.社会情绪能力

目前，学术界没有对社会情绪能力做出统一的定义。但在世界范围内，CASEL提供的，社会情绪能力是"学习并能够在生活中恰当地运用技巧、正确清晰地认识和控制情绪、考虑和关心他人的感受、形成并维持积极的人际关系以及做出负责任决策的能力"的定义受到广泛认可。

3.行动研究

行动研究为由社会情境（教育情境）的参与者，为提高对所从事的社会或教育实践的理性认识，为加深对实践活动及其依赖的背景的理解所进行的反思研究。小学阶段是学生个性和人际交往的初步形成和发展阶段，班主任作为教育参与者和研究者，应根据学生出现的人际交往问题进行活动设计，指导学生学会人际交往的方法，提升人际交往的技巧，改善人际交往的冲突，尝试真心交往，扩大朋友圈。

（二）课题研究目标

（1）围绕"了解自己、了解他人、沟通链接"开发人际交往训练系列校本活动课程。

（2）基于社会情绪能力培养的框架构建指标体系，设置实验组和对照组检验活动课程有效性。

（3）探讨影响学生人际交往能力发展的个体和环境因素。

（三）研究内容

1.人际交往系列校本课程开发研究

1）研究对象

本课题的研究对象是人际交往训练的内涵和活动框架，目的是围绕"了解自己、了解他人、沟通链接"实现系列校本课程的具体设计。

2）研究方法

本课题通过文献研究和专家法梳理人际交往训练的活动框架；基于学生作品分析、案例研讨确立学生人际交往的痛点和难点，借助个体辅导、团体咨询技术促进课程的细化落地。

2.人际交往系列课程有效性验证研究

1）研究对象

本课题的研究对象为小学阶段在校学生。整体抽样10个自然班，以班级水平进行随机分组。

2）研究方法

本课题采取实验组和对照组前后测设计，借助问卷法、访谈法落实研究。实验组和对照组以班级为单位组织，区别在于是否接受学习人际交往训练系列校本活动课程的教学处理。

实验组和对照组学生均来自4所相同的学校，抽取若干个实验班和对照班，具体的产生办法如下：以研究小组成员各自所带班级作为实验班，并采集这些班级的人数、学生成绩、班主任任教年限等信息，然后从每个实验班所在的年级中随机抽取1个平行班级作为对照班，且要求每个实验班和对照班之间满足"班级学生数差额小于5，班级学生成绩大体相当，班主任任教年限差值小于3年"的要求。

从前人的研究来看，学生的社会情绪能力主要从自我认识、自我管理、他人认知、他人管理、集体认知、集体管理6个维度来考量。归结起来，社会情绪能力强调的都是学生对己、对人的认知与管理，以及学生获得自信心与良好的人际能力。拥有这些能力，学生就能较好地解决发展中所面临的问题，并获得对未来的积极心态和成长韧性。因此，本研究围绕"了解自己、了解他人、沟通链接"3个目标设计课程有效性的评估体系，具体指标包括心理弹性、主观幸福感、社会适应、人际信任、学校归属感、学生竞争和合作气氛等。

行动研究范式框架如下：基于行动研究范式，检验系列课程对学生人际交往的促进作用。以班级活动、家校活动为主，实验班老师在班上除了开展规定的8次人际交往系列活动，还需要根据班级情况，因地制宜地布置班级活动和亲子互动。系列活动效果评估除了依靠问卷调查数据，还参考教师主观评价、对学生作品的分析以及对相关案例的主观评价等。

（四）研究思路

本课题以人际交往理论和社会情绪理论为基础。

首先，通过梳理人际交往和社会情绪理论领域等相关文献，探索小学生人际交往的训练框架，基于社会情绪理论初步构建学生社会交往的评价体系。

其次，通过研读人际交往实操案例，结合对实验班学生的人际交往问题的分析，设计人际交往训练系列活动课程。

再次，从学校三、四、五年级抽取10个自然班，组成5个平行班组（5个班作为实验组，5个班作为对照组），先进行前测评估，设计16次活动（8次为统一活动，每2周1次，对实验班施加影响，对对照班不施加影响）。

经过一个学年的实验后，进行后测评估。对比实验组和对照组人际交往状况是否有差异。通过文献研究、学生作品分析、个案访谈和专家法，进一步挖掘差异产生的原因和各因素作用的内在机制，从而为提升小学生人际交往建构有效路径，如图4-1所示。

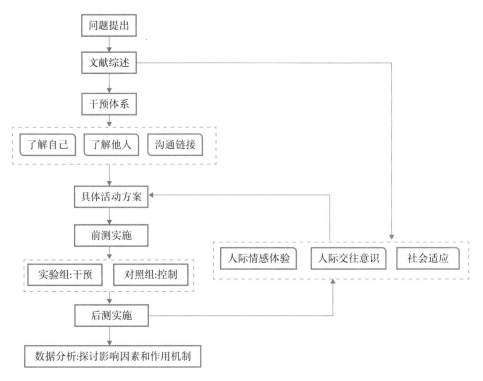

图 4-1 研究路径

（五）研究方法

1. 文献研究法

借助文献研究法，围绕学生人际交往、社会情感、积极心理品质、班级氛围等主题进行文献查阅及研究，进一步丰富和完善本研究的理论基础和实践基础，确定小学生人际交往的训练框架、实施手段，形成积极心理学视角下的小学生人际交往的评估指标体系。

2. 问卷调查法

基于社会情绪理论的框架，从以下 3 个方面评估系列活动课程成效及影响因素。

（1）小学生的人际情感体验，如主观幸福感、归属感等。

（2）小学生的人际交往意识，如人际信任、人际竞争、人际合作等。

（3）小学生的社会适应，如社会适应、心理弹性等。

3. 行动研究法

依据行动研究的创始人勒温的思想，系列活动课程的设计实施以一种螺旋式加深的方式发展进行。每一个螺旋发展圈，包括 4 个相互联系、相互依赖的环节：计划、行动、观察和反思。

活动课程的设计与实施，依托行动研究的范式进行。在计划环节中，结合文献法、案例分析法和专家法，基于问题设计提升小学生人际交往的活动课程；在行动和观察环节，在班级中实施活动课程，观察并评估活动效果；在反思环节，通过师生反思和专家点评，改进活动课程设计，形成最佳实施方案。

4. 实验法

按照一定标准，选定5个平行班组，确认实验组和对照组。对实验组的班级开展人际交往系列课程及相应活动干预，对对照组的班级不采用任何干预措施。对实验组和对照组均采用问卷法进行前测，在经过一个学年的实验后，对实验组和对照组均进行评估学生人际交往的后测。最后分析实验数据，评估人际交往系列活动对学生个体和班级环境的影响效应。

二、小学生人际关系问题及成因探析

随着全球化发展，竞争日趋激烈，人际交往与沟通发挥着越来越重要的作用。1996年，联合国教科文组织发表的《教育——财富蕴藏其中》报告，郑重提出21世纪教育四大支柱即"学会求知、学会做事、学会共处、学会生存"，其中的"学会共处"强调了人际交往与沟通的重要性。研究发现，一个人的事业成功有85%取决于良好的人际关系，人际和睦也是社会和谐的重要标志。

小学人际交往问题是我们家长、学校、社会需要关注的课题。《中国学生发展核心素养研究报告》中指出需要高度重视和强调的现代关键素养指标有：沟通与交流、团队合作、国际视野、信息素养、创新与创造力、社会参与与贡献、自我规划与管理。教育部印发的《中小学德育工作指南》（教基〔2017〕8号）指出，中小学要积极"开展认识自我、尊重生命、学会学习、人际交往、情绪调适、升学择业、人生规划以及适应社会生活等方面教育，引导学生增强调控心理、自主自助、应对挫折、适应环境的能力，培养学生健全的人格、积极的心态和良好的个性心理品质"，这充分体现了培养小学生人际交往能力的重要性。

然而，传统的学校教育和家庭教育在培养小学生人际交往能力方面存在较多误区。学校教育的误区主要是以老师为中心，以学习成绩为核心，忽视对学生人际交往能力的培养。家庭教育的误区主要是家长溺爱孩子，使孩子以自我为中心；大包大揽，忽视孩子自我成长需要；重智商、轻情商，忽视对孩子人际交往能力的培养。在新的时代背景下，这些误区产生的不良后果有放大的趋势。比如很多家庭"二孩"出现，大的孩子面临被冷落等情况，会出现对抗、易怒、自卑的行为，不善于与人交流。移动网络的兴起则加剧了这种矛盾，儿童面对面的人际交流逐渐减少，儿童接触网络的低龄化现象突出，弱化了儿童正在形成中的社交和语言能力，剥夺了其社交技能实际操练的真实场景。

总的来说，小学生在人际交往活动中面临的问题主要有两类。第一类是心理认知偏差问题，主要表现为：以自我为中心，不会换位思考，在认识自己的过程中经常会出现自卑、胆怯、缺乏自信心、骄傲自满等情况；在认识他人的过程中缺乏推己及人的能力；常凭臆断处理问题；遇事冲动，不考虑后果；不善表达，容易引起误会等。第二类是人际交际能力偏低、缺乏必备的人际交往基本技能，班级氛围、师生关系、亲子关系会受到消极影响。

下面是班主任老师描述的班内学生人际关系冲突的常见的4个场景。

场景一：

"王老师，不好了，不好了！佳豪和同桌吵架，把自己的饭摔得满地都是……"上午第四节下课，我刚给班上学生打完饭，准备回办公室吃饭，还没坐下，就听到值日生急匆匆地跑进办公室报告。这下我哪还吃得下去，立马起身往班上赶去。刚走到教室门口，只见一个男孩冲出教室，和我撞了个满怀。他就是佳豪，我一把抓住他的手臂，厉声说："你往哪跑？回班去！"这时，只见他满脸憋得通红，两眼仿佛都冒着火，气呼呼地说了句"我要下去静静"，便使劲挣脱我的手，头也不回地往楼下跑去。看着他气冲冲的背影，我回想起他最近的行为，这样的冲动表现已不是第一次。佳豪这个孩子自从疫情过后回到学校，性情大变，经常和同学发生冲突，甚至对同学爆粗口、动手。前些天就因为不服老师的批评指责，跑到楼下操场不回教室，我当时很生气，严肃地批评了他，还专门请他妈妈来谈了他的问题。他妈妈也很苦恼，说他在家根本不听自己的，还跟自己顶嘴，并表示回去让他爸爸好好教训他。从今天他的表现来看，之前这样的沟通方式完全是徒劳。

场景二：

琛琛是班上的小学霸，学习成绩在年级也名列前茅。下午托管时间，居然跟英语老师大吵大闹！当时同学们都在安静地做作业，老师突然听到一阵动静，抬头看到琛琛同学在往前面扔纸团，老师批评他不该乱扔纸团，他却说纸团不是他的，是他正在做语文期末模拟试卷订正时从前面飞过来的，一定是前面的女生故意扔过来的，还说老师不了解事情真相就乱批评人。老师责问他说："别人乱扔就是错误，你又扔回去不是错上加错吗？你是不是错了？"没想到，琛琛同学突然情绪特别激动，大哭着喊道："我没错！我从来就不会错！你不要管我！"他的样子让老师和同学们都很惊讶，大家都没想到一贯温顺的他竟然会这么激动，甚至到放学都没有平静下来。

场景三：

小 A 是一个天资聪颖的女生，她博览群书，思想成熟，语数外成绩更是名列前茅。最近，她常常愁眉不展，一个人站在走廊上望着天空发呆。我发现了这个现象，就坐在旁边跟她聊天。"最近，老看你闷闷不乐的，怎么了？"我问。她犹豫了很久，才说："小羽和我绝交了。"她的语气中透着无尽的落寞。小羽和她同为英语课代表，经常一起收作业、带早读，平时关系可要好了。我心里正疑惑，她接着说："还有我们小队的成员，最近也老是怪我给小队扣分了。现在没人和我玩，他们都讨厌我！"原来，她总是在英语成绩上跟小羽较劲，要么话中带刺，要么就是"凡尔赛"，弄得小羽心里很不舒服。课间又常常和小羽打闹取乐，下手不知轻重，小羽那瘦小的身子哪里受得住？而她的小队成员则反映，她常常忘带作业，又不认真检查卫生，害得小队为此扣了不少分，说了、劝了、提醒了，她总是敷衍着说"知道了"，可就是没见改。渐渐地，大家也就疏远她了。她原本在班上朋友就不多，这下，她更是孤单了。

场景四：

初识梓熙，已是四年级，她体型瘦弱，戴着一副眼镜，说话细声细气，成绩非常优异，令所有孩子羡慕，所以她理所应当地被同学们选成了学习委员。看着她比同龄孩子矮半个头，中午打饭我特意多跟她打一点，叮嘱她多吃一点，她默默地瞟了我一眼，很有礼貌地说："谢谢，不用！"多么冷淡而生疏。吃完饭，别的孩子在教室外撒野聊天，她一个人坐在座位上看书。该她还饭桶了，她拎起一个桶盖就算完成了任务。课堂上，其他同学为某个同学进步鼓掌，她就淡淡地看一眼。运动会上，同学请她帮忙凑足 10 名女生参加接力赛跑，她拒绝了。周升旗仪式上，我们班没有争取到博雅班级，其他孩子扼腕叹息，她仿佛置身事外。

小学阶段是孩子个性和人际交往的初步形成和发展阶段，作为班主任，更作为研究者，我们可以通过进行必要的适应教育和指导、加强心理健康教育力度、增强学生的群体归属感、营造良好的和谐班级气氛、重视亲子教育等途径促进孩子人际交往能力的形成和发展。

三、人际交往系列校本课程开发与实施

（一）校本课程开发框架的理论依据

1. 社会情绪理论

根据对于社会情绪的定义解析与维度分析，本项目中将社会情绪能力确定为学生对己、对人的认知与管理，以及学生获得自信心与良好的人际能力，从而能较好地解决发展中所面临的问题，并获得对未来的积极心态和成长韧性。据此，在干预的过程中从"了解自己、了解他人、沟通链接" 3大领域出发，设计干预方案，突出情绪智力的可教性以及个体发展的意义。

2. 团体动力理论

班级团体辅导是一种运用团体动力理论的助人过程。该理论将团体视作动力学整体，团体中的某一结构成分或成员发生变化时，其他成分或成员也会发生改变。情绪共享理论和镜像神经元理论认为，当个体观察他人的动作、表情时会自动模仿，个体大脑中相应脑区也会被激活，从而产生同样的情绪体验；无论是作为共情者去共情别人，或是作为被共情者感知到共情，均会产生作用，团体的力量在于成员不仅能被理解，还能去理解别人（邵瑾，樊富珉，2021）。因此，团体活动虽然通过多个个体成员完成的，但是团体作为一个整体，对每个成员有着强大的支持力，使得个体成员较易接受氛围的感染和信息的影响。

3. 社会学习理论

心理学家班杜拉认为，个人行为、环境和内在因素这三者相互影响。社会学习理论强调观察学习的关键作用，学习可以从观察别人的学习行为及其结果，在替代基础上发生的直接经验中完成，即在人际交往活动中，某一学生在人际交往上的语言和行为会在观察他人、模仿他人中逐渐习得。因此，课程活动通过设计生活中学生会遇到的真实情境，促使学生更好地理解和积累经验，同时，在讨论、活动中，促进学生之间互相学习、互相请教，使每位学生都有机会成为示范者。

（二）校本课程开发框架的现实依据

针对个体辅导实践中学生人际交往面临的热点问题，课题组成员围绕着"了解自己、了解他人、沟通链接" 3大领域，设计了8个主题的人际交往活动方案（如表4-1所示）。方案主要针对小学中高年级设计，并给出了建议开展的年级。如果不在相应年级段的班级开展活动，可以对活动形式酌情做出修改，以适应班级的实际情况，促进学生社会情绪能力的发展，提高小学生的人际交往能力，让小学生不仅拥有快乐，还能收获友谊，不再害怕与人相处，而且解决问题的能力得到有效发展。

表 4-1 校本课程开发框架与人际交往活动方案

链接	序号	活动主题	学段	目标	内容
了解自己	1	悦纳自己，向阳而生	中	了解自己，从多方面认识自己。看到自己的优点，正视自己的缺点	你生来就是冠军；"我是谁"自画像；名人故事，原谅自己
	2	完美吗？完美！	中	认识到别人眼中的我和自己眼中的我有什么不同并寻找原因，了解自我认知出现偏差的表现	谁是火眼金睛；印象卡；正向错觉小案例
	3	保护自己	中	了解什么是欺凌，保护自己免受欺凌	心灵相通；小红的委屈；欺凌和矛盾差异
了解他人	4	换位思考	高	帮助学生形成换位思考的意识，掌握换位思考的方法	递笔考验；刘宽的故事；六尺巷传奇；拓展与反思
	5	共情的力量	高	帮助学生理解和尊重他人的选择。强化学生对他人情绪的共情和感知能力	情绪脸谱；情绪周期表；原谅他人
沟通链接	6	非暴力沟通	中	了解不正确的语言表现形式，体会和理解其危害；掌握非暴力沟通四要素，并在生活中运用	你划我猜；你伤害了我；非暴力沟通四要素
	7	友善待人	高	懂得与人为善，提高助人为乐的思想境界。探讨学习与人和谐相处的方法	最受欢迎的人；早班车厢的故事；我的友谊之花
	8	化解矛盾	高	能在矛盾中反思自己；勇于主动化解矛盾，主动和好	给好感打分；六尺巷传奇；争吵后我该怎么办；我是否学会了化解矛盾

1.了解自己

了解自己包括：对自己的情感、兴趣、价值观和优势进行客观识别与评价；认同自我发展的积极品质并保持充分自信，能调适自己的情绪和行为，激励自己，形成和维持良好的情感体验与行为；主要表现为自知、自信、自尊。

2.了解他人

了解他人包括：能够识别和理解他人的态度、情感、兴趣和行为；能够站在他人的立场看待问题；尊重差异，学会包容，化解冲突，有主动与他人交流的意愿，能建立并维持友善的人际关系；主要表现为共情、尊重、亲和。

3.沟通链接

沟通链接包括：主动与他人沟通、交往，建立人与人之间的链接，形成集体与亲社会意识，认同集体价值观，遵守集体行为规范，形成集体荣誉感；正确理解和调适集体与个人的关系，明确个人在集体中的权利与责任，培养亲社会行为；主要表现为具有集体意识和亲社会意识。

（三）校本课程的开发与实施

在校本课程的开发过程中，课题组成员按照Corey提出的经典理论"团体发展四阶段说"，将课程分为初期阶段－转换阶段－工作阶段－结束阶段（樊富珉，何瑾，2010），围绕设计活动框架，确定每次活动主题和具体活动方案，有步骤地推进课程开发过程。

初期阶段的主要目的是与被试对象建立信任关系，活动过程中需要遵守的规则以及促进形成良好的团体氛围，因此设计了"悦纳自己，向阳而生"和"完美吗？完美！"等主题，在团体开始时增进学生彼此互动，营造安全、信任的气氛，作为初步的、公开自我的表露环节。

转换阶段肩负着由"团体凝聚力初步形成"向"运用团体动力解决团体共同关心的某一发展问题"转移的重要任务，因此设计了"保护自己"和"换位思考"等主题，引发学生逐步关注更为内在的议题，并在相互分享中促进中等层次自我表露，形成创造支持性的团体气氛，过渡至工作阶段。

工作阶段是干预活动的重要组成部分，其中涉及的干预内容包含提升学生对情绪的感知与识别情绪管理能力及有效沟通，因此设计了"共情的力量""非暴力沟通"和"友善待人"等主题，设计引发成员之间正向与负向的反馈、设计探讨个人问题的活动、设计促进改变行为的活动。

结束阶段的主要内容是对此系列团体辅导的总结与回顾，因此设计了"化解矛盾"等主题，分享个人收获以及填写团体辅导干预后的反馈问卷。

在校本课程的实施过程，则主要由同一班级按照顺序开展活动，以确保活动内容的连贯性。活动实施后，教师有针对性地给学生布置一些反思性写作，要求学生结合实际考虑生活中自己的人际交往行为，强化和巩固活动效果。此外，教师也会被要求针对活动方案本身和实施过程中遇到的问题进行实践性反思。

第四节 数据分析

为了促进行动研究的开展，客观评估人际交往团辅活动开展的成效。课题组成员从问卷调查数据分析和学生作文文本分析两个方面，来分析活动开展的成效。

一、参与调查的学生情况

考虑到参与问卷调查需要学生具备一定的阅读能力,因此一、二年级学生未参与问卷调查。此外,考虑到要进行1年的追踪,且前测安排在5月,这样六年级实际参与研究的时间只有1个月,因此六年级学生未参与调查。

在前测的实施过程中,按照1:1的配置原则,在每个实验班所在的年级中抽取1个平行班级作为对照班,要求每个实验班和对照班之间满足如下要求:班级学生数差额小于5,班级学生成绩大体相当,班主任任教年限差值小于3年。

参与前测问卷调查的学生有430人,其中男生231人,女生199人;参与后测的学生有438人,其中男生235人,女生203人。从年级分布看,五年级参与前测的学生数为273人;五年级参与后测的学生数为275人,在各个年级的学生数中占比最高。在前测和后测阶段,实验班和对照班的男女人数差值不大,不同班别的学生性别构成基本相同,两者具有较好的同质性,如表4-2所示。

表4-2 不同阶段参与问卷调查的学生构成　　　　　单位:人

	前测		后测	
	男	女	男	女
三年级	40	34	43	36
四年级	34	49	34	50
五年级	157	116	158	117
对照班	117	101	113	104
实验班	114	98	122	99

二、调查问卷及情况介绍

本研究采用行动研究的范式,在小学中高级阶段(即三、四、五年级),以班级为单位开展针对学生的人际交往训练活动,围绕"了解自己、了解他人、沟通链接"3个方面设计了8个人际交往训练专题活动。基于社会情绪能力培养的理念,研究者希望人际交往活动能够在人际交往领域的3个方面产生效用,3个方面及具体的评估因素分别是:①学生的人际情感体验,如主观幸福感、学校归属感、学校抵制感等;②学生的人际交往意识,如一般信任感、学生竞争、学生合作等;③学生的社会适应结果,如社会适应、心理弹性等。因此,调查问卷的选择围绕学生人际交往领域的3个方面展开,涉及8个问卷59个题目。

为了考查测量工具的信度，研究者采用克伦巴赫α系数作为内部一致性信度的指标，将需要反向计分的题目进行相应的处理后计算内部一致性信度，前后测阶段的内部一致性指标如表4-3所示。

表4-3 前后测调查阶段的问卷基本情况汇总

领域	问卷	题数	计分	问卷例题	前测	后测
人际情感体验	主观幸福感	9	六点	由有趣的到厌恶的	0.946	0.955
	学校归属感	13	六点	我得到了和其他同学一样的尊重	0.913	0.919
	学校抵制感	5	六点	有时我感觉我好像不属于这所学校	0.772	0.808
人际交往意识	一般信任感	4	六点	老师会认真考虑我们的建议	0.848	0.825
	学生竞争	4	四点	学生觉得自己被拿来与他人作比较	0.849	0.873
	学生合作	4	四点	学生觉得自己被鼓励与他人合作	0.886	0.926
社会适应结果	社会适应	6	四点	我在努力学习，争取做一名优秀的学生	0.651	0.663
	心理弹性	14	四点	我喜欢做新的和不同的事情	0.904	0.892

由表4-3可以看到，除了社会适应问卷的克伦巴赫α系数在0.700以下外，其他各个问卷的克伦巴赫α系数均在0.750以上，说明问卷的可靠性好、稳定性强，可以作为相应的测量评价工具。

三、实验班和对照班学生在前测的测量指标的差异比较

采用独立样本t检验对前测的数据进行分析，发现除了心理弹性、学生竞争，其他各个指标得分在对照班和实验班之间的差异均不显著（见表4-4），预示着对照班和实验班基本是同质的，符合设计对照组的初衷。

表4-4 前测阶段实验班和对照班在测量指标上的差异

	实验班		对照班		t	p
	M	S	M	S		
学生竞争	8.70	3.53	8.07	3.40	2.02	0.044
学生合作	13.03	3.13	13.12	3.24	−0.30	0.766
主观幸福感	44.91	11.05	45.77	10.86	−0.85	0.394
心理弹性	45.74	8.57	47.74	8.02	−2.62	0.009
社会适应	19.68	3.39	19.82	3.51	−0.42	0.675
学校归属感	66.81	11.16	67.38	11.46	−0.55	0.583
学校抵制感	10.64	6.06	11.29	6.55	−1.12	0.264
一般信任感	25.39	4.79	25.40	5.76	−0.01	0.990

在心理弹性指标得分上，对照班学生的均值显著高于实验班；而在学生竞争指标得分上，实验班学生均值显著高于对照班。当然，在追踪研究中，研究者也可以通过该指标得分纵向的变化趋势来评估行动干预研究在改善该指标上呈现的效果。

四、实验班和对照班学生在后测的测量指标的差异比较

为了评估采用人际交往团辅活动的干预效果，研究者采用独立样本 t 检验对后测的数据进行分析，结果如表4-5所示。实验班和对照班学生在8个指标的得分上差异显著，具体表现为实验班学生的学校适应、学校归属感和一般信任感得分显著高于对照班；而负性指标，如学校抵制感得分则显著低于对照班，预示着实验班开展的面向学生个体和班级整体的干预活动是有效的，符合研究设计的预期。

表4-5 后测阶段实验班和对照班在测量指标上的差异

	实验班		对照班			
	M	S	M	S	t	p
学生竞争	8.58	3.65	8.68	3.49	−0.29	0.774
学生合作	13.85	2.82	13.31	3.34	1.82	0.069
主观幸福感	54.75	12.01	53.98	11.76	0.68	0.496
心理弹性	49.10	6.60	48.07	7.78	1.50	0.136
社会适应	20.80	3.01	20.16	3.40	2.07	0.039
学校归属感	71.42	8.23	68.73	10.77	2.94	0.003
学校抵制感	8.91	5.17	11.05	6.88	−3.69	0.000
一般信任感	27.55	3.52	26.27	4.41	3.37	0.001

此外，在前测阶段，对照班学生的心理弹性显著好于实验班，但经过活动干预，实验班学生的心理弹性得到更为快速的发展，缩小了两者之间差异。

五、实验班和对照班学生在各个指标上的纵向发展比较

为了评估由于人际交往团辅活动的干预介入导致的学生积极心理品质的成长，研究者分别对实验班和对照班的前后测的数据进行相关样本 t 检验，结果如表4-6所示，对照班学生的主观幸福感和学校归属感得分有显著的增加，显示了在没有实验干预的前提下被试指标的自然好转。

相对而言，实验班学生在学生合作、主观幸福感、心理弹性、社会适应、学校归属

感、一般信任感和社会适应正向指标上得分升高,而在学校抵制感这一个负向指标上得分降低,显示了活动干预达到了较好的效果。

表4-6 后测阶段实验班和对照班在测量指标上的差异

	对照班					实验班				
	前测		后测			前测		后测		
	M	S	M	S	t	M	S	M	S	t
学生竞争	8.19	3.44	8.73	3.53	-1.76	8.87	3.52	8.59	3.66	0.93
学生合作	12.91	3.25	13.23	3.40	-1.02	12.90	3.15	13.91	2.79	-4.05***
主观幸福感	45.38	11.12	54.01	11.47	-7.29***	44.67	11.01	54.83	12.00	-10.61***
心理弹性	47.28	8.07	47.90	7.95	-0.92	45.29	8.37	49.13	6.74	-6.15***
社会适应	19.85	3.39	20.35	3.17	-1.71	19.78	3.34	20.75	3.05	-3.99***
学校归属感	67.24	11.18	69.11	9.95	-2.08*	66.87	10.67	71.50	8.43	-6.33***
学校抵制感	11.12	6.45	10.81	6.71	0.47	10.42	6.14	9.01	5.26	2.63**
一般信任感	25.52	5.42	26.16	4.37	-1.33	25.44	4.62	27.54	3.62	-5.87***

六、研究干预对实验班学生人际交往的影响

研究者以干预前后的指标测试结果为重复测量变量,以实验班和对照班的班别设置作为组间变量,按照2×2混合设计进行方差分析。结果显示,在心理弹性、社会适应、一般信任感、学校归属感、学校抵制感、学生竞争、学生合作共计7个指标上出现了研究者预期的人际干预积极效果。

(一)心理弹性

心理弹性在班别上主效应不显著($F_{(1, 384)}=0.346$;$p>0.05$),即不同班别学生心理弹性得分的差异不显著。实验班心理弹性前后测得分的主效应显著($F_{(1, 384)}=23.617$;$p<0.001$),意味着实验班学生后测的心理弹性得分显著高于前测。不同班别心理弹性前后测交互效应显著($F_{(1, 384)}=12.262$;$p<0.001$),交互效应图如图4-2所示。对照班学生的心理弹性得分在前后测中差异不显著,而实验班学生心理弹性在后测阶段显著高于前测阶段。

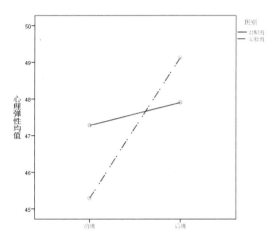

图 4-2　不同班别学生前后测心理弹性得分的交互效应图

（二）社会适应

从社会适应和人际信任的角度看，社会适应均值的班别主效应不显著（$F_{(1, 384)}=0.354$，$p>0.05$），意味着班别对结果的影响不显著；实验班前后测均值差异显著，具体表现为实验班后测阶段学生的社会适应均值显著高于前测（$F_{(1, 384)}=15.071$，$p<0.05$）；交互效应的结果不显著（$F_{(1, 384)}=1.541$，$p>0.05$），即班别与前后测的交互效应不显著。

（三）一般信任感

在一般信任感上，班别主效应即实验班和对照班学生在干预活动后的一般信任感均值差异不显著（$F_{(1, 384)}=3.363$，$p>0.05$）；实验班学生后测阶段的一般信任感均值高于前测（$F_{(1, 384)}=21.192$，$p<0.05$）；班别与前后测的交互效应是显著的（$F_{(1, 384)}=5.933$，$p<0.05$），交互效应图如图 4-3 所示，表现为实验班学生后测一般信任感均值高于前测，而对照班则前后测差异不显著。

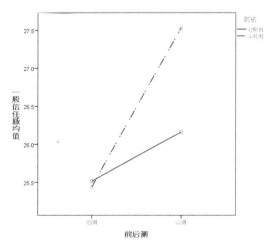

图 4-3　不同班别学生前后测一般信任感均值的交互效应图

(四)学校归属感

从学校归属感看,后测实验班和对照班学生的学校归属感平均值差异不显著($F_{(1,384)}=1.408$, $p>0.05$);但实验班学生后测的学校归属感平均值显著高于前测($F_{(1,384)}=31.792$, $p<0.001$);班别和前后测的交互效应显著($F_{(1,384)}=5.758$, $p<0.051$),表现为对照班和实验班学生的学校归属感平均值在前后测中存在显著差异,但实验班后测的增长幅度显著高于对照班,如图4-4所示。

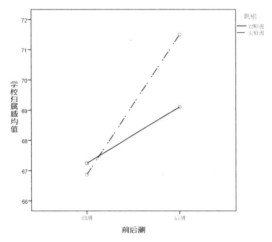

图4-4 不同班别学生前后测学校归属感均值的交互效应图

(五)学校抵制感

从学校抵制感看,实验班学生的学校抵制感均值低于对照班,且差异显著($F_{(1,384)}=7.365$, $p<0.05$);实验班前后测主效应结果显著($F_{(1,384)}=4.14$, $p<0.05$),说明实验组学生的学校抵制感均值在前后测存在显著差异;前后测和班别的交互效应不显著($F_{(1,384)}=1.68$, $p>0.05$),但简单效应的分析结果显示,实验班学生经过研究干预,在后测阶段抵制感得分有显著下降,而对照班降幅则不显著,如图4-5所示。

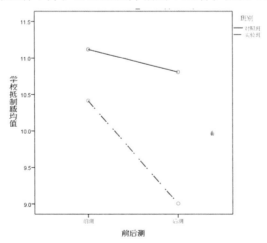

图4-5 不同班别学生前后测学校抵制感均值的交互效应图

（六）学生竞争

从班级的竞争和合作氛围看，学生竞争平均值的班别主效应不显著（$F_{(1,402)}=0.938$，$p>0.05$），表明实验班与对照班班别这一因素导致的学生竞争均值的差异并不显著；前后测主效应亦不显著（$F_{(1,402)}=0.556$，$p>0.05$）；两者的交互效应边缘显著（$F_{(1,402)}=3.629$，$p<0.10$，简单效应的分析结果显示对照班的学生后测阶段的学生竞争均值有显著提高，而实验班则变化不显著，如图4-6所示。

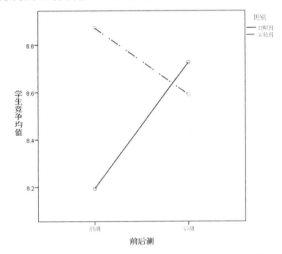

图 4-6 不同班别学生前后测学校竞争均值的交互效应图

（七）学生合作

实验班和对照班的同学的学生合作平均值不存在显著差异（$F_{(1,402)}=1.920$，$p>0.05$）；实验班学生的学生合作平均值在前后测中存在显著差异（$F_{(1,402)}=11.015$，$p<0.05$）；对照班与实验班的学生们的学生合作平均值在前后测中交互效应上边缘显著（$F_{(1,402)}=2.920$，$p<0.10$），如图4-7所示。

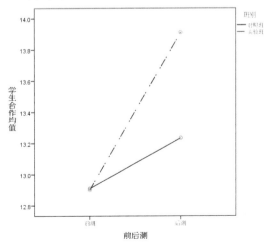

图 4-7 不同班别学生前后测学校合作均值的交互效应图

七、各班内部人际交往网络的社群图

张丽丝、刘慧玲、敖敦（2016）对高中生人际关系现状进行分析时，分别从宏观层面的班级凝聚力、中观层面的同学之间友善和微观层面的个体心理健康来进行分析。凝聚力指标采用网络密度和社群图法分别做定量和定性分析；中观层面的小团体分析采用凝聚子群分析方法；微观层面的心理健康指标采用从中心边缘分析方法和度数中心度分析方法进行分析。

为了更细致地刻画班级内部人际关系，在前后测阶段，研究者采用同伴提名法，分别构建了学习交流网络和情感交流网络，具体做法为：向学生提供全班同学名册及编号，要求学生提供"遇到学习问题向哪些同学请教""遇到不开心的事经常向哪些同学倾诉"的同学编号，采用igraph绘制班级内部人际交往网络图。这里以Y小学五年级4班和5班为例，呈现实验班和对照班前后测阶段两个网络的变动情况。

从实验班学习交流网络图（见图4-8）来看，后测阶段班级成员之间人际提名的连线明显增多，人际交往的密度明显增加，显示出同学之间学习交流更加频繁，学习气氛更加浓厚。前测阶段学习交流的中心节点有6个，分别为6、10、15、28、30和31号；后测阶段的学习交流中心节点有6个，分别为1、6、10、28、30和45号。前测阶段的学习交流构成了"一大二中三小"6个学习交流群：大的学习交流群以红色圈出，节点为橘黄色，其中几乎包含了所有的中心节点；2个中型交流群各有8个节点，分别用蓝色和深绿色表示；3个小型交流群人数为2—3人。后测阶段的学习交流群的大型群人数变少了，3—4人规模的中型群有4个，小型群的个数也变少了。

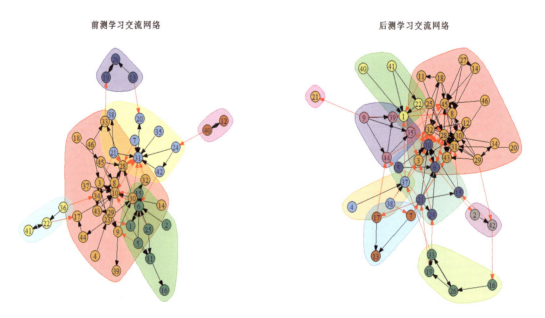

图4-8 某实验班学习交流网络的前后测对比

从实验班的情感交流网络（见图4-9）来看，前测阶段实验班情感交流网络分割出了一个大群，另外其他同学被分成内部联系紧密、彼此分割的8个小群体；到了后测阶段，各个小群体进行了内部整合，形成了2个大群体、3个中群体和2个小群体，但彼此之间的联系变得更为密切了。

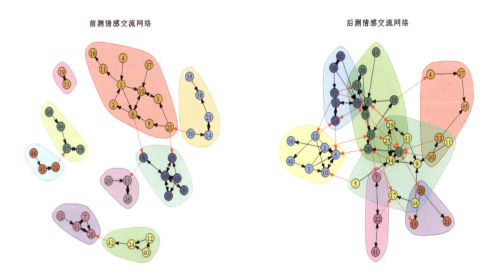

图4-9 某实验班情感交流网络的前后测对比

从对照班的学习交流网络（见图4-10）来看，前后测阶段学习交流网络的连接密度没有明显的变化，前测阶段学习交流的中心节点为15、48、43、7和20号，后测阶段的学习交流中心节点为15、4、7、22号。前测阶段构成了3个规模较大且人数相当的学习交流群体，后测阶段这3个群体仍然存在且群体内部的交流频繁程度大体不变。

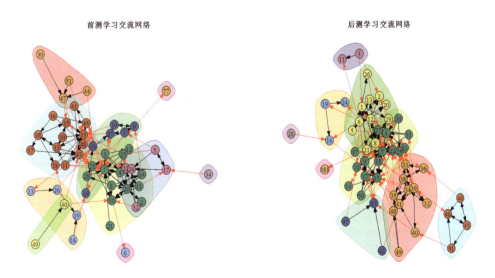

图4-10 某对照班学习交流网络的前后测对比

图4-11所示为某对照班情感交流网络的前后测对比。

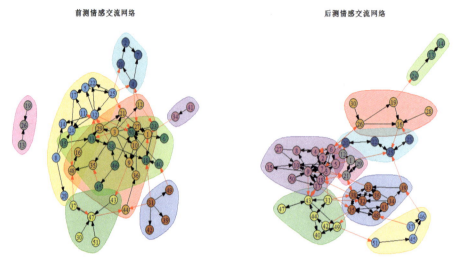

图4-11 某对照班情感交流网络的前后测对比

八、各班内部凝聚力指标的分析

研究者对学习交流网络和情感交流网络的密度、入度中心势（简称中心势）两个指标进行分析，分别在前测和后测两个纵向时间节点上对实验班和对照班进行比较，考虑到实验设计中按照年级、人数进行了实验班和对照班的匹配，因此表4-7中分别列出了5个班组相应的凝聚力指标。

表4-7 不同班组学习和情感交流网络的密度和中心势指标对比

班组	班别	学习交流网络				情感交流网络			
		密度值		中心势		密度值		中心势	
		前测	后测	前测	后测	前测	后测	前测	后测
1	对照班	0.05	0.11	0.17	0.17	0.04	0.06	0.08	0.10
	实验班	0.10	0.08	0.18	0.38	0.05	0.05	0.07	0.05
2	对照班	0.04	0.05	0.18	0.13	0.03	0.04	0.08	0.10
	实验班	0.04	0.06	0.09	0.18	0.05	0.05	0.09	0.15
3	对照班	0.04	0.05	0.34	0.27	0.03	0.04	0.06	0.13
	实验班	0.05	0.07	0.28	0.21	0.04	0.05	0.06	0.10
4	对照班	0.05	0.07	0.27	0.41	0.03	0.05	0.07	0.15
	实验班	0.04	0.06	0.23	0.21	0.04	0.05	0.09	0.12
5	对照班	0.06	0.07	0.29	0.20	0.04	0.04	0.08	0.06
	实验班	0.09	0.06	0.41	0.53	0.06	0.05	0.10	0.15

两个凝聚力指标的含义如下：密度是班级之中实际人际连接数与可能的最大人际连接数的比值，其值越大表示班级内同学之间的关系越紧密，合作行为越多且信息流通的效率越高；中心势是班级中入度最大同学的入度与其他同学的差距，中心势越大反映了群体的凝聚力越强，但同时也意味着群体权力的过分集中。

从学习交流网络来看，前测阶段第2、3、4班组实验班和对照班的密度值大体相当，第1、5班组实验班密度值大于对照班；经过一年的人际交往干预，第2、3、4班组实验班的密度值增幅大于对照班，而第1、5班组实验班密度值反而出现下降趋势。

从中心势的角度看，各班组实验班和对照班前测中心势的值相差较大，这里仅比较各班中心势增幅的大小，第1、2、5班组中实验班中心势增幅明显，而只有第4班组中对照班增幅明显，其他班组的对照班则大体持平或下降。这反映人际交往干预可能对班级凝聚力有促进作用，特别是对核心人物的影响力有强化作用。

情感交流网络是指同学之间交流情感，基于个人化、私人性而形成的关系网络。从密度的角度看，前测阶段各个班组的实验班和对照班的密度值大体相当，经过一年的人际交往干预，实验班的班级密度值有小幅度的提升，同时对照班的班级密度值也有大体同样幅度的提升。

从中心势的角度看，各班组实验班和对照班前测中心势的值差值在0.02以内，显示各班水平大体相当，经过一年的同学相处，各班情感交流网络的中心势均有小幅度提升，显示了同学之间情感交流的中心化趋势逐渐增加，其中第2、3、4、5班组中实验班中心势增幅明显，而只有第3、4班组中对照班增幅明显，其他班组的对照班则大体持平或下降。这反映了随着学生人际交往，同学中逐渐产生非正式的情感核心，人际干预可能对班级凝聚力有促进作用，特别是对核心人物的影响力有强化作用。

九、各班人际网络的二元组分析

二元组分析侧重考查的是社会网络中任意一对人际交往的个体之间关系的类型。网络中，两个个体之间关系的类型可以分为互惠对、单向对和虚无对3种。互惠对表示个体间的特定关系是双向指向的，如两个同学都提名对方为自己的好友；单向对则是单向指向的，如A提名B为好友，而B则未提名A为自己的好友；虚无对则反映了两个个体之间不存在关系，即A、B互不提名对方为自己的好友。这3种二元组关系对的数量和比例关系可以反映社会网络的不同特性，互惠对的数量多少和比例大小反映了班级凝聚力的高低，单向对能反映不平等和不对称关系，而虚无对则预示着人际关系的疏离程度。考虑到呈现结果的简洁性，这里把各个班级学习交流和情感交流两个网络的相应指标合并取平均值，结果如表4-8所示。

表 4-8　不同班级学习和情感交流网络二元组对比

班组	班别	前测			后测		
		互惠对	单向对	虚无对	互惠对	单向对	虚无对
1	对照班	14	57	791	21	113	834
	实验班	22	76	722	14	83	724
2	对照班	6	38	641	4	56	645
	实验班	6	44	750	13	89	911
3	对照班	12	54	970	11	79	1063
	实验班	15	82	1129	26	81	1071
4	对照班	4	100	1172	21	109	1146
	实验班	12	49	865	11	80	835
5	对照班	7	66	789	9	76	756
	实验班	19	103	781	6	86	812

考虑到各班在前后测阶段会有学生的导入和转出，故各班前后测二元组的总数不完全相等。前测阶段第2、3班组实验班和对照班在互惠对上大体相当，且经过一年的人际干预后，实验班的互惠对增幅较大，而对照班的互惠对则保持持平；第1、4班组则出现相反的趋势，即对照班的互惠对增幅较大；第1、5班组的实验班互惠对则出现下降。

从单向对的增幅来看，后测阶段较前测阶段均有增幅，第1、2、4班组实验班的单向对增幅较大，第1、2、3班组对照班的单向对增幅较大。这反映了学生间人际交往的群集效应逐步显现。

第五节　结果讨论与反思

随着全球化的发展，竞争日益激烈，社会对教育系统的人才培养提出了新的要求，《教育——财富蕴藏其中》报告提出的"学会求知、学会做事、学会共处、学会生存"四大支柱教育就把人际交往和沟通的重要性提升到了新的高度。我国的教育主管部门也对中小学生人际交往能力的养成提出了明确的要求。然而，长期以来，我国学生的人际交往存在较多问题，如自卑、怯懦、缺乏自信，对他人认知多存在偏颇，缺乏必要的人际交往技能，不懂得如何建立、维持关系，以及缺乏必要的化解矛盾冲突的手段等。

本研究采用行动研究的范式，扎根小学人际交往的一线，从班级人际交往的实际问题入手，评估问题产生的可能原因，立足于小学生社会情绪能力的提升，设计了系列的活动课程并在实验班进行实施，采用有对照组的前后测设计，从学生的人际情感体验、人际交往意识和社会适应结果等方面评估基于活动课程的行动干预效果。数据分析结果显示，行动干预对小学生人际交往等多方面因素产生了预期的效果：在心理弹性、学校归属感等积极指标上，实验班学生后测的得分较前测有显著提升，而在对照班，这种增幅不存在或者没有实验班大；在消极指标，如学校抵制感上，行动干预使得实验班学生后测的得分显著降低。

本研究的一个创新是结合社会网络分析的方法，以同伴提名的方式获得班级内部人际交往网络的关系数据，通过社群图、网络密度、中心势和二元组分析等来描述班级内部学生在情感交流和学习交流的现状。与现有的统计分析方法在处理关系数据时往往力不从心（因为关系数据的独立性经常是无法满足的）相比，社会网络分析方法更侧重对关系数据的描述，尤其是借助图形化的直观展示和指标化的网络指标刻画，更方便研究者把握人际关系网络的内在结构。从社会网络分析结果来看，似乎无法得到一致的、定论性的结果，这主要是由于社会网络分析方法在推断统计方面尚不够完善，需要在考虑各种前提条件是否满足的基础上慎重使用。

本研究从社会情绪能力入手，改善学生的人际交往，其考虑主要是学生的人际交往，尤其是班级环境中的人际交往有很强的自发性和非正式性，更多地依托情感纽带来联系，较少重视利益的交换和关系的对等，这一点与成人的人际交往有显著不同。因此，研究从社会情绪能力入手，将情绪视作维系小学生人际关系的纽带。从研究结果看，这种选择是可行的。

社会情绪能力与学生的积极成果有关，包括学业投入、积极的行为成果和对学校的依恋（Zins，Elias，2007）。社会情绪能力的缺乏将可能导致负面的结果。例如，社会情绪能力不足的学生表现出有较低的学业成绩（包括较低的成绩和成就）、更多的纪律和出勤问题，以及更高的辍学率；Eklund等（2018）也发现，出现社会情感问题的学生也更有可能有更多的违纪行为。

本研究并未对社会情绪能力进行直接的测量，主要考虑学术界尚没有对社会情绪能力作出统一的定义，具体监测指标有待进一步聚焦。如社会情绪能力多被定义为"学习并能够在生活中恰当地运用技巧、正确清晰地认识和控制情绪、考虑和关心他人的感受、形成并维持积极的人际关系以及做出负责任的决策的能力"。监测指标多从自我认识、自我管理、他人认知、他人管理、集体认知、集体管理6个方面展开，但没有公认且权威的监测指标。因此，研究者从社会情绪能力的结果进行评价，以推断其社会情绪能力的高低。

第六节　研究活动呈现

以下选取了部分小学生人际交往训练活动方案。

活动一：悦纳自己，向阳而生

一、活动主题

悦纳自己，向阳而生。

二、活动目标

了解自己，能够从生理、心理、社会等方面观察和认识自己。

能够发掘自己的优点、增强自信心，学会自我肯定、建立自尊，并且乐于做自己。

正确对待别人对自己的评价，敢于正视自己的缺点，悦纳自己的不足。

懂得完善自我的重要意义，掌握完善自我的基本方法。

三、活动对象

四年级、五年级小学生。

四、辅导过程

（一）开场白：你生来就是冠军

遗传学家谢菲尔德说："停下来考虑你自己的事吧。在整个世界史中，没有任何别的人会跟你一模一样。在将要到来的全部无限的时间中，也绝不会有像你一样的另一个人。"

在争夺卵子的赛跑中，成千上万甚至数以亿计的精子里，获得冠军的那一个构成了你；当你还是胎儿的时候，你又面临着畸形甚至死亡等诸多危险的挑战，大获全胜以后你才能开始你真正的生命。

所以，不管将来你遇到多少障碍与困难，请记住不要畏惧，你生来就是冠军了！

（二）热身活动："我是谁"自画像

小马妈妈让小马去磨房搬粮食，它走啊走，被一条小河挡住了去路。看着奔流的河水，小马不知自己是否该蹚中过河去。于是，它问小松鼠。小松鼠告诉它说，河水很深，昨天才淹死了一个小伙伴。而碰巧老牛在那，老牛却说，河水很浅，水面才到它的膝关节。小马看看小松鼠又看看老牛，然后走到老牛跟前，将自己的身高与老牛比了比，它笑了，勇敢地蹚过了河。

（1）小马开始为什么不敢过河？
（2）小马为什么后来又敢过河了？
（3）如果小马不了解自己的身高和能力，结果会怎样？
（4）这个故事说明了什么道理？

这个故事说明了正确认识自己的重要性，大量的临床观察和社会实践证明，心理疾病的产生，往往是由于不善于观察自己、认识自己，或者没有能够正确地观察自己、认识自己。

那么，我们应该怎样观察自己和认识自己呢？

一般而言，我们可以通过以下3个方面观察自己和认识自己。

第一，生理自我的认识——对自己外表和体质状况的观察和认识。包括对外貌、仪态、健康状况等方面的认识。例如，我是一个高个子，我是一个短发女孩等。

第二，心理自我的认识——对自己精神世界的观察。包括对自己的智力、能力、性格、兴趣、爱好、特长等方面的观察和认识。例如，我是一个胆小的人，我爱好文学等。

第三，社会自我的认识——对自我形象的观察和认识。对中学生来说，主要是对自己在班级、年级、学校中的位置和作用，公共生活中的举止表现以及社会适应能力的认识。例如，我是一名中学生，我是一个受欢迎的人等。

结合实际，围绕生理自我、心理自我、社会自我这3个方面，各写出3个"我是……"的句子。

认识自己的途径：自我评价；与他人比较；倾听他人的评价。

现在将手中的"自画像"和同桌进行交换，由同桌进行1—10的打分，并对不完善的地方进行补充，请3—4人进行分享。

同学是镜子，照出我们自己看不到的地方。从不同的角度，会看到不同的自己。角度越多，个人对自己的认识就越全面。只有全面地认识了自己，才能更好地取长补短，完善自我，取得成功。

（三）主题活动：名人故事，原谅自己

任何人总是同时有优点和弱点，伟人、名人也不例外。身患白化病的盲人门球选手胡明耀，曾连续3届获得残奥会冠军。有网友发现，他在发球的那一瞬间，专注、充满力量的形象，简直酷极了！

即便世界只有一种颜色，也不妨碍他看世界的精彩，就像他的名字一样，在无边黑暗中，他成为一颗闪耀的星球。

我们再次回到刚刚的自画像环节，当你听到同桌谈及自己的优点或者缺点的时候，你的心情是怎样的？

(1) 闭着眼睛想想自己目前存在的缺点，积极地看待它。

(2) 每天坚持用语言肯定自己，不要因为小小的失误将自己全盘否定。

(3) 保持自信和乐观，哪怕做得不够好，也相信事情会往好的方面发展。

(4) 请爸爸妈妈或者其他你信任的成人督促自己，不断改正自己的缺点。

(四) 活动总结（5分钟）

法国思想家卢梭说："大自然塑造了我，然后把模子打碎了。"世上只有一个你，你就是你。只有学会接受自我，才能构建属于自己的头脑。"你"不等于你的错误。如果我们能及时认识到这些消极因素属于我们而不等于我们，承认自我就容易得多，然后才能改正它。这就更要求我们努力地去认识自己、看清自己，接受一切我们不满意自己的部分，这样我们才能接纳自己。

活动二：完美吗？完美！

一、活动主题

完美吗？完美！

二、活动目标

(1) 了解到"错觉"的存在。

(2) 认识到别人眼中的我和自己眼中的我有什么不同并寻找原因。

(3) 找到解决自我认知出现偏差的方法。

三、活动对象

四年级、五年级小学生。

四、开场白（5分钟）

同学们，大家好！很高兴与大家共同参与本次的主题活动，在课程开始之前，老师想给大家科普一个小知识。那就是，犹太人有一句谚语："你需要在口袋里经常放两张纸条，一张写着'我只是一颗尘埃'，另一张写着'世界为我而造'。"大家能在这句谚语中学到什么呢？

它其实是想告诉我们，我们既不能自我感觉太良好，也不能妄自菲薄失去自信。大家觉得世界上有完美的人吗？我们又该如何接纳自己的不足呢？我们今天就一起来学习一下主题"完美吗？完美！"

这节课，我将带领大家去解决这个疑问，去寻找真正的自己，去探知不完美的自己，然后学会用发展的眼光去认识和理解这个问题。

五、热身活动：谁是火眼金睛（8分钟）

(一) 指导语

你们相信自己的双眼吗？有时候你会不会因为某种原因而会误认某些物体和现象？下面给大家呈现几张图片，大家先看图片，再结合所见去思考提出的问题,并说出你们的想法。

(二)活动过程

向学生依次放映PPT上的错觉图片(多图则需有停顿放映)。

在每一张PPT图片呈现后再向学生提出疑问。

邀请学生自主发言,说出对这些图片的理解(允许有异议,鼓励学生积极思考,主持人也可以进行辅助解释)。

(三)结语

从刚才的活动中我们可以发现,当我们观察这些图片所呈现的物体时,由于物体受到形、光、色的干扰,同时大家的生理、心理状态不同,不同的人产生了与实际不符的视觉误差。

其实啊,这就是错觉。这些图片本身是客观存在的,只是我们所见、认识的事物与实际事物不完全相符而已。

那错觉仅仅存在于视觉上吗?还有别的地方存在吗?我们接着探究。

六、主题活动:印象卡(10分钟)

(一)指导语

世界上没有完全相同的两片叶子,也没有完全相同的两片雪花,更加没有完全相同的两个人。那么,我们又是哪里与别人不一样呢?外貌、性格、品质,还是别的什么?相信大家都有自己的答案。

都说第一印象是认识的一个很重要的标准,那我们作为同学对其他人的第一印象是怎么样的呢?接下来这个活动叫作"印象卡"。我会给大家发一张印象卡。规则如下。

(二)活动过程

每组围成一圈,每个人在自己手中的印象卡正面写上名字和简短的自我评价。把印象卡交给坐在自己右边的同学,这样每个人手中拿的就是别人的卡片。在卡片的背后填上你对印象卡主人的第一印象,记住是第一印象。将填完的卡片交给下一个人,以此类推。

将写完的卡片交回老师手中。老师收集完所有的卡片,再发回到留名人本人的手中。给每个人3分钟看卡片的时间,然后展开讨论。

(三)过渡语

相信大家都能发现自己写的评价与别人写的评价不尽相同。有的同学会疑惑为什么自己的一些优点别的同学看不到呢,是因为自己做得不够好吗?还是因为别的同学不够了解自己所以看不出来?又或是因为我们对自己的认知产生了偏差呢?如果是前两者,相信大家会很好地处理,改正自己或者更多地表达自己,让同学们更多地了解自己。但是,如果原因是自己对自己的认知产生了偏差，我们又该怎么处理呢？这种问题产生的原因又是什么呢？今天我们就带着这个问题学习一个心理学概念"正向错觉"吧。

七、总结活动：正向错觉（15分钟）

（一）定义

正向错觉，通常指人们认为自己比实际的更优秀，在平常的交流过程当中，如果产生困难，他们的第一反应并不会认为是自己的问题，而认为是别人的问题。

（二）案例分析

1. "为什么不是我？！"

又到了班级一年一度的班委换任的时候，小米自信满满，力争竞选上班长这个职位。小米在班上是一个成绩优异、尊师重道、关心同学、团结友爱的学生；而与小米共同竞争的小岚各方面与他不相上下，受到多位老师的青睐和同学的认可。他们俩唯一的不同是性格，小米直爽有点急躁，小岚温和机灵。而小米不以为意，认为自己一定能够在本次竞选中脱颖而出。但是，让他没有想到的是，最后在全班投票选举后，小岚以1票胜出。

小米不解，更不能接受这个事实，便向班主任理论："为什么这次竞选班长的最终人选不是我？"班主任拍了拍小米的肩膀，安慰道："你各方面都很出众，与小岚不相上下，但是性格方面小岚是担任班长的最佳人选，你的潜力还很大，继续改进、不断完善自己，老师相信你下一次一定可以选上这个职位的。"小米感到生气，心想一定是小岚私下和同学、老师搞好了关系，才会有这一票的落差，自己本没问题，是小岚的嫉妒让他落选。小米越想越生气，气鼓鼓地跑出了办公室。

2. "不是我的错！"

小米心情很烦躁，因为他刚刚因这次考试没考好而被老师批评。恰好小米的朋友小白这次考得很好，想和小米分享自己的喜悦，但是当小米听到小白说他的成绩以后都要超过自己时，感到十分愤怒，对小白说："你怎么可能超过我，你这次只是运气好，我学习比你好得多。"小白也感到十分生气，说："什么运气，我这次能考好，下次也一定能考好，这是我努力的结果。"小白认为小米很小气，对自己的进步不仅不恭喜，还否认自己的成功是努力得来的。而小米更是觉得小白很自私，不仅不安慰自己还炫耀成绩。两人越吵越凶，最后都不与对方说话了。

（三）交流与分享

（1）你在生活中也会遇见这样的事情吗？

（2）你也有像主人公一样的想法吗？他真的没有错吗？

(3)当你面临这样的场景,你会如何去思考并解决问题?

(4)当我们对自我的认识出现错觉时,我们有什么方法解决?

(四)提示及方法

1. 自我分析

自我分析是指对自我进行理性、深刻、全面的分析。

(1)小米在落选、询问老师理由后应从自身出发,冷静理性地接受落选的事实并思考自身所存在的不足。

(2)小米要正确接受他人努力的成果,不羡慕、不嫉妒;要以平常心面对他人,对自己不骄傲,对他人不轻视。

2. 自我管理

帮助学生找到自己的缺点并想方设法改正它。按照找到缺点—建立目标与计划—找监督人—建立奖励机制—实施计划的顺序改掉自己的缺点。

(1)小米要认真听取老师的见解,从其中寻找自己的不足,思考老师的意见并采取改进的措施;不要因为老师直面指出自身的不足而感到羞耻,要在冷静思考后去接纳可信事实。

(2)小米在与朋友的日常交流中,要从朋友的话语中找到朋友对自己的看法,即便是听到关于自己的缺点,也不要轻易生气,要在自我分析中反思自己是否真如朋友所说。

3. 换位思考

换位思考是设身处地地为他人着想,多站在别人的角度上思考,了解别人的情绪来源并理解他。

(1)小米要了解老师对学生的关心,站在老师的角度去理解老师对于班级管理的优质人选的期望,以及为什么需要最优秀的人来担任班长一职。

(2)小米要站在朋友的角度思考,如果自己的成绩有了极大的提升,十分开心,那么自己的成绩是否会继续进步,超越自己的目标。

4. 小结

其实,每个人都有优点与不足,我们需要适当地去接纳它们,形成对自己的良好认知。在生活中学会去发挥个人长处,弥补并不断完善自己的短处,进而塑造一个更好的自我。

八、总结与分享(7分钟)

欢乐的时光总是那么短暂,本次活动就快接近尾声了,让我们重新围坐在一起,放松一下,安静回忆。

一开始,我们一起观察一组易导致错觉的图片,发现其实有错觉存在,外部与内在的因素会影响到我们的视觉成像,我们所见可能与实际不相符。然后，我们参与一个印象卡的小游戏，发现别人对我们的印象可能与我们自己认为的有差异，这种情况的出现可能跟正向错觉有关。最后，在两个举例中，我们可以深刻体会到这一概念在特殊场景中的体现，而且我们也掌握了如何正确积极面对并处理这一类事情的几个小方法。

通过开展本次的活动，我们希望同学们能够在以后的学习、生活中明白：我们眼中的自己通常是良好的，这没有错；但是，我们也要接受不完美的自己并不断完善自己。其实，当我们已经接受了不完美的自己并愿意改正的那一刻，我们就已经是最完美的自己了。"完美吗？完美！"的逻辑也就是在这里，只要我们不断反问自己自己是否完美，是否存在不足，思考如何改正自己的不足，我们就是完美的。最后，老师希望大家都能成为更好的自己哦！

活动三：保护自己

一、活动主题

保护自己。

二、活动目标

（1）了解什么是欺凌，辨别欺凌与矛盾的差异。

（2）引导学生正确面对，保护自己免受欺凌。

三、活动对象

四年级、五年级小学生。

四、辅导过程

（一）热身活动：心灵相通——矛盾VS欺凌（5分钟）

活动过程：给每一位同学发一张带有关于矛盾和欺凌的选择题的大白纸，让同学们根据题干来选择题干中的行为属于欺凌还是矛盾，并且在回答完后，写下判断两者的标准。抽取2—3名同学回答。

教师陈述：同学们，在这些选择题中，相信你们对欺凌和矛盾有了初步的定义，对于两者也有了基本的认识，那么在接下来活动中，相信你们可以做得更好。

（二）主题导航：体验情绪（5分钟）

教师陈述：同学们，既然你们对于欺凌有了一个自我的定义，那么接下来大家再来看看几幅图片（主要是欺凌场景），体验一下图片中人物的感受（体会被欺凌者和旁观者的感受）。

选择2名同学，一名作为被欺凌者，另一名作为旁观者，分别来谈谈自己的感受，并且如果这种事情真的发生了，作为不同的角色你会有什么作为？

（三）探究与体验（35分钟）

1. 故事再现

由一位学生朗读《小红的委屈》的故事。

小红是班里的纪律委员，她的学习成绩也非常优异，为人也非常文静。但是，这样一个在老师眼里的乖学生，在班级里却交不到什么朋友。记得一次上课，老师让小红维持纪律，在大家都安静学习的时候，小强却在班里大声喧哗，于是小红就把他的名字记在了纪律册上。事后，小强遭到了班主任的严厉批评。可小强却怨恨在心，认为小红是故意排挤自己，故意让自己被老师批评，所以很不喜欢小红，也不喜欢小红身上班干部的"架子"。于是，他总是在小红放学路上拉扯小红的麻花辫，抢夺小红的书包，把小红书包里的东西都倒出来，有时还会将小红的本子丢到河里，同时他还给小红起了难听的绰号，在路上有意无意地撞倒小红……

而小强不是唯一一个讨厌小红的人。记得那次下课打扫卫生，小红不小心将拖把上的水溅到了小美的裙子上，小红本人没有发现并且也是无意的，而小美却认定小红是嫉妒自己的新衣服，故意将脏水弄到自己衣服上。于是，她开始跟其他同学说："小红是一个嫉妒心很强的女生。"太多的流言蜚语让小红遭到了更多同学的孤立，这让小红交不到任何朋友。

这天下课，小强对小红说："小红，你还是班干部呢，你看大家都不喜欢你，你快换一个班吧！"说着，他将小红的书丢进了垃圾桶里。小红很伤心，因为她真的不知道自己该怎么做了，她忍受太久了，情不自禁流下了眼泪……

班里人看着这场闹剧，有着不同的行为……

小伟：即使身为小红的同桌，他也没有任何作为。因为他知道，和小红沾边就是和班里的大部分同学为敌，遵从不惹事的原则，他默默地看着这一场闹剧。

小美：她加入了小强的队伍，对小红说："对！我们都讨厌你这种人，你就是我们班的病毒，令人讨厌。"说着，她在黑板上写下几个大字：病毒小红快离开！

小灿：她是班里的班长，她看不惯他们对小红的欺负，她过去捡起小红散落在地上的书，对小红说："小红你不要伤心，我这就去告诉老师！"

2. 集体讨论

老师提出几个问题，由学生找出答案。

（1）以上几位同学的行为中，哪些是欺凌行为呢？说明你的理由。

（2）从上面的故事中，我们发现欺凌行为的导火索是矛盾。你认为应该怎么做，才能防止矛盾升级为欺凌呢？

(3) 在这个故事中，同学们感受到了矛盾和欺凌，那么我们给欺凌和矛盾下一个定义吧，以正确地区分和认识它们。

(4) 如果你是小红，你应该怎么做呢？如果你是小红班里的同学，你又该如何处理这样的事件呢？

在学生讨论解决的方法时，老师需要提醒孩子们：

① 确保自己的安全。

② 我们需要合理的解决方案，而不是报复、回击等。

3. 引导谈话

1) 欺凌与矛盾差异

老师结合小红的案例，让同学们认识什么是欺凌，让孩子们分清楚欺凌和矛盾之间的差异。

矛盾可以说双方都存在一定的过错，而解决这类纠纷也并不复杂。孩子之间的矛盾大多不了了之，自然消失；稍微严重一点的通过老师、家长的调解、协商，双方都接受批评教育，至少表面上握手言和，事情就算过去了。因为同学之间最初的纠纷往往不会造成大的伤害。

所以，我们界定学生之间的矛盾，至少有3个标准：双方都有过错；没造成大的伤害，包括身体伤害和精神伤害；可以协商调解，双方都能接受批评、承认错误，保证以后不会再犯。

而欺凌就没这么简单了。欺凌肯定是强势一方肆意侵犯弱势一方，带有故意性。欺凌往往给对方造成严重的身体伤害和精神折磨。所以，我们也可给欺凌做界定：具有主观性和故意性；给别人造成严重的身体、精神伤害，无法弥补；对于被欺凌者，它是不公平的；它不是偶然发生的，而是持续的。

2) 处理方法

其实矛盾的处理方法很简单，关键就在于双方能不能通过沟通达成一致意见。上述的事件中，就是因为矛盾的双方没有及时沟通，矛盾上升为欺凌。那么，当我们真的面对欺凌事件时，应该怎么做呢？

(1) 了解社交欺凌：同学之间集体孤立其他同学、排挤其他同学的行为也是欺凌的行为。

(2) 被欺凌者应如何做。对于社交欺凌来说，当自己被孤立和排挤时，我们先要和他人进行协调沟通，或许他对你存在着一些错误的认识。另外，要寻找自身的缺点进行改正，努力融入集体。被孤立和排挤肯定有原因存在，要分析主要是自身原因还是对方原因引起，了解原因才能对症下药。另外，要自信一点。不管是什么原因都不要有自卑的感觉，可以把自卑转化成动力，不要觉得别人是在孤立自己。不然就会加重自卑感。其实并不需要这么在意别人的眼光，自信一点，相信自己能坚强地面对一切。可以认为只是自己没有真正去接受其他人，所以别人也不好靠近自己。

（3）旁观者应如何做。当你看见别的同学受到欺负时，也要向老师报告，绝不能因为害怕被报复而默不作声。

欺凌行为还有许多，感兴趣的同学可以上网查询资料或者找老师询问来进行了解，在进一步了解的过程中，我们能更好地保护自己免受欺凌。

五、总结：我们的承诺

写保证书：我将自觉遵守小学生日常行为规范，努力学习，保护好自己，使自己拥有一个光明的前途，报答父母养育之恩。

六、活动总结

经过这节课的学习，我们既了解了矛盾和欺凌，也明白了欺凌对于被欺凌者的危害。那么，在以后的学习生活中，希望大家在人际交往的过程中学会换位思考，做出正确的行为。

校园是我们一生中能留下最美好记忆的地方，我们青少年生活学习在一起，就应当互相帮助、互相包容。如果产生摩擦，让我们和平解决；如果遭遇欺凌，让我们冷静面对，拒绝欺凌，保护自己，营造更加积极、更加团结的班集体，构建和谐校园。

活动四：换位思考

一、活动目标

（1）有初步的换位思考意识。

（2）帮助学生学会换位思考。

（3）帮助学生养成宽容的品质。

二、课前准备

（一）教学场地及材料准备

（1）确定宽敞安全的活动场地（正常教室即可）。

（2）准备好相关问题的幻灯片（热身活动的图片及视频）。

（3）准备好热身活动需要的材料（纸笔）。

（二）教学组织与实施准备

以专题的形式带领学生进入课堂，用情景小故事和小游戏启发和引导学生。

（三）教学组织方式概览

热身活动：递笔考验。（进一步提问如何向同桌递剪刀）

主题导航：换位思考。

探究与体验：我为什么要换位思考。

总结与反思：维护友谊，学会宽容。

三、学习过程

（一）热身活动：递笔考验（5分钟）

1. 活动过程

（1）老师随机选择几位学生，让他们把笔递给自己旁边的同学（见图4-12）。

图4-12　不同的递笔方式

（2）老师播放PPT。

（3）老师播放几个递笔视频（挑下笔帽，笔尖朝向自己，全程注视对方，双手递送）。

2. 教师提问

（1）他们递笔的方式有什么不一样吗？（尖端的方向不一致）

（2）为什么不能把尖端对着别人呢？（容易戳到别人，很危险）

（3）同学们想一下，你们生活中做过哪些为他人着想的事情呢？

（例如，今天你和一位同学值日，他不舒服，你照顾这位同学并独立把任务完成；午休时间，别人都睡着了，你轻手轻脚起来上厕所；你借了别人东西并且及时归还；你们小组的作业你积极参与并配合）

（二）故事分享

1. 刘宽的故事

东汉宗室名臣刘宽，性情温和善良，从来没有发过脾气，即使在急迫匆忙时也未曾见他容色严厉，言辞急迫。他的夫人对此也感到好奇，为了试探刘宽的度量，想激他愤怒。有一次，正当刘宽整理好衣冠穿束，准备上朝时，夫人命侍婢捧肉羹进入，故意将肉羹翻倒，沾污刘宽的朝服，而刘宽神色不变，仍然关心地慰问侍婢说："肉羹是否烫伤了你的手？"他的宽宏度量，竟然到了如此程度，天下人都尊称他为宽厚的长者。

2. 六尺巷传奇

清朝康熙年间，桐城人张英官至文华殿大学士兼礼部尚书。邻居是桐城另一大户叶府，主人是张英同朝供职的叶侍郎，两家因院墙发生纠纷。张老夫人修书送给张英。张英见信深感忧虑,回复老夫人:"千里家书只为墙,让人三尺又何妨?长城万里今犹在,不见当年秦始皇。"于是,张老夫人令家丁后退三尺筑墙。叶府很受感动,命家人也把院墙后移三尺。从此,张、叶两府消除隔阂,成通家之谊。

老师:从这两个故事中你们学到了什么呢?我们仔细想一想,我们身边是不是也有这种人?(你的老师、朋友、同学、父母)

宽容大度是人的一种美德。它要求清心寡欲。"人之心胸,多欲则窄,寡欲则宽。"小肚鸡肠,难以容人者,大多是自私自利之徒。

宽容大度是黏合剂,能容人就能团结各种人,受人拥戴;心胸狭窄,不能容人,结果必是孤家寡人。宽容大度,有利于己,有利于人,更有利于社会。

(三)主题导航

1. 教师陈述

一个盲人走夜路,手里总是提着一盏照明的灯笼,如图4-13所示。人们很好奇,就问他:"你自己都看不见,为什么还要提着灯笼呢?"

图4-13 盲人点灯笼走夜路

2. 教师提问

请同学们想一想,这是为什么呢?

盲人是这样回答的:"我提着灯笼,既为别人照亮了路,同时别人也容易看到我,不会撞到我,这样既帮助了别人,又保护了自己。"

(四)探究与体验

1. 情景分析

情景1:

东东愁眉苦脸,沮丧地走着,路上碰到了明明

东东说:"我最近好烦,数学考试又不及格,而……"

明明打断他,说:"那还不是你上课不认真听讲的原因。"

东东说:"一听老师讲话我就犯困、想睡觉。"

明明:"好了好了,我也没考好,也很烦。"

东东:"你也没及格吗?"

明明:"考试没发挥好,只考了90分。比起上次成绩退步了。"

东东听完,很生气地说:"你不就是想炫耀自己的成绩吗?太过分了!"

最后,东东生气地走了,明明也无奈离开。

教师提问:请同学们分析一下,他们发生矛盾的原因有哪些?(分别从东东的角度、明明的角度分析)

教师陈述:东东和明明的交流方式是不对的,同学之间应该互信友爱、互帮互助,我们也会像东东一样遇到学习上的困扰,这时候我们是不是会需要别人的帮助与理解呀?同样的,东东也需要,所以我们要站在东东的角度为他考虑问题,再帮助他解决问题。东东也不应该一味地去抒发自己的坏心情,遇到问题他应该寻求解决的办法,而不是跟别人诉苦,这样可能也会影响别人的心情,万一你的同学考得比你还差呢?

情景2:

小红这次期末考试名次为倒数第一,她的妈妈很生气。

妈妈:"为什么这次考得这么差,是不是最近没有把心思花在学习上,都想着去玩了?"

小红:"我哪有玩,我每天晚上都在家里写作业。"

妈妈:"看看你同桌小玲,人家每次都是班级前三,你怎么不能向别人学习呢?"

小红:"别人成绩好,是因为不仅别人父母学历高,还每晚耐心教导她。而你,总拿我的缺点和别人的优点比较,你为什么不能看看我的优点呢?"

妈妈:"你这是嫌弃我学历低了,那你去找别人做你妈妈。"

小红觉得妈妈蛮不讲理,回到自己房间用力关上了门。妈妈看了叹了叹气,也无奈回了自己房间。

教师提问:你们觉得这对母女发生矛盾的主要原因有哪些?(分别从小红、妈妈的角度考虑)

教师陈述:每个人都有犯错的时候,无论是家长还是学生,都要学会换位思考。要和父母好好相处,每个人都应该做到孝顺父母、尊重父母的意见、遇事多向父母请教。当你与父母意见不同时,请父母允许你充分发表意见。如果你和父母之间互相体谅,那么你也就能和父母好好相处了。

2. 课后作业

情景分析:

上语文课时,小吴跟同桌嘻嘻哈哈,扰乱课堂秩序,老师很生气,大声批评了他几句，他觉得没面子，便在课堂上顶撞老师。

教师提问：请说出你认为解决矛盾的最好方法。

（老师可以温柔提醒，让小吴不要影响课堂秩序）

（小吴应该下课单独跟老师说明自己的情况，希望老师照顾自己的自尊心）

教师陈述：课堂上的相处也是需要换位思考的，老师与学生之间的交流是平等的，学生有什么不满和建议都可以跟老师反映，老师也应该多注意同学的情绪。

教学提示：注意引导学生思考，将学生带入到这些不同角色里面去，要多观察每个学生在回答问题中的表现。

（五）问题拓展

教师陈述：通过以上情景，我们明白了与同学、父母交往中，换位思考的重要性。那同学们，你们做过哪些换位思考的事情呢？跟同学们分享一下。

（比如你跟朋友相约看电影，你迟到了，天气很炎热，朋友等了你很久。站在朋友的角度考虑，你是不是会很生气？所以见面之后要主动表明歉意，并解释迟到原因）

四、总结与反思

鼓励学生表达自己的意见，并支持他们的意见。除了学生自主探究之外，还要鼓励学生与他人合作，在过程中理解他人、融入集体，并发展必要的社交技能。

教师陈述：在今天的活动中，我们明白了为他人着想的重要性，希望同学们在以后的学习生活中能够发扬这一优秀品质，使我们班集体成为一个安全、友爱的集体！

活动五：共情的力量

一、活动目的

（1）帮助学生理解和尊重他人的选择。

（2）强化学生对他人情绪的共情和感知能力，学会原谅他人和自我原谅。

二、活动准备

（1）将全班同学分成6组。

（2）准备6张白纸，以及便签、画笔和足够数量的情绪周期表。

（3）准备足够数量的卡片。

（4）准备足够宽敞的教学场地，以及可以提供小组围坐讨论的座位。

三、活动过程

（一）情绪脸谱

收集不同表情的人像图片，如图4-14所示，请学生说说："你猜他的心情怎样？""为什么他会出现这样的表情？""你猜他可能遇到了什么事情？"请学生运用简单的字眼及已有的经验，来分享不同的心情感受。

图4-14 不同表情的人像图片

教师总结：老师准备6张写有游戏题目的便签，让每个小组派一个代表领取题目，再由代表在白纸上进行绘画，让其他同学猜猜是什么内容。

教师陈述：图片中人物的态度变化是由外界因素引起的。快乐、高兴可能是听到了有趣的笑话，恐惧、害怕可能是看到了恐怖的情景，悲伤可能是听到了什么噩耗，惊讶可能是发现了什么奇妙的事情。这一连贯的情绪变化透出了他们的内心世界及其对事物的态度。情绪就像一扇内心的窗口，通过窗口可以看到一个人对外界事物的内心活动。

设计意图：吸引学生的兴趣，激发学生主动参与的意识，引导学生思考情绪的多样性，了解同学之间传达了怎样的情绪，引出今天的主题——共情的力量。

学生预设：如果题目过于困难，可酌情给出提示。对于回答速度快的同学要提出表扬，对于速度慢的同学也要适当鼓励。

（二）情绪周期表

请每一位同学分别将自己在参加活动前和活动后的情绪在情绪周期表上记录下来，然后小组成员相互分享情绪周期表，同时告诉其他人自己为什么会产生这种情绪。小组讨论结束后，每个小组派出一位代表向其他小组介绍自己小组成员的情绪周期变化及原因，并交流讨论对消极情绪的解决方法。

教师陈述："同学们，现在我将给每一位同学发一张情绪周期表，请大家在上面填写自己参与上个活动前后的心情。填好之后要跟小组内的每一个小伙伴分享自己的心情。最后，我们要请每个小组派出一名代表向其他小组介绍自己同伴的心情变化，思考一下为什么会产生这种变化，如果你的小伙伴不高兴了，你该怎么处理呢？"

设计意图：让每一位同学在分享自己情绪的同时，尝试理解他人的情绪，并了解他们为什么会产生这样的情绪，引导他们产生共情并提出相应的措施。

学生预设：如果有的同学无法回忆活动前的情绪，也可以只写当时的情绪，但也要说明原因。对于不合群的同学要积极地进行引导，鼓励他们参与讨论。

（三）原谅他人

阅读并思考故事《原谅》。在每一个停顿点，让同学们两两讨论问题：故事中的这个女孩应该原谅雯雯吗？询问每一位学生，请他们提出2—3个原谅或者不原谅雯雯的理由。然后再用全班投票的方式（例如举手表决的方式）选出在每一段故事里雯雯应不应该被原谅。再要求同学们根据今天的收获，画一张原谅卡，可以给自己，也可以给别人。

原谅

每个星期六，雯雯（我最好的朋友）和我都会一起去游泳。我们从4岁的时候就在一起玩。游泳后，我们通常在公园玩一会儿。

上个星期六，我和往常一样去找雯雯，她妈妈说她还在床上，让我去她的房间找她。到她的房间后，我发现她坐在床上看电视，但是当她看到我后马上关上电视，躺下睡觉。她说她感到不舒服，她不想去游泳了。她看起来并没有生病，但是她转过身就像想要睡觉一样，所以我只好离开了。

我不想一个人去游泳，所以我回家了。妈妈看到我闷闷不乐的样子说："你一个人待着多无聊，我们一起去买你看中的那件外套吧？"

到了购物中心，妈妈有些事情需要去处理，所以我自己直接去了那家服装店。店里人非常多，突然我发现前面有个熟悉的身影正在试衣服。"雯雯？"我惊讶地大叫,"我以为你生病了呢。"

然后我注意到,她是和我们班的另外两位女同学们一起来的。我不能相信她居然不愿意和我一起。我非常受伤和生气,然后我就在商店里大吼了起来:"你为什么对我撒谎,你假装生病,然后又偷偷溜到购物中心来?真过分。我以为你是我的朋友。我再也不会原谅你了。"

(在这里停止阅读)

"我是对你撒谎了,"雯雯回复,"我知道我不应该这样做,但是我不能对你说实话。我厌倦了每个星期六都去游泳,我们从上小学开始就一直这么做。现在我想做一些不同的事情。灵灵(我们班的女同学)她们问我想不想去城里,我没有找你,因为我知道你妈妈不让你去。我并不是不愿意和你做朋友,我只是想做些别的事情。你能原谅我吗?"

(在这里停止阅读)

忽然,我发现妈妈站在我的身后。我不知道她听到了多少。她说:"沙沙,你为什么不和雯雯一起待在城里?我会给你买衣服的钱,你们买好后可以一起坐车回家,怎么样?"雯雯看起来很尴尬,说道:"阿姨,我很想接受你的建议,可是我是和其他同学一起来的,我答应陪她们一整天的。"她转过身和我们班的另外两个女孩走开了。"我永远不会原谅你了!"我在她身后大声地喊道。

教师提问:如果上面故事里的事情发生在自己身上,你会原谅你的朋友吗?请你思考下面的问题,并谈谈你的想法。

(1)你喜欢你的朋友吗?他是第一次这样做还是总会这么做?
(2)他做的事情对你来说重要吗?
(3)他这样做是偶然的还是故意的?
(4)他是否有过真诚的道歉?
(5)你的心情怎么样?明天会感觉不一样吗?
(6)不原谅或者原谅会有什么结果(对于他/她或你自己)?
(7)你如何做才能让朋友知道你已经原谅了他,并想和他再一次做朋友?
(8)是不是所有的事情都可以原谅,通常你会进行哪些考虑?

教师陈述:我们最后的环节是制作一张原谅卡,请将你想说的话写在上面,进行装饰,送给自己或者他人,让你和他的关系变得可以修复。

学生预设:原谅卡可以不必有特定的人,但是如果班里正好有闹矛盾的同学,可以鼓励他们送给对方。如果同学们恰好没有需要原谅的人,也可以以找朋友的方式赠送卡片。

四、主题资源

（一）题目

喜上眉梢、悲喜交加、心照不宣、愁眉苦脸、眉目传情、眉飞色舞、目瞪口呆、捶胸顿足、手舞足蹈、专心致志、张牙舞爪、冥思苦想。

（二）情绪周期表

兴高采烈＞愉悦快乐＞感觉不错＞平平常常＞感觉欠佳＞伤心难过＞焦虑沮丧。

活动六：非暴力沟通

一、活动目的

（1）了解不正确的语言的表现形式。

（2）体会和理解不恰当语言沟通带来的危害。

（3）了解并掌握非暴力沟通四要素：观察，感受，需要，请求。并且能将非暴力沟通模式运用于现实的生活场景中。

二、活动准备

（1）将全班同学分成6个小组。

（2）准备写有五年级已经学过的四字成语的纸6张。

（3）告知每个同学带一张白纸和一支笔，准备能播放PPT和有桌椅的教室。

三、活动过程

（一）你划我猜

老师准备写有五年级已经学过的成语的纸6张，让每个小组派一个代表领成语，在组内进行无声表演，充分利用表情和动作传达成语的内容，让其他同学猜猜是什么成语。

教师陈述：请同学们不要讲话，充分利用肢体和表情表达这个成语的内容，其他同学们猜猜他想表达什么成语。

设计意图：引起学生的兴趣，激发同学们主动参与的意识，引导学生思考为什么有的同学能猜对有的猜不对，是不是我们沟通方式存在一些不妥，进而引出今天授课主题"非暴力沟通"。

（二）授课阶段：你伤害了我

1. 介绍"暴力沟通"的表现形式和危害

导入两个和同学们真实生活相贴切的案例，引出不恰当沟通的表现和危害。请同学们思考，如果自己是当事人会有什么样的感受。

案例1：

李华和周明是同班同学。有一次，周明有一道题目不会做来请教李华。李华说："老师上课都强调好几遍了，你怎么还是不会？我们班上连成绩最差的同学都会做，你理解力太差了吧。"从此，周明和李华渐行渐远。

案例2：

赵露和张丽是寝室室友，有一次赵露借了张丽的卫生纸没有还她，张丽非常生气，对赵露说："你每次都是这样喜欢拿别人东西不还，你这个吝啬鬼！"赵露非常伤心难过，在寝室外面偷偷抹眼泪。

请同学们进行互动，如果自己是周明或者赵露，会有怎样的感受。

请同学们思考：李华、张丽和同学之间的沟通分别存在怎样的问题？分析暴力沟通的评价式和比较式两种类型。

学生预设：评价，比较……

教师陈述：不恰当沟通的危害，包括无法传递有效信息、带来不良情绪、导致关系疏远。

（1）无法传递有效的信息。在刚才的案例里，李华、张丽和同学之间的沟通带着一种嘲讽、轻蔑，并没有传达很多有效的信息，所以这种沟通就会成为一种单方面情感的宣泄。

（2）给听众带来负性情感，比如伤心、难过、不舒服。这种心灵伤害比身体上带来的伤害更为强烈，难以弥补。

（3）最后一点是比较严重的一点，会让两个人关系破裂。因为我们没有人愿意总是生活在暴力沟通的环境之下。即使两个人关系再好，暴力沟通也会让两人越走越远，分道扬镳。

2.介绍非暴力沟通的模式和要素

在引导同学们思考不恰当沟通的表现形式和带来的危害之后，简单介绍"非暴力沟通"的概念，引出非暴力沟通四要素。

教师陈述：非暴力沟通是"爱的语言"，是一种高效的沟通方式。根据这种沟通方式来谈话和聆听，能避免粗暴地对待他人，增进彼此的联接、爱和理解，使得人们愿意互帮互助，让人们在生活中运用非暴力沟通消除分歧和争议。这种沟通方式包含四个要素，分别是观察、感受、需要、请求。

（1）观察：非暴力沟通，即"爱的语言"的第一个要素是观察。观察是指不带任何感情色彩描述自己所看到的现象，强调的是客观的事实。观察是平静而柔和的，充分利用感官来表达，注意不能和批评混为一谈。

请同学们配合老师一起读表4-9中的6个句子，老师读观察性语句，同学读评论性语句，让其他同学们体会听到评论性语句有什么样的感受。

表 4-9　评论性语句与观察性语句

评论性语句	观察性语句
你总是不合群	这周班上组织了3次活动，你说你都不愿参与
你打球太差劲了	今天我们打球，你投进了一个球，没有投进3个球
你是一个小气鬼	你找我借过3次纸了，都没有还给我

进行评论和观察语句的练习感受。

（2）感受：非暴力沟通的第二个要素是表达感受，感受是充分表达自己的体会。

① 表达需要被满足时的感受词语：兴奋、喜悦、欣喜、兴高采烈、开心、高兴、快乐、愉快、幸福、满足、喜出望外、平静、自在、舒适、放松、温暖。

② 表达需要未得到满足时的感受词语：害怕、担心、焦虑、着急、紧张、心烦意乱、忧伤、沮丧、气馁、悲伤、震惊、失望、困惑、寂寞、难过、郁闷。

有的同学可能觉得说出这些词语有一定的示弱成分，但是这个方法特别好用。因为在与人交往中，往往他人无法正确理解你的意思，因为情绪带有内隐性，如果我们能够开诚布公地表达出来，会让我们的交流沟通变得简单快捷许多。如果只是表达想法的话，也是带有一定的主观成分，带有评价的色彩，可能会引发一些矛盾，无法做到有效沟通，所以表达感受是一个高效的交流方式。

进行区分感受语句的练习。

（3）需要：非暴力沟通的第三个要素是表达需要。表达需要时，我们要明确指出自己的需要和期待，以免造成误解。有时候，委婉并不是一个好办法，因为我们在交流中可能因为不好意思说出自己需求，导致别人误解我们的真实期待。所以，在不伤害别人的情况下，明确指出自己的需求无疑是一个好办法。

下面以小红的故事引导同学们思考表达需要的重要性。

小红总是在学校闷闷不乐。有一次老师找她谈话问她为什么不开心，她支支吾吾了很久，终于说出自己很想和同学们一起玩耍，但是不好意思开口，同学们也不理她也没人和她玩。老师鼓励小红勇敢和小伙伴们说出自己的想法和需要。于是下一次小红主动问道："我觉得你们玩得很开心，我也想和你们一起玩可以吗？"别的同学开心地接受了她。从此，老师每天都能看见小红开心的笑脸。

（4）请求：非暴力沟通的第四个要素是表达请求，清楚地告诉对方要做什么和不做什么，注意言辞表达，结合前三个要素，表示尊重。

请同学们配合老师，老师读请求式语句，学生读命令式语句（见表4-10），问问其他同学更愿意听到哪一种表达。

表4-10　命令式语句与请求式语句

命令式语句	请求式语句
好好听我讲话	我希望你能在我讲话的时候不要打岔好吗
给我一支笔	你可以借我一支笔吗
不要在上课时讲小话	我希望你能在上课时认真听老师讲课好吗

我们每个人在这个社会上都希望能不卑不亢，彼此平等与人交往，所以在听到命令式语句会感觉到特别不舒服。这也是提醒我们一定要注意自己言辞表达。最终我们会发现，同样的内容换成不一样的表达方式会让别人欣然接受。

（三）强化阶段：非暴力沟通四要素

总结一下非暴力沟通的好处，并给出四要素的句式。

观察：我看到……我听到……

感受：我感觉……

需要：我想……

请求：我希望……

教师陈述：一般来说，非暴力沟通四要素分别是观察、感受、需要和请求。

（1）观察是指充分调动感觉器官描述客观现实，我们可以说："我看到……我听到……"

（2）表达感受时我们可以建立情绪表达词汇，比如开心、难过等，我们可以说："我感觉……"

（3）表达需要礼貌地指出自己的需求和期待，可以说："我想我……好吗？"或者"我可以……吗？"

（4）请求的表达和需要大同小异，只是现在指向对象不一样了，需要的对象是自己，对自己有什么期待；而请求的对象是他人，对他人的期待。所以，我们需要换一个主语，说："我希望你……好吗，你可以……吗？"就可以了。

这些是老师给同学们总结的常用句式，当然并不是让同学们完全照搬套用。任何东西的学习都是需要同学们不断练习实践的。所以，老师也希望同学们可以在生活中多多练习这些表达方式，将其内化成自己的东西。这样，在我们表达时就会有自己独特的沟通方式。

活动七：友善待人

一、活动主题

友善待人。

二、活动目标

（1）培养学生成为一个具有善良、仁爱、理解、宽容等品质的人，使学生懂得与人为善是做人应有的基本道德准则，让学生做一个诚挚而富有善良之心的人，具有助人为乐的美好品质。

（2）探讨更受朋友们欢迎的方法，学习一些愉快地与同伴相处的方法，更好地维系朋友之间的深情厚谊，提升个人魅力，做一个受欢迎的人。

三、活动对象

五年级、六年级小学生。

四、活动内容

（一）最受欢迎的人（10分钟）

1. 学生讨论

请同学们推选出一个全班最受欢迎的人，并且依次轮流说出他受欢迎的原因，教师写在黑板上，比如开朗乐观、幽默、学习成绩好、工作负责任、乐于助人、倾听他人、大方不计较、真诚待人等。

学生讨论总结受欢迎的人的个性特征，排在前几位的是：真诚、大度、活泼开朗、乐于助人、倾听、分享。

学生继续讨论不受别人欢迎的人的特点，比如虚伪、说谎、小气、斤斤计较、自私、多嘴、粗鲁、贪婪、冷漠、懒惰、邋遢、孤僻、庸俗等，并排序。

请参与的同学描述自己的情况与感受。

2. 教师总结

人们受欢迎和不受欢迎都是有原因的，我们以这些标准对照一下自己。你拥有哪些受人欢迎的品质？又有哪些不受欢迎的品质？自己可以向什么方向努力做一个更受欢迎的人？

（二）《早班车厢的故事》

1. 故事

20年前，我们这帮地位低下、干着粗活的建筑工人每天挤早班车，半睡半醒的我们把蓬松的头发蜷缩在脏脏的衣领里，阴沉着脸，互不搭理。

一天，车厢里来了一个陌生的家伙，上车先和司机打招呼，又友好地和大家笑笑，但司机只是毫无表情地点点头，其余人也都态度冷漠。第二天，他更是笑容满面地问候大家："各位早上好，祝大家一天都开开心心。"我们这帮粗人，对此感到诧异和莫名其妙。

从此，我们的早班车厢里每天都有这个人向大家问好。渐渐地，我们也开始和他搭话了。一天，他抱着一束鲜花走进车厢，大家猜道："查理，是送给女朋友吗？"他点点头，大家热烈鼓掌起来。从那天开始，他每天都带鲜花，我们的心情也变得轻松愉快起来。慢慢地，我们也有人带鲜花插入查理的那束花中，工人们一张张黝黑的脸开始透出平常难见的柔情。"你好！""你好！"大家相互笑着问长问短，兴致勃勃地开玩笑，分享听到的各种新闻。

后来有一天，查理没来，大家相约去看他才知道，他是一个公司的清洁工人。后来，得知他的一位朋友去世了，大家紧握住他的手，他的眼睛湿湿的。

教师提问：从这个故事中你得到了哪些启示？

2. 教师总结

每个人所隐藏的内心世界，正是别人希望发现的奥秘。一般来说，只有真诚开放了自己的内心，才能走进别人的心灵世界。人和人的情感是相通的。只要你付出微笑，就会得到深深的友情，即使是陌生人、社会地位低微的人。想要获得友谊，那么请主动伸出友爱之手！

（三）我的友谊之花

1. 学生展示

每个同学发一张友谊之花卡片（有10个花瓣的花），然后告诉学生：交友的要诀，就像是友谊花上的10片花瓣，你拥有的花瓣越多，你的友谊之花也就越美丽。你有多少花瓣呢？请你涂红相应的花瓣。

主动开放——伸出你的友谊之手

有礼貌——良好的礼貌由微笑组成

不挖苦别人——多以言语和行动表示对别人的欣赏

勇于认错——不肯说"对不起"是懦弱的表现

留意自己的言行举止——粗鲁会伤害别人

严守秘密——对得起别人对你的信任

尊重别人——个人如果感到不被尊重，会被深深激怒

坦诚——没有人愿意和虚伪的骗子交朋友

善于合作——为集体利益付出自己的努力与支持

不以自我为中心——坚持你的意见，同时接纳他人：也许你是对的

请部分同学展示自己的友谊之花，并说出自己在哪些方面还存在缺陷。教师特别关注其中"主动开放"和"善于合作"两项。主动开放不仅仅是主动地伸出友谊之手与别人交往，更是主动地表达自己对他人的赞赏和勇于认错；而善于合作则是摒弃自我为中心的行为，以集体利益为根本，积极主动地付出自己的努力与支持。

2. 教师总结

生活中，我们每个人都需要友谊。是友谊，让我们的生活更丰富，让我们的生命更精彩！因此，同学们更应该珍惜你所拥有的友情，真诚地对待他人，无私地关爱他人，这样你才会收获更美的友谊之花！

五、活动实践

（一）实践者的话

本次活动的目标是培养小学高年级学生形成善良、仁爱、理解、宽容等心理品质，使学生懂得与人为善是做人的基本道德准则，提高助人为乐的思想境界。同时，探讨更受朋友们欢迎的方法，学习与人和谐相处的方法。

活动开始，原设计让学生推选最受欢迎的人，并讨论受欢迎和不受欢迎的人的特点，让学生明白人们受欢迎和不受欢迎都是有原因的，要努力做一个更受欢迎的人。为了增加活动的趣味性，更好地让学生投入这节课的活动中，教师将开课前的热身活动改为了"抱抱团"游戏。游戏中，教师仔细观察每一个孩子的表现，关注落单者和成功抱在一起的同学的表情。游戏后，采访时用正面语言表扬能顾及同伴的孩子，从而引出对受欢迎的人的讨论和交流。在热烈的气氛中，学生很快地投入到活动中。

在主题活动环节，教师讲述了《早班车厢的故事》。这个故事对于小学高年级学生来说理解起来并没有什么难度，更重要的是要让学生听有所悟。学生听完故事陷入沉思，然后进入讨论，明白只有真诚地开放自己的内心，才能走进别人的心灵世界。想要获得友谊，就要主动伸出友爱之手。

在第三部分的"我的友谊之花"活动中，我给每个学生10片友谊之花的花瓣，请他们反思自己平时在交友过程中的行为，充分肯定自己在真诚友善方面做得好的地方，也发现自己存在的问题。在学生给花瓣涂红的过程中，我特别关注了"主动开放"和"善于合作"两方面，培养学生主动交往、善于合作的交往能力，努力摒弃以自我为中心的行为。但在这个过程中，我也发现，有的学生涂红花瓣的过程中跟平时与同伴交往中的实际表现不一致，还需后续开展相应的活动来提高学生的交往能力。

（二）参与者的话

课堂上，老师给每位同学发了一张卡片，上面有10片花瓣，每一片花瓣代表一个关于"友谊"的良好品质。老师让同学们将自己具有的品质的花瓣涂红。我认真看了看，觉得自己在"有礼貌""不挖苦别人""勇于认错""严守秘密""坦诚""留意自己的言行举止""不以自我中心""尊重他人"这些方面都做得还挺好，于是我的"友谊之花"上有了8片红色的花瓣，看到我的"友谊之花"比其他同伴似乎更加红艳，我的心里充满了快乐。老师看到我的"友谊之花",肯定了我对自己的正确认识,同时也鼓励我今后在"主动交往"和"善于合作"方面努力,争取让"友谊之花"绽放得更加红艳。

活动八:化解矛盾

一、学习目标

(1) 能在矛盾中反思自己。

(2) 能主动化解矛盾,主动和好。

二、课前准备

(一) 教学场地及材料准备

教室(需要课桌,同学面对面坐,两两成组),相关问题的PPT,纸(由老师准备),笔(同学自带)。

(二) 教学组织与实施准备

了解本节课是一节综合应用课程。主要通过思考,引导学生回忆学过的自我反省和化解矛盾的相关知识,并把知识实际用于完成集体任务中。针对五年级小学生已具备了一定的认知水平,采取在活动中学习的教学方法,采用学生容易理解、跟生活结合较紧密的内容,逐步让学生自己理解、感悟课程主旨。

(三) 教学组织方式概览

热身活动:给好感打分。

主题导航:六尺巷传奇。

探究与体验:争吵后我该怎么办。

总结与反思:我是否学会了化解矛盾。

三、学习过程

(一) 热身活动:给好感打分(10分钟)

1. 活动过程

靠近讲台的同学为前排同学。请小组内前排的同学给后排的同学打上基础好感分数:0—5分,0分是没什么好感,3分是感觉对方还不错,5分是很喜欢对方。把分数写在纸上,不要让对方知道。

后排的同学说出前排同学的3个不足。在听完后排同学的评价后,前排同学给后排同学打上第二个好感分,写在纸上。

后排同学再说出前排同学的3个优点。在听完后排同学的认可后,前排同学给后排同学打出第三个好感分,写在纸上。

再反过来,后排同学给前排同学打上基础好感分,写在纸上。

前排的同学说出后排同学的3个不足。在听完前排同学的评价后,后排同学给前排同学打上第二个好感分,写在纸上。

前排同学再说出后排同学的3个优点。在听完前排同学的认可后,后排同学给前排同学打出第三个好感分,写在纸上。

2. 教师提问

(1) 在这个活动中,每一位同学都给了小组内另一位同学打出了3个好感分。比较一下前面两个分数,在听到别人批评自己后的第二个好感分数是不是比最先打的分数要低一点?为什么?

(别人的批评让我有些生气,我认为别人对自己的评价不客观,自己没有这些不足……)

如果同学给对方打出的第二个好感分不比基础分数低,那又是为什么?

(不在乎别人对自己的评价或是认为别人说的是对的,自己确实在这些地方不够好…)

(2) 比较一下后面两个分数,在听到别人夸奖自己后给对方打出的第三个好感分数是不是又会比第二个分数高?

(别人的夸奖让我感到高兴,别人发现了自己没发现的优点……)

可能有的同学没有打出更高的分数,那是因为什么?

(认为对方对自己的夸奖是不真诚的,认为自己没有对方说的这么优秀……)

3. 教师陈述

在这个游戏里,我们可以看到别人对我们的评价很容易影响到我们对他的感觉。这是因为别人的评价可以影响我们的情绪:当别人夸奖我们让我们高兴时,我们会更喜欢他;而当别人说我们不好的地方让我们难过时,我们可能会不喜欢他。甚至在我们认为别人说得不对时我们会感到生气,会产生矛盾。所以要保持良好的交际关系,我们应该正确地看待自己,公平地评价他人,理智地对待他人的评价。

我们的成长都离不开伙伴。想想在生活中与伙伴一起处理事情时,是不是有的时候会生气、会吵架,会把关系闹得很僵?这个时候,你又是怎么做的?如果不会正确有效地化解矛盾,我们就很容易失去伙伴。那为了不失去我们的伙伴,我们就要学习化解矛盾,升温友谊的技巧。让我们一起在接下来的活动中学习怎么化解矛盾吧。

给教师的教学提示:让学生充分分享游戏中的感受;引导学生回想现实中出现过的矛盾,回想过去他们是怎么做的。

(二) 主题导航:六尺巷传奇 (10分钟)

1. 分享故事

古时候,有两个大户人家张家和吴家,吴家建房子时占了张家的空地,张家很不高兴，于是两家大吵起来。张家为了拿回这片地，就给当宰相家人张英写信告状。张英看完了信写下了一首诗：

"一纸书来只为墙，让他三尺又何妨。

长城万里今犹在，不见当年秦始皇。"

在张英看来，家人不应该为了争夺土地闹出这么大的矛盾。一块土地让给吴家也无所谓。张家看了诗后觉得羞愧，于是让出了三尺的土地。吴家见状，被张家的大度感动，也觉得自己不对，于是也让出了三尺土地。于是两家之间就有了一条宽六尺的巷子。六尺巷的美誉也就流传至今。

2. 教师提问

（1）请每一位同学思考一下，他们为什么会产生矛盾？

（吴家人先做错了事情并且不改正，张家人不够冷静，两家人没有心平气和地交流）

（2）张英是怎么化解矛盾的呢？

（冷静客观地看这件事，大度地让出土地，包容吴家人）

（3）在处理事情时，两家分别有哪些值得我们学习的地方？

（张家：大度，冷静，知错能改；吴家：知错能改）

3. 教师陈述

从六尺巷的故事中我们能体会到在发生矛盾时，我们要学会冷静客观地看待矛盾，不被愤怒的情绪控制做出不理智的事情。同时，我们还应当有包容他人和知错能改的品质。大家对于化解矛盾有初步体会后呢，让我们一起更深入地探索"争吵后我该怎么办"。

（三）探究与体验：争吵后我该怎么办

1. 情景体验（15分钟）

1）活动过程

坐前后排的小明和小华同学是好朋友。今天上自习课时，小明同学在讲话，后排的小华同学让他安静，但是小明没有安静下来。小华说小明真坏。小明看着小华说："有本事再说一遍。"然后小华真的又说了一遍。结果，两个同学大声地吵了起来，吵得整个教室的同学都没办法学习。后来再看着别人和好朋友形影不离，他们感觉自己很孤单。

请同学们分小组讨论回答以下问题。

（1）站在小明的角度，你认为自己做得对吗？为什么？

（不对，因为自习课没有保持安静；没有听小华同学的建议；感觉到小华不高兴还要和他吵；吵架打扰了所有同学自习）

（对，因为他做的是自己想做的事，是小华打扰了他；他可能有很重要的

事情，所以不得不讲话；小华骂他所以他才吵架，是小华不应该）

（有对有错）

如果你觉得小明是对的，那小明有哪些地方做得还不够好所以导致了这场矛盾？

（在小华让他安静时，没有安静也没有解释为什么要讲话。在小华骂他时，不仅不够冷静，还主动挑起事情让矛盾激化）

（2）站在小华的角度你认为自己做得对吗？为什么？

（不对，因为他先骂了小明；当小明让他再说一遍的时候，他不冷静真的又说一遍；吵架影响到所有同学自习）

（对，小华是在正确地维护班级秩序；是小明先不听自己的，错都是小明的）

（有对有错）

（3）如果你是当事人，你觉得因为这个矛盾失去好朋友值得吗？

（不值得，因为这只是一件很小的事情，为此失去好朋友让我们难过、孤单）

（值得，因为发生一点小事就闹翻的朋友不是真正的好朋友）

如果你觉得值得，你觉得可能永远都不发生矛盾吗？

（在我看来呢，其实是不太可能的，因为每个人都不一样，就算是好朋友，我们也经常会有不一样的想法。如果每次都因为想法不同闹矛盾甚至绝交，我们很难找到一个一辈子的好朋友。相反，有矛盾一起解决矛盾，会让我们的友谊更加深厚，让我们感到幸福满足）

（4）我们假设时间可以倒流，如果你是小明或者小华，你不想让这个矛盾发生，你可以把时间倒流到什么时候，你又会怎么做？

（如果我是小明，假如小华让我安静我马上就安静下来了，我们就不会吵架。如果我是小华，假如小明继续讲话我没有骂他，而是跟他讲道理，我们就不会吵架）

（5）可惜我们都知道时间是没有办法倒流的，那么在发生争吵后我们该怎么办呢？

（迅速地冷静下来，反思自己是不是做错了，想想对方是不是有什么难处，主动和对方道歉，包容对方，改正自己的错误，一起解决问题……）

2）教师陈述

在争吵后，小明和小华应该很快冷静下来，反思自己的问题，共同化解矛盾。生活中也是这样，产生了矛盾就要一起去解决矛盾，如果我们不去解决矛盾，我们和同伴的友谊就会降温，矛盾也得不到解决，这可不是我们希望得到的结果。

2. 友谊的温度（5分钟）

1）活动过程

如果我们给友谊加上一个温度，因为一些不正确的做法（见表4-11），友谊的温度会降到零度。请同学们思考一下，我们怎么做能让友谊的温度升高？小组讨论写在纸上。

表4-11 友谊降温或升温的办法

降温的做法	升温的办法
急躁生气	迅速冷静
将错误归结到对方	理智地看待事情，自我反省
只顾着自己	将心比心
不愿意低头认错	主动道歉
让别人承担后果	一起解决问题
……	……

2）教师陈述

就像小明和小华一样，在生活中我们总会有一些小小的摩擦，当错误的做法让我们与好朋友的友谊降到零度时，我们感觉到的是寒冷、难受。这时，我们需要迅速地冷静下来，正确地解决矛盾，才能给友谊解冻，感受好朋友给我们带来的温暖。

（四）总结与反思：我是否学会了化解矛盾（5分钟）

1. 活动过程

每位同学学习在争吵后如何化解矛盾，思考自己是否学会了这些办法，以后如果与伙伴闹矛盾应该怎么样与同伴和好。

2. 教师陈述

同学们，今天我们通过一些活动，学习了如何化解矛盾。这些化解矛盾的方法我们不能只写在纸上，更要记在心里。我们都不想和朋友闹矛盾，所以在矛盾后记得用上这些方法，这样我们的朋友才不会离我们越来越远。我们都是班级的一员，让我们共同努力，让咱们的班级更加团结，更加融洽！

3. 实践者说

随着年龄的增长与知识储备的增加，学生们都有了更多自己的想法。到了高年级后，大多数学生叛逆的性格都初露头角，更有甚者一言不合就会动手。虽然事后也多有懊恼者，但是大多学生自己都意识不到自己正在悄悄变化的性格，有一部分的原因是青春期的激素作祟，更多的是因为学生接受的外界信息太多，无法及时消化理解，容易钻牛角尖，这时候就正需要老师们来引导，给学生未来的人际交往搭建最坚实的基础。

教学活动一开始，教师就让学生参与其中，给足够的时间来思考平时可能不会注意到的一些小问题。思考问题的同时也是审视自己内心，让学生正视自己的每一个决策。

接着，教师讲述了"六尺巷"的故事，带领学生进一步领悟"退一步海阔天空"的奥秘。教师紧接着引导，这个道理不仅仅存在于故事中或者课堂上，结合第一个活动，让学生反思一遍刚刚讨论的内容，令学生懂得让步的艺术，不少学生惊叹"虽然失去了一些，但是得到了更多啊。"

最后一个模拟实践活动大获成功，运用课堂中的场景，学生们很快就产生了共鸣。不少学生你争我赶地表达自己的看法，不仅是对待人际交往中觉得自己有做得不对的地方，更是检讨了自己情绪中的不足。学生学会了和小伙伴之间换位思考，也认识到了主动低头并不可耻，相反，勇敢的人、更珍惜感情的人往往才会先站出来和解。"将心比心"将会是伴随着学生一生的教育。

4. 参与者的话

这次的课让我受益匪浅，我从来没想过平时只是顺嘴说的一句话会有那么大的威力。往往无意间就埋下了许多争吵的种子，然后在未来的某一天可能就带来突如其来的争吵，弄得我和好朋友都是莫名其妙的，事后双方都会觉得委屈。以前从来都没有意识到，原来很多觉得无法解决的矛盾都是可以在很久以前就防患于未然的。

如果这样的课能多一点就好了，不仅学习了知识，还学习了做人的道理。希望在接下来的生活中，我能好好运用到这节课中老师教的每一个知识点，做一名更加优秀的少先队员。

本章参考文献

[1] 张祥斐."活教育"视角下幼儿园课程现状的调查研究[D].安庆：安庆师范大学，2020.

[2] 娄娜.团体辅导对小学高年级学生自我意识和心理健康的影响[D].石家庄：河北师范大学,2017.

[3] 雷雳.发展心理学（第4版：数字教材版）[M].北京：中国人民大学出版社，2021.

[4] 黎海燕.农村高年级小学生自我动机的发展及干预研究[D].长沙：湖南师范大学，2012.

[5] 黄潇潇,张亚利,俞国良.2010～2020中国内地小学生心理健康问题检出率的元分析[J].心理科学进展,2022(5).

[6] 张微,张宛筑,袁章奎.贵阳市中小学生心理健康现状[J].中国学校卫生,2018(8).

[7] 敬惠云.小学高年级学生亲子依恋和人际关系困扰的关系：共情与同伴依恋的中介作用及教育启示[D].天津：天津师范大学,2022.

[8] Seligman M E P, Rashid T, Parks A C.Positive psychotherapy[J].American Psychologist,2006(8).

[9] 朱新鑫.特拉华社会情绪能力量表中文版的信效度研究[D].长沙：湖南师范大学,2016.

[10] Eklund K, Kilpatrick K D, Kilgus S P, et al. A systematic review of state-level social-emotional learning standards: Implications for practice and research[J]. School Psychology Review, 2018(3).

[11] Zins J E, Elias M J.Social and emotional learning: Promoting the development of all students[J].Journal of Educational and Psychological consultation, 2007(2-3).

[12] Chen H, Yu Y.The impact of social-emotional learning: A meta-analysis in China[J]. Frontiers in Psychology,2022(13).

[13] Elias M J, Haynes N M.Social competence, social support, and academic achievement in minority, low-income, urban elementary school children[J].School Psychology Quarterly, 2008(4).

[14] 刘志.基于发展素质教育的社会与情感能力培养研究[D].上海：华东师范大学,2021.

[15] 袁振国,黄忠敬,李婧娟,等.中国青少年社会与情感能力发展水平报告[J].上海：华东师范大学学报(教育科学版),2021(9).

[16] 邵瑾,樊富珉.团体成员共情的影响因素及作用模型——基于扎根理论[J].心理科学,2021(4).

[17] 樊富珉,何瑾.团体心理辅导[M].上海：华东师范大学出版社,2010.

[18] 张丽丝,刘慧玲,敖敦.高中生人际关系现状的社会网络分析——以4个省市的高中为例[J].北京教育学院学报,2016(4).

第五章 小学生公共责任感培育行动研究

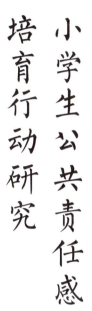

以下内容为方红缨主持的2020年湖北省教育厅教育科学规划课题重点课题《基于班级的小学生公共精神培育准实验研究》阶段性研究成果之一。项目参与者还包括：高婷，武汉市育才小学；卢瑾，武汉市育才小学；王瑾，武汉市江岸区澳门路小学；陈莉，武汉市育才行知小学；李颖，武汉市育才怡康小学；杨敏，武汉市江岸区长春街小学；梁菁，武汉市江岸区长春街小学；李翠芳，武汉市江岸区辅读学校。

第一节　问题提出

近年来，我国在各个领域的发展都取得了举世瞩目的成绩，但社会各个领域里仍存在着一些问题，如环境卫生问题、公共秩序问题、网络暴力问题等，都体现着我国的国民素质还需要进一步提高，而这些问题存在的根本原因还是公民公共精神与公共责任的缺失。小学生是社会主义的建设者和接班人，肩负着中华民族复兴的使命，他们的思想观念和意识对社会的发展起着重要的作用。因此，公共精神和公共责任需要从小开始培育。而目前，我国大部分家庭仍存在对小学生"分数"和"升学"的过度追求，或是家长自身就缺乏一定的公共精神，导致小学生并未具有相应的公共精神和公共责任，他们身上存在着公共精神缺失的问题。

《中长期青年发展规划（2016—2025年）》列举了未来青年发展"十大行动目标"，其中，"青年社会融入和社会参与"是十大行动之一。而公共精神是社会融入和理性合法的社会参与的必要条件与有力支撑。

2019年10月，中共中央、国务院印发了《新时代公民道德建设实施纲要》。此纲要指出，在社会高速发展转型期，社会上"损公肥私""极端个人主义""突破公序良俗底线"的现象时有发生，因此，要大力加强社会公德教育。要坚持从娃娃抓起，引导青少年打牢道德根基，引导他们承担社会责任，树立良好的社会形象。

因此，如何从小学阶段开始培育小学生的公共精神，使之从小就有建设现代化国家所必须有的公共责任意识、公共情怀。概括言之，公共精神——是值得探索的重要教育课题。

第二节 国内外研究现状述评

一、公共责任研究的发展史

（一）责任

现代汉语中，"责任"一词有三层含义：第一，分内应做的事；第二，特定人对特定事项的发生、发展、变化及其成果负有积极的助长义务；第三，因没有做好分内的事情或没有履行助长义务而承担的不利后果或强制性义务。可见，责任的主体既要履行应尽的义务，做好分内应做的事，又要承担过失行为产生的后果。权力和责任是相互统一的，有权必有责。

伊壁鸠鲁和亚里士多德等认为，责任是指人应对自身选择的行为所导致的结果负责。培根认为，责任就是维护整体利益的善。柏格森认为，责任是一种约束力，包括对自己的约束以及人与人之间的约束。康德认为，履行自己的责任是善的美德。马克思认为，责任是一种使命和任务。

随着新公共管理运动的兴起，责任的概念与内涵逐渐从"responsibility"转向"accountability"，即更强调"负责任"，而前者是"有责任"。"负责任"更强调责任概念的连续性、动态性和过程性，强调责任是一种在履行中实现其约束力的动态概念。

（二）公共责任

公共责任是指拥有公共权力的公共组织在处理公共事务、实施公共管理行为全过程中，为实现公共利益，提高履职能力，承担管理行为导致的结果。公共责任的内容可按行为实施前、实施中和实施后来划分：具体指实施前要具有高度的责任感；实施中要达到工作要求，自觉接受外界监督；实施后要能接受评判并敢于为过失行为承担责任。

"公共责任"一词较早在公共管理学中被提及，主要指的是公共管理组织及其公职人员在履行自身职责时所背负的公众和社会责任。美国行政学者戈文·斯塔林（2005）认为，责任所涵盖的基本价值在于回应、弹性、一致、稳定、廉洁、慎思、守法、负责等特性，并据此将行政责任分为回应、弹性、胜任能力、正当法律程序、负责、廉洁六个方面。江秀平（1999）认为，公共责任主要表现为政府公职人员对待工作尽职尽责。虞维华（2006）将公共责任概括为个人、政党、团体等责任主体对公共利益的负责的意识和行为表现。常姝（2020）认为，批判性的公共责任概念构建中，尝试将公共责任归纳为一种动态的社会关系，通过这种关系，公民试图去监督国家权力、参与国家事务。

期间，学者们对于公共责任的研究逐步从对权威部门的关注转向对公民的研究。相对于公共管理学中的公共责任，公民的公共责任所涉及的主体范围更广，规定的内容也更多，但它们最终的目标指向都是维护社会整体利益。

20世纪90年代，新一轮的公民研究热兴起。其中，公民教育研究的焦点从公民性的权利和义务转向公民责任内容的研究，如公民的社会参与、建构认同感、实践活动与意义形成。马德普等（2004）将公共责任内容概括为公共精神、公正意识、礼貌与宽容、团结与忠诚的共享意识。

公共责任意识也可以在学校展开实践探索。早在1990年，新加坡政府便将公民教育纳入课程体系的必修范围之中。小学的公民教育内容有爱国、忠诚、公民意识等，中学课程则分为个人、家族、学校、集体、国家、世界六大领域，以强化国民意识。

综合以上几种观点，可以看出，国内学者更多的是把公共责任界定在国家的公共管理领域，是公共组织或国家公务人员为实现国民公共利益所负有的责任，而忽视了公民个人也是公共责任的行为主体。实质上，在社会公共生活领域，每个公民都有责任和义务遵守社会公共准则，维护公共秩序和公共安全，恪守公共道德，维护社会的公共利益。因此，公共责任是指公民在参与公共领域生活时主动承担的责任，是公民自我责任趋向社会统一价值时的公共良心，是实际行动中体现的社会正义。可见，公共责任的实质是全体公民应共同承担的责任。

（三）公共责任意识

公共责任意识孕育于现代公民社会，以公共生活领域为主要领域，是公民个体履行与其公民身份相适应的，在公共生活领域中具有对应承担的社会职责的认知和自觉，以及感知公共责任，积极参与公共生活领域，关心公共事务，建构公共秩序，塑造以公共利益和社会需求为依归，以利他方式关心公共利益的态度和行为方式。

多数学者对公共责任意识的解释趋于一致，都立足于公共环境或公共生活这一前提。章秀英和万斌（2011）认为，公民的公共责任意识是基于公民身份的对自身行为和思想的道德范畴的自律。胡艳蕾（2013）认为，公民的公共责任意识指公民个体在参与公共生活中，公共责任价值观、角色认识和行为规则意识在公民身上的体现。

具体说来，公共责任意识所包含的内容主要从个人与共同体、个人与他人、个人与自然几个方面进行分类。章秀英和戴春林（2009）将公共责任意识分为三个方面：一是团结、忠诚、爱国的美德；二是宽容和公共理性；三是生态意识。雷磊（2021）将公共责任分为四个方面：一是公共参与意识；二是公共道德意识；三是公共秩序意识；四是公共生态意识。

所谓学生的公共责任意识，是指学生在参与公共生活时，对公民角色自觉认知，高度感知自身公共责任，主动参与公共生活，关注公共利益，保障公共秩序安全，并致力于遵守和维护公共生活的准则和规范，勇于维护公共利益，具有奉献、牺牲精神的态度和行为取向。

大学生的公共责任意识可以分为公共参与责任意识、公共道德责任意识和公共秩序责任意识三个方面。第一，公共参与责任意识是指作为公民的大学生自觉参与到公共生活领域中，参与公共事务管理、维护公共利益、积极投身公共生活实践的责任意识，具体表现为：对国家，树立参与政治生活的责任意识；对社会，亲身参与公共事务；积极参与集体活动，在活动中体现利他行为；关注生态环境、了解自然，体现对自然的责任意识。第二，公共道德责任意识是指大学生在参与高校公共生活领域、社会公共生活领域时，在自身公民角色认知的基础上，以利他方式维护公共利益的态度和行为体现。大学生首先要明确"是"与"做"的含义，明确对国家、对社会、对他人、对自然四个方面公共道德责任意识的体现，并给予相应的行动。这种意识基于个人对国家、对他人、对社会公共事务、对自然关注与关心的公共关怀情感，具体表现为：对国家公忠与爱国；对他人尊重与友爱；对社会公共利益进行维护；对自然尊重与爱惜。第三，公共秩序责任意识是指随着人们公共生活领域不断扩大、社会交往频繁进行，规章制度确立，在有效规范公民行为同时也在维护社会公共生活方面起到突出作用的意识，具体体现为：对国家制度的遵守，自觉遵守社会道德规范，遵守自然规律以及自身自律意识。

可通过西方历史，分析古希腊城邦公民的公共意识。亚里士多德的共和主义体现出参与精神和公共责任意识，参与公共政治生活在使人们享受乐趣的同时滋养了平等意识和"城邦至上"的心态。罗马帝国在一定程度上突破了古希腊城邦基于血缘关系的"特权公民"，从法律上对这一内容进行了丰富。此二者都强调公民的公共意识与行为，重视公民对社会公共事务的参与与奉献。中世纪时，人们受到严重压制，成为神的"奴仆"，公民意识、公共意识也随之泯灭。文艺复兴时期，人们的独立意识开始崛起，他们以国籍为纽带，生活在共同体当中。到近代，边沁对私人与公共伦理进行了初步区分，此后，密尔的《论自由》一书，阐述了个人与社会道德的区别。西方近代以来的公德，只突出社会公德，强调人在社会交际生活中所面临的事物，丝毫不重视其中所包含的国家意识。

在马克思看来，"人的本质不是单个人所固有的抽象物，在其现实性上，它是一切社会关系的总和。"现实的个人是个体性与社会性的双重存在，具体表现为现实的人既是拥有自我意志和自我利益诉求的独立个体，又必须生成和发展于整体性社会生活中，通过社会交往获取社会提供的公共环境和公共资源。在这个意义上，马克思所规定的人的本质的社会性和人的发展条件就是指社会的公共性。马克思在对人的本质研究基础之上，论证了"共同体"这一公共精神存在形态，"共同体"是现实的人基于共同的利益和解放诉求形成的一种共同关系模式，充分体现了"人的本质是一切社会关系的总和"，人类只有通过真正的共同体也就是"自由人的联合体"才能实现自由全面的发展。

从实质上来讲，"自由人的联合体"就是公共性的社会存在。这一社会的建构需要通过无产阶级运动实现无产阶级的公共利益来完成。无产阶级是先进生产力的代表，是为人民大众服务的，是社会建构和发展的主体。就如马克思所说，"无产阶级的运动是绝大多数人的，为绝大多数人谋利益的独立的运动。"由此，马克思对"自由人的联合体"社会的追求反映了公共精神的现实关怀和价值诉求。列宁在继承马克思、恩格斯公共精神基本思想基础上，结合社会公共生活生产实践，重点论述了工人阶级由于"抱有最伟大的、具有世界历史意义的目的：把人类从各种各样的人压迫人和人剥削人的制度下解放出来"，因而成为社会公共秩序的创造者和维护者。

到现代，美国学者库柏立足契约社会中的独立个体——公民，认为公共意识期望公民认识到自我与社群利益，并且公民对政治社群负有契约性的自制的责任。因此，无论在思想还是行为上，个体都没必要养成完全的利他主义。换言之，就是指契约型社会中的独立自由个人，要学会兼顾自身与社会利益。这体现出公民在"公共自我意识与个体自我意识"层面上的博弈。

（四）公共精神

在中国，意识到公与私必须分开和有界限的，要追溯到中国近代的严复。他在翻译斯宾塞的《社会学研究》时，将其名称译成《群学肄言》，将密尔的《论自由》翻译成《群己权界论》。因此，他是国内较早意识到公共领域、公共责任和公共精神的思想家。林语堂在描述中国人缺乏公共社交活动时，使用了"公共精神"概念，他批评中国人"不关心他人处境""不关心公共事务"。清政府曾于1906年将"尚公"作为教育宗旨，试图效仿西方注重社会公德建设。然而，在一个专制帝国行将"日落西山"之时再想改变"支离涣散""自私自利"之陋习，注定是不可能成功的。事实上，公与私的纠结一直是费孝通先生所强调的"差序格局"下中国社会的"老难题"！

李萍（2004）是国内较早基于伦理学视角探讨公共精神的学者。她认为，公共精神是指以利他方式关心公共利益的态度和行为。杨芳（2008）认为，公共精神是指公民应该超越个人狭隘的功利计算而关心公共事务的心理和态度。卞桂平（2012，2016）认为，公共精神是基于"公共"与"精神"的生态式联结，是在公共领域里体现出来的个体精神。褚松燕（2012）认为，公共精神发生于现代民主国家的群己关系中，形成于公民基本权利的有效行使，以及责任和义务的真实担当。公共精神赋予公共生活以灵魂。唐斌（2011）则认为，公民超越狭隘的个体利益或小团体利益，关注更高层次的公共利益并为此身体力行，可称为"有公共精神"。

西方对公共精神研究的兴起始自工业革命。工业革命形成了更精细化的社会分工，于是，人与人之间愈来愈需要合作，愈来愈需要一个良好的公共生态。美国政治学家罗伯特·帕特南是较早关注到美国公共精神衰落的研究者，他在《独自打保龄球：美国社区的衰落与复兴》一书中痛陈现在美国年轻人宁愿无聊也不愿意参与公共事务，导致公共精神流失，社会资本削弱，公共领域凋敝。哈贝马斯认为，人活着就需要交流和共同交往，而公共生活的存在催生了公共精神和公共理性，人生的意义就在于积极参与公共事务，从而展现自身的差异性和卓越性。弗雷德里克森等（1986）认为，现代公共精神既是一种公共理念，也是一种公共能力。他强调所有的人，为了公共利益，而并非为了一己之私而走到一起。麦金太尔（1998）认为，公共精神即公民美德，特指生活于具体历史文化共同体中的现代公民的公共人格、道德品质和文明风范的集中体现。阿伦特指出，公共领域是公共精神的所塑之物。约翰·罗尔斯（2001）认为，公共精神的目标是公共善。他认为，公共精神不排斥个人利益，而是要在维护公共利益的基础上打造个人利益。罗伯特·帕特南（2011）完整地阐述了公共精神的概念，即公民在共同体中所表现出来的政治的平等和对公共事务的积极参与。

总而言之，尽管没有一个对"公共精神"的统一的、标准化定义，但有几个特征是研究者们都关注到的：一是独立的个体；二是公共领域或者说公共事务；三是公共利益大于个人私利；四是个体通过公共事务追求个体更高层次的生命意义。

二、公共责任的影响因素研究

（一）独生子女因素

谭之博（2016）发现，部分独生子女在受到家庭成员过度宠爱的环境下成长，使他们在为人处世上常常从个人利益出发，带有浓重的个人色彩，一旦涉及与自己相关的利益，往往首先考虑个人。

（二）学业评价因素

叶飞（2019）认为，部分教师和家长"过度分数至上，忽视对学生的道德责任培养，导致学生过分追求个人价值"。有很大一部分学生的课余生活被补习占据，在分数至上的竞争规则下，他们不断地追加技能，过度重视学业发展，反而缺失了对生命的尊重和敬畏。

（三）学校影响

杨晓娟（2020）认为，现行的考试制度和升学教育方式，使有些学校、学生疲惫于应试，理想教育变成了文字和思想观念。学校生活中的竞争主义有时也加剧了"不是你死就是我活的意识"，经常有学生之间相互不帮助，以免对方超越自己的情况发生，甚至有的学生会在自己不进步也不让他人进步的心理作用下，故意做出破坏性行为。这样的氛围直接影响了学生友谊的建立以及宽容、合作的养成，更谈不上帮助形成公共精神了。

（四）社会影响

殷久华（2012）的理论指出，社会"正能量"的削弱，使公共精神滞后在思想与行动的落实中。部分媒体为吸引眼球，把老人跌倒敲诈、慈善捐款挪用等一些社会不良现象放大化报道，让公众虽有公德之心，却不敢施以援手。

（五）家庭影响

李苑静（2016）认为，学生的社会责任意识与父母的教养方式存在正相关关系。家长的社会责任水平及行为表现，直接影响孩子的社会责任水平。

三、公共责任意识培育的研究

在美国，培养有责任意识的公民受到教育界的极大重视。也有学者则对美国公民责任教育中公民在政治生活中的责任教育进行关注。同时，法制教育是公民教育的重要内容，通过法律明确规定必须学习美国宪法的州达80%，例如佐治亚州、得克萨斯州都要求学习《美国宪法》。

在英国，由伯纳德·克瑞克担任主席的公民教育专家小组形成的《克瑞克报告》中强调以把学生培养成为具有权责意识和责任感的积极公民为目标。德国也极其重视对公民的责任教育，凯兴斯泰纳提出培育"有用公民"的目标，使公民获得国家意识。法国学者指出，学校教育终究是培养人的最重要的场域和环节。

英国通过突出学生在公民教育中的主体地位培养其责任意识，如学会倾听、参加社区活动等。早在19世纪末，美国一些教育家就将责任教育融入校园及社区生活，例如菲尼克斯一所学校被称为"无边界"校园，通过各种实践活动，使学生更好地参与社会公共服务。而且美国通过对不同年级学生开设不同课程来培育道德责任教育。新加坡把中国儒家伦理教育与公民教育结合起来，培养尽自己义务的"合格公民"。从1965年以来，新加坡有关公民教育的历次改革和完善，都为加强公民责任感建设，以及加强国家国民的公民道德教育做出了巨大贡献。

胡艳蕾（2013）从公共责任价值观教育、公共责任角色认知教育、公共责任法制法规建设、公共责任文化习俗化建设、公共责任行为激励机制建设等角度对培育自觉稳定的公民公共责任意识提出了建议。张志泽（2021）则从文化角度出发，借助传统文化资源，强化现代公民责任意识养成的社会实践平台；健全和完善教育内容和教育方式，在传承与现代交融中创新培育内容；将公民公共责任意识培育作为凝练和打造文化软实力的行动指针；弘扬和发展民族文化传统，强化公民的民族认同感和归属感方面，为公民公共责任意识的培育提供了参考。

四、班级与学生公共精神培育研究

熊华生和孙利（2017）指出，中国的班级在促进学生过一种公共生活方面具有天然的优势和初始社会的模拟功能。卜玉华（2017）认为，班级生活提供了一种真实的场景，让学生能够在班级公共生活中形成公共精神。李家成（2016）认为，班级是学生进行公共生活、提高公共责任和熏陶公共精神的最真实化的舞台。刘永存（2017）也认为，班级的公共生活促进了学生的现代化和社会化，关键是要科学、合理地引导学生过好班级公共生活。

五、研究述评

通过梳理国内外有关公共责任、公共责任意识、公共精神及我国大学生公共意识现状及其培育的相关文献，我们发现国内外学者对公共意识的内涵、发展及大学生公共意识的研究取得了丰富的理论成果，可见对这一领域的研究成果较多，可以为本研究提供宝贵的指导意见。但当前的研究还存在一定的不足：国内外学者很早便关注公共责任、公共意识，但界定时都从各自立场出发对其进行阐释，始终不能统一标准；关于大学生公共责任意识的研究内容，大都局限在大学校园内研究大学生的公共意识及其公共行为；当前各研究所提出的各项策略也存在理论性偏强、操作性偏弱的特点，其可操作性有待进一步提升。从对公共责任承担主体的研究中可以看出，起初关于公共责任的研究集中于政府部门及非政府组织，近年来将公民作为责任主体的相关研究逐步增多，但对作为公民重要组成部分——学生责任主体的研究还稍显不足，有待进一步发展。至于培育公共责任意识的对策及路径，不同的学者从不同的方面进行了探索，但大部分是就某一方面采取单一的培育方式，而一些参照社会责任意识培育的文章虽然是从政府、高校、家庭、社会及公民自身素质提高这五方面进行论述的，但较为宽泛。因此，对培育路径的探索仍有巨大研究空间。

公共责任教育是责任教育的一部分。起初，大多数研究主要是围绕政府部门公共责任意识展开的。近年来，对于公民自身公共责任的研究也随着转型期社会的变化、公共领域的扩展有了新的发展。学生作为公民的重要组成部分，对其所应具有的公共责任意识培育的研究还较为概括，因此，进行有针对性的研究十分必要，也是一种新趋势。本研究不单从学校、家庭、社会几方面查找原因，还依据思想教育过程要素，从学生主体以及培育的环境、内容、载体等各方面全面、系统地对培育困境原因进行分析，探寻有针对性的培育路径。

六、未来研究趋势

（一）关注小学生

现有的公共责任与公共精神研究中，人们基本关注的都是成年人、大学生、中学生，而很少有研究关注小学生。事实上，小学作为人生的起步阶段，孩子们已开始有意识地参加公共活动。在公共事务中，有意识地培养儿童交流、合作、互助等良好的公共习惯，对他们的社会化更有助益。

（二）关注班级中的公共责任影响

中国的学校教育主要以班级为单位开展教育活动，因此会产生许多班级的公共事务，就需要公共责任和公共精神。因此，班级给小学生公共精神的培育提供了一个天然的实验基地。只是人们现在因太关注班级的学习功能，而忽略了班级的育人功能。

（三）鼓励基于行动的研究

人的公共精神的培育是一项实践的事业，因此，不能仅仅通过增加课程、多讲授而获得进展。应该要从实践入手，通过让小学生参与班级公共事务，在公共事务中增长认知，丰富公共情感，习得公共行为，凝练公共精神。

第三节　研究过程

第一轮实验从2020年9月开始，以班级活动为载体。整个行动研究以"公共责任"为基础理论，从学校抽取四、五年级各4个班，共计8个班。其中4个班作为实验组，另外4个班作为对照组。

一、设计思路

小学生责任意识的形成一般要经过被动、主动到自动三个阶段。培养学生的责任感要从最基础的对自己负责的"自我责任感"做起，逐步上升到高层次的对社会负责的"社会责任感"。对成长中的小学生来说，应该有计划、有步骤地制订一些目标要求。为此，将小学生责任心培养目标分为对自己负责、对他人负责、对班级负责、对家庭负责、对社会负责。将责任培养目标分层、有序地开展设计，可达到一个循序渐进的效果，并在学校活动、家庭活动和社会活动中全面建立责任心培养机制，互相补充、互相渗透，以促进责任心培养的全方位进行。

新学期开学第一周为调整周，老师引导学生准备顺利进入班级生活，后面18周分为五大主题——个人责任、同伴责任、家庭责任、班级责任、社会责任，平均3—4周完成一个主题活动。研究意在引导孩子从关注个人成长及自我责任的养成到关注自己在团体社会成长及公共责任的形成。

小学生公共责任感培育行动研究设计如表5-1所示。

表 5-1 小学生公共责任感培育行动研究设计

主题	周次	本周主题	活动设计		活动反馈
调整周	1	快乐新学期，最棒的我们	活动目标	调适新学期入学心情，分享喜欢的班级和学生是怎样的，期待自己想成为怎样的学生，为培养学生责任意识的养成做准备	
			活动过程	周一：老师布置德育小作业，回家思考一个问题：新学期来了，你希望自己的班级是什么样的	
				周二：亲子活动，画一画、说一说或写一写心目中的班级和同学，讲给家长听	
				周三：同学之间互相交流"心目中最喜欢的班级和同学"是什么样的	
				周四：自己想成为班级中怎样的同学？写在爱心或人形卡片上	
				周五：将"爱心卡片"贴在黑板报的展示墙上，全班同学看一看、说一说、评一评"最喜欢的同学"形象	
				双休：和父母分享这一周的班级小活动和自己的想法，用日记的形式记录下来	
个人责任	2	我可不是"小拖拉"	活动目标	认识由于拖拉而造成的不良后果，激发远离拖拉的情感和抓紧时间做事的态度，形成自我管理的意识	
			活动过程	周一：听故事《伤心的小拖拉》并进行思考，你喜欢故事中的小拖拉吗？为什么？对照想一想自己有没有类似行为？如果有，说说是怎么改正的	
				周二：用一个表格，将自己拖拉的行为或事例简单罗列下来，若已改正可注明方法；若没有改正，则和家长讨论，打算用什么方法来改正	
				周三：同学分享会，交流各种有效改正拖拉的方法	
				周四：寻找身边，学习、生活有效率的同学，将他们的事例用几句话记录下来	
				周五：主题班会"夸夸你、夸夸我、夸夸他！"分享自己或同学学习有效率的事例，全体同学来点赞	
				双休：和家长交流主题班会心得，给自己列一个简单又可行的学习时间安排，贴在书桌边提醒自己	
个人责任	3	自己的事，自己做	活动目标	提高自理自立的能力，自己的事情自己来安排，学会自己的事情自己做，培养自我责任的意识	
			活动过程	周一：和同学交流，自己能完成的劳动有哪些？记录下来	
				周二：用连环画的形式，画一画自己完成劳动的场景	

续表

主题	周次	本周主题		活动设计	活动反馈
个人责任	3	自己的事，自己做	活动过程	周三：继续用连环画将未完成的劳动场景画下来，简单标注	
				周四：选择一个劳动场景，给家长讲一讲或写一写自己完成的过程	
				周五：小组长组织组员进行讨论，如何利用周末时间完成个人劳动	
				双休：利用周末时间，整理自己的学习用品和房间，做到自己的事情自己做，并用照片或视频记录，发到班级QQ群或微信群中展示	
个人责任	4	安全自护，我能行	活动目标	让学生认识生命、珍惜生命、保护生命，把生命意识渗透到每个学生的心里，将生命安全作为个人责任意识培养的重要基石	
			活动过程	周一：和同学交流一下，从新闻、电视、网络中曾看到过或听到哪些危险的事例，特别是容易发生在我们身边的事情	
				周二：和家长在网上进行调查，2019年全国中小学生安全事例有哪些	
				周三：同学间互相交流，用数据和事实说话，体会灾难的危害和安全自护的重要性	
				周四：和家长一起在网上收集小学生进行安全自护的技巧和方法	
				周五：主题活动"安全自护，我能行！"，小组交流、集中分享	
				双休：将收集的安全资料进行整理、剪贴，独立完成一份"安全自护，我能行！"的手工剪报，周一交给老师进行班级评比	
同伴责任	5	—	活动目标	懂得友善是中华民族的传统美德，现代社会更需要友善，了解什么是友善，学会友善对待同学	
			活动过程	周一：收集一些历史和现代社会中关于友善待人的故事，从中发现友善的内涵是丰富的	
				周二：同学之间交流班上发生的友善故事，采访当事人说自己的想法，进行表扬，树立榜样	
				周三：情景模拟：面对班级生活中经常发生的小摩擦，你会怎么办呢	
				周四：师生交流，学习"与人为善"的小妙招	

续表

主题	周次	本周主题	活动设计		活动反馈
同伴责任	5	—	活动过程	周五：反思自己，可以选择给自己的某个同学写一封信，也可以给自己写一封信	
				双休：收集古往今来赞美"友善"的名言警句、诗文，进行摘抄朗诵	
同伴责任	6	—	活动目标	了解诚信的内涵，感受诚信的重要性，引导学生践约守信，诚实做人	
			活动过程	周一：了解诚信的内涵，搜集关于诚信的名人名言	
				周二：收集正反两面古往今来的诚信故事，与同学交流	
				周三：玩诚信相关的游戏，说说自己的感受	
				周四：评选班级"诚信之星"，讲述身边榜样的故事	
				周五：通过"建立班级诚信银行，开通个人诚信账户"的班级方案	
				双休：完成一份"呼唤诚信，共筑诚信"倡议书	
同伴责任	7	—	活动目标	理解团结互助的重要性，明白团结合作力量大，树立"我为人人，人人为我"的准则，学会团结	
			活动过程	周一：讲蚂蚁的故事，听相声《五官争功》，说说自己的想法	
				周二：收集资料，了解现代社会很多的成就都是团结协作的结晶	
				周三：玩团结协作的游戏，体会团结的重要性	
				周四：表演班级生活情景，进行辨析"什么是真正的团结"	
				周五：进行小组任务挑战，评选最团结小组，请他们说说团结的秘诀	
				双休：创作关于团结的凡人凡语	
家庭责任	8	—	活动目标	从"家长的苦恼"入手，引起学生对分担家务的关注，学习承担部分家务，并体验劳动带来的乐趣	
			活动过程	周一：通过晨会，介绍家长的"苦恼"，谈谈孩子们在家不分担家务、不珍惜家长劳动成果的现象，引发学生思考	
				周二：采访家长，了解他们心中的"贴心小棉袄"是什么样的	

续表

主题	周次	本周主题	活动设计		活动反馈
家庭责任	8	—	活动过程	周三：通过图片、视频，向孩子们介绍家庭生活小妙招，帮助孩子们体验劳动的乐趣	
				周四：树立班级榜样，介绍承担家务的优秀学生代表，介绍他们的故事	
				周五：主题班会"生活技能大比拼"，现场比赛，家长评委，评选优秀，颁发奖状	
				双休：劳动让人成长，家庭承责让人成熟。以此为话题，完成日记一则	
家庭责任	9	—	活动目标	帮助孩子了解家长对家庭的付出，通过角色体验互换，达到互相理解、包容、支持的目的	
			活动过程	周一：亲子交流，孩子主动去了解"管家"的妈妈一周对生活的具体安排是什么	
				周二：拟定家庭体验活动计划"本周我当家"，明确一周生活经济支出、生活管理的预设	
				周三：当家庭体验活动开始，学生每日完成"管家记录"，记录一天的安排和感受、体验。家长同时记录自己被照顾管理的感受、体验	
				周四：继续亲子体验活动，召开家庭会议，分享各自的感受，提出建议或意见	
				周五：继续亲子体验活动，开展一次周末晚点活动，由"孩子家长"安排，"家长孩子"协同	
				双休：继续亲子体验活动，完成一次家庭大扫除和户外活动，晚上家庭成员进行活动反馈，用日记记录下来	
家庭责任	10	—	活动目标	从观察、聊天、体验入手，引发对家庭责任的关注，参与亲子活动，激发家庭责任感	
			活动过程	周一：疫情期间，居家学习，回忆一日三餐分别吃了什么，记录下来	
				周二：观察家里的主厨，烹饪一日三餐各需要多长时间，记录下来	
				周三：向家里的主厨讨教，学做一道菜。以日记的形式，记录自己的学习过程和感受	
				周四：召开一次家庭会议，聊聊主厨做饭的体会、吃饭人的感受，体验"辛劳"	
				周五：思考作为家庭的一分子、小主人，我们可以为家庭做点什么、为父母分担点什么	

续表

主题	周次	本周主题	活动设计		活动反馈
家庭责任	10	—	活动过程	双休：和父母一起承担一日家务，打扫、做饭、晾晒、清洗，完成一份"家庭承责日小报"	
班级责任	11	我的班级我的家	活动目标	制定富有特色的班级口号、班风、班训等，让每一堵墙都"说话"，努力营造健康向上、富有成长气息的班级文化氛围，培养班级的凝聚力和班级责任意识	
			活动过程	周一：了解责任"我为班级做什么，才是负责任"	
				周二：讨论我们的班级名片是什么（班级的特色名称）	
				周三："我的地盘我做主"（分小组进行班级环境设计版块）	
				周四：小组环境设计版块展示评比	
				周五："我爱我家"主题班会活动，通过活动培养班级的凝聚力和班级责任意识	
				双休：利用周末时间，设计一张自己的名片，并用照片发到班级群中展示	
班级责任	12	我是班级小主人	活动目标	开展班级责任认领活动，让每个同学都能为班级的管理分担一份力所能及的工作，这样不但能锻炼学生的自理能力、解决问题的能力，更能增强学生的责任心和集体荣誉感	
			活动过程	周一：讨论班级可以设立哪些小岗位	
				周二：通过自荐和推荐的方式进行责任认领活动	
				周三：动手设计自己的"责任牌"，看看谁的最有创意	
				周四：个人制定自己的岗位细则	
				周五：交流自己的上岗心得，并记录下来	
				双休：和家人一起分享参与本周班级活动的感受，用周记的形式记录下来，下周再在班级中交流	
班级责任	13	我在班级中成长	活动目标	通过活动激发学生的责任情感，使他们形成遵守班级公约的责任意识和养成文明的行为习惯，从而增强学生对自己集体的责任感，懂得为班级做贡献	
			活动过程	周一：你参加过哪些有意思的班级活动	
				周二："班级小明星"——说说在班级中让你感动的人或事	
				周三：调查报告——哪些行为是对班级的不负责任	
				周四：讨论怎样为班级添光彩	
				周五：进行合作游戏《心灵感应》	

续表

主题	周次	本周主题		活动设计	活动反馈
班级责任	13	我在班级中成长	活动过程	双休：独立完成一份《我和我的班级》的小报，周一交给老师进行班级评比	
班级责任	14	班级点滴日记接力	活动目标	真实记录班级成员的生活点滴，提升班级成员集体意识及责任感，搭建同学与老师之间合作沟通的有效桥梁，明确细化成长目标	
			活动过程	周一：讲解班级日记的记载内容和形式，鼓励同学们多观察、多思考	
				周二：指定一名班干部完成本周班级日记，当众抽选一名同学也参与完成	
				周三：晨会朗读分享班级日记，同学们进行交流感悟	
				周四：晨会朗读分享班级日记，同学们进行交流感悟	
				周五：根据班级日记，开展有针对性的主题班会活动	
				双休：你期待下一周班级有什么新变化	
社会责任	15		活动目标	了解病毒感染，分享相关温暖故事。树立公共责任意识，知道自己作为学生应该担负起怎样的社会责任感	
			活动过程	周一：看新闻，查资料，了解病毒感染相关信息，搜集整理成资料	
				周二：小组活动，组内交流互动分享，用孩子的眼睛看"病毒"、聊"病毒"	
				周三：观看视频，了解"病毒"下的小家庭、大武汉、全国、世界范围内涌现的感人故事	
				周四：思考同样作为市民中的一员，我们小学生该做点什么，记录自己所思所想	
				周五：主题班会"疫情下，小学生也在行动"	
				双休：小组结伴活动，参观相关纪念馆等场馆，留下记录文字和图片	
社会责任	16	规则的美丽	活动目标	通过游戏、实际调查、观察和思考，让学生明白规则和我们的生活密不可分，只有遵守规则，我们才会生活得更幸福、更快乐	
			活动过程	周一：邀请小伙伴们一起玩最喜欢的游戏，说说其中要遵守的游戏规则	
				周二：游戏中有规则。找一找、查一查、问一问学校生活中有哪些规则，记录下来。想一想，如果没有这些规则，学校会变成什么样	

续表

主题	周次	本周主题		活动设计	活动反馈
社会责任	16	规则的美丽	活动过程	周三：仔细观察生活，想一想社会生活中有哪些规则，列举其中的1—2个规则，说说它们的作用	
				周四：生活处处有规则，那么在生活中我们应该怎样遵守规则呢？写出自己的做法和理由	
				周五：结合感染病毒过程中发生的社会现象，想一想在这类事件发生时，我们应该遵守哪些规则，这些规则有什么作用	
				双休：开动脑筋，制定班级公约。可以和小伙伴讨论，使公约更加完善，用来规范班级所有同学的言行	
社会责任	17	说声"谢谢你"	活动目标	引导学生通过自己生活的体验和对生活中劳动者的调查，进一步体会各行各业在人们生活中的意义，感受他们的劳动给人们生活带来的方便，以及人们之间相互依赖、相互服务的依存关系，对他们怀有感激之心	
			活动过程	周一：观察校园中为我们服务的劳动者，自主采访门卫叔叔、食堂阿姨、清洁工伯伯、校医老师等，了解他们的具体工作	
				周二：说一说你和在校园中为我们服务的劳动者们之间的感人小故事，用自己独特的方式表达对他们的感激之情	
				周三：仔细观察自己生活中各行各业的劳动者，有哪些人在身边为我们服务呢？把他们劳动的场面画下来或者拍摄下来，写一写你的心声	
				周四：听故事仔细辨析，这些行为是否尊重了各行各业的劳动者，说说你的想法和理由	
				周五：了解在这次疫情期间，各行各业的劳动者和志愿者，为了我们正常生活运转如何辛勤地工作，用图画和文字表达对他们的感谢，做好疫情防护的宣传小卫士，传递爱心，贡献自己的力量	
				双休：学唱《听我说谢谢你》手语歌，录制一段小视频，用独特的方式表达对身边各行各业劳动者的感谢之情	
社会责任	18	我们的大地妈妈	活动目标	运用和大地妈妈对话的方式，亲身感受身边的环境问题，形成初步的环境保护意识，引导学生为保护环境做力所能及的事情	

续表

主题	周次	本周主题	活动设计		活动反馈
社会责任	18	我们的大地妈妈	活动过程	周一：观察身边的各种植物，了解它们在我们生活中的重要作用，争当护绿小卫士。精心饲养一株小植物，感受生命的力量。写一篇美文	
				周二：上一节"保护野生动物，共建和谐家园"的德育课，了解野生动物的更多知识，录制小视频介绍自己喜欢的野生动物，写一写自己应该怎样保护它们	
				周三：观看"地球妈妈在哭泣"视频，认识生活垃圾产生的危害，了解垃圾分类的具体标准，把垃圾送回家	
				周四：利用"世界地球日"引导学生关注环境问题，了解身边的大气污染、水污染等现象	
				周五：针对自己身边的现象，设计一个实用的环保标语，配上简单的说明	
				双休：变废为宝，通过儿歌表演、绘画展示、手工制作等方式，把垃圾回收再利用，变废为宝	

但是，时而线上授课，时而线下教学，行动研究计划并没有完全按照既定的计划开展，也就无法进行对照班和实验班的检验。不过，通过参与实验教师的反思和学生的反思可以洞见实验的效果。尤其是一个阶段小活动后的大活动效果，能够体现学生和教师对"公共责任"认知、情感的提升和认同。

课题组从2022年3月起开始第二轮实验。研究者们选择武汉市育才小学高婷老师的一个班作为主实验班，仍然以班级活动为载体再次展开实验，其他老师作为跟随者再次进行行动研究。

本轮行动研究的班级活动方案具体操作如下：首先，学生自行观察班级每天出现的问题或者留意班级里的公共事务，学生自行提供帮助或者完成相关任务。其次，放学回家，学生将今天为班级做的事情讲述给爸爸、妈妈听，爸爸、妈妈不在身边的就讲给爷爷、奶奶听，爸爸、妈妈或爷爷、奶奶用视频记录孩子的讲述，并且，在活动记录本上用文字进行再记录和进行必要的点评。爸爸、妈妈或爷爷、奶奶也可以针对孩子的做法进行指导和进一步深化的指引。最后，教师对学生的每次活动进行点评，对做得好的学生进行表扬和提供展示平台。

二、记录示例

记录示例表如表5-2所示。

表 5-2　记录示例表

日期	2022年2月21日　星期一
天气	
讲述人	
记录人	

事情记录：

由于本轮行动研究的样本班级是某小学二年级，因此，在进行检测时，未采用问卷调查法，而是采用文本分析法和案例法。

第四节　研究分析

一、第一轮实验分析：基于参与学生和教师的反思

由于没有连续实施行动研究设计的班级活动，本研究放弃了采用大规模问卷调查法进行研究分析，而是采用典型案例分析法，通过具体的活动以及活动中教师和学生的反思分析行动研究中师生对公共责任意识的提升与行为的浸润。

以下为相关案例分析。

与文明同行，做路上最美风景
——长春街小学五十班"文明出行"系列体验活动方案
武汉市江岸区长春街小学　杨敏

一、活动背景

城市因文明而兴盛，文明让生活更美好，而公共精神则是文明社会建设的必要条件和有力支撑。如何有意识地培养小学生的公共精神呢？我们班以学校开展的"文明出行"系列体验活动为契机，开展了系列实践活动，以促进学

生、家长日常文明行为养成，让文明出行渐成风尚。

谈到文明出行，就不得不提及排队。提起排队，相信大家都不会陌生，它看似简单，但却能带来一种"秩序之美"。在强调公平与公德的当今社会，排队礼让是维持公共秩序的最基本形式，意在规范人们的公共行为举止，是体现城市文明的试金石。排队更是一种文化，体现出一个群体对社会公德的尊重和遵守，对社会和谐生态的建设与维护。

特别是在当下，对于文明出行进行宣传及要求已不仅仅是站在社会公德的角度考虑，也是站在防疫卫生安全的角度考虑。

二、活动目的

通过开展系列活动，增强全校师生文明出行、自觉排队的文明意识，提高全校师生的公共文明素质，培养良好的公共秩序，加强学生的公民道德建设，营造文明和谐的公共环境。

三、活动过程

（一）广泛宣传

学校及班级通过学校微信公众号、国旗下讲话、黑板报、班会等多种形式开展宣传活动，鼓励同学们积极参加活动。

（二）具体行动

1.用声音倡导文明

（1）在全校范围内发布征集公告，征集"传播文明的声音"，内容为文明上学、放学倡议，用于每天在上学、放学时段，在校园广播系统播放。

（2）学校推出详细的倡议书文稿和朗读、录音的温馨提示，供学生参考学习。

（3）班级响应学校号召，利用阅读课、班会，进行倡议书的撰写及朗读指导，并邀请积极分子在全班进行示范指导。

（4）学生通过反复练习，将录制好的音频上交学校参与评选，学校择优予以播放。

我们力图用"润物细无声"的方式，让孩子由受教育者变成教育者，变成活动的倡议者，把"文明出行"的种子播进他们每个人的心田。

2.有序排队展素养

在"文明出行"系列活动中，班级将"有序排队展素养"作为训练抓手，首先通过德育课堂规范相关要求，然后在日常校园生活中进行训练、反馈、评价、激励，促进学生习惯的逐步养成。我们具体做了以下几点：

（1）组织学生制作排队文明标志牌，将其张贴在班级宣传栏。

（2）通过夕会等德育课堂明确排队的重要性、要求及纪律。

(3) 路队长及纪律小组长负责提示、维持每次排队的纪律。

(4) 评选排队积极分子。

以放学路队为例，我们形成了一套规范的要求，以"有序、有礼"的行为来实现"安全、文明"的目的。

①放学铃响，负责老师组织学生到走廊上站好路队，并提醒学生做到五"好"：穿好校服、背好书包、拿好餐盒、举好班牌、站好路队。

②从教室到校门的行进过程中，学生做到四"要"：排队行走要跟紧，慢步前行要有序，行进过程要安静，下楼梯要靠右行。

③到了校门口，老师组织学生进行暮诵后师生互道再见。

④最后，在校门外的指定放学区域，接孩子的家长站好两条队，按照顺序接孩子，并主动与老师打声招呼，方可带孩子离队。

活动开展以来，在长春街的校园里，我们会看到孩子们背着书包有序排队进入校园；沿着指示标语排队上下楼；课间间隔一米文明排队如厕；午餐时，大家有序排队就餐；放学时段，孩子们错时错峰，有序排队放学，家长排队安静等候，有序不争抢等文明礼仪。

3.家长护卫，共守文明

文明出行，安全到家。孩子的安全关系到每一个家庭的幸福，切实保障学生的人身安全已成为学校、家长及全社会的重中之重。学校大门外道路是我校师生进出学校的主要通道，家长接送孩子也会在此停留。有时接送学生的汽车、电动车以及自行车在学校门口乱停乱放，形成拥堵，尤其在雨雪天气更加明显，从而造成严重的安全隐患。

为了确保每个孩子的安全，让家长接送有序，班级在学校的统筹安排下，积极成立家长护卫队，参加上学放学安全护卫工作。百分之百的学生家庭报名参加，由家委会统筹组织，安排岗位，明确职责。在我们班值勤的那一周，家长们早早到校，分工有序，各尽其责，或指引车辆停靠，或护卫学生过马路，或帮助有需要的学生……他们身体力行，携手共筑带着浓浓亲情的长春街绿色护栏！

学生反思1：

讲文明、懂礼貌是中国人的传统美德。本学期我们班开展了"有序排队展素养"活动，让我受益匪浅。

之前我是很排斥排队的，觉得那是浪费时间，特别是上轻轨时，只要车门一开，我就往车上挤，全然无视先下后上、有序排队的标语。有几次因为人太多，我差点被挤摔跤了。这次班级"有序排队展素养"活动让我懂得了很多。排队象征的是一种秩序、一种文明，它在我们生活中随处可见，我们每天上车排队，打饭时排队，放学时排队，购物时排队……它看似简单，但却能带来一种"秩序之美"，也是一个人文明、礼貌和素养的折射。

记得前不久我到包子店买早餐，因为人多，大家都在井井有序的排队，我排在队伍末端，顺带观察着排队的人，笔直的队伍、安静的人群、点包子的人轻柔的语调，构成了一幅和谐静谧的画面。我也不由自主地挺直了身子，不禁感叹道："买个包子也好有仪式感呀！"这时突然来了一帮年轻人，有四五人，他们不排队，就往前面挤，先前笔直的队伍有些混乱了，他们一股脑都挤在柜台前，喊着："10个肉包，5个豆沙包，快点。"我见状大喊："哥哥姐姐们，你们今天打扮得很帅气、很美，但行为有点不帅、不美，排队排队，排才对，不排就不对。如果赶时间，你们站到我这吧！有序排队可以节约你们的时间，又不浪费大家的时间。"他们听了我的话，一个个愤怒地转身离去，人群的惯性把我挤到地上摔了一跤。

有序排队是公共场所里基本的文明表现，它就如一面镜子，在很大程度上照出一个人文明素养的高低，一个讲规矩、守规矩的排队者，总让人如沐春风，想起谦谦君子。倘若不讲次序，争先恐后队伍就不能保持，"排队"也就失去了意义。

古人云："人无礼则不生，事无礼则不成，国家无礼则不宁。"有序排队，文明你我他，让文明之风吹遍长小校园，吹向身边的大社会。

学生反思2：

排队是现代文明生活中随处可见的场景。"良好的秩序是一切美好事物的基础。"排队，不仅是一种行为秩序，更是体现城市文明进步的标志。长春街小学开展"有序排队展素养"活动，通过德育课堂提出排队的规范要求，以"有序、有礼"的行为来实现"安全、文明"的目的。

"有序排队展素养"活动鼓励从"我"做起，形成良好的行为习惯。我因个子矮小，每次都站在队伍的最前方。最初我很抗拒，感觉自己的一举一动都受到了"监视"，在几次因管不住自己的小动作，被老师批评后，我意识到，我是班级的一分子，我的所作所为会影响到班级整体形象。通过"有序排队展素养"活动，对照排队的规范要求，我开始约束和改变自己的行为，经过一段时间的坚持，我不仅提升了班级责任感，还树立了文明礼仪的行为观念，逐步养成了良好的行为习惯。

教师反思：

不学礼，无以立。

中国是一个文明古国，也是一个礼仪之邦。早在约3000年前周公旦制礼乐伊始，"礼"就开始影响着一代代人"行礼如仪"。

历史发展到今天，在这个高度文明的现代社会，礼仪之风更要焕发出时代生机。

长春街小学以"文明出行"为切入点，开展了系列实践活动，以促进学生、家长日常文明行为养成，让文明出行渐成风尚。我们班也广泛宣传，精心筹划，积极实践，让该活动在班级内落地生根。活动开展至今，有些许思考，现记录几点。

第一，学生角色的转变。

在"用声音倡导文明"活动中，学生自己录制倡议书音频，向校园周边居民及家长、同学们发出倡议，这样的活动形式让学生摇身一变，由传统的受教育者成为活动的倡导者、发起者，不仅做到了知行合一，更是在主动实践中增强了自己的传播文明的责任感和使命感。

当校园广播传出他们的声音时，当其他家长和学生在他们的温馨提示下文明出行时，"文明的样子"不仅入耳，更会入心，最后落实到我们每个人的行动中。

第二，活动理念的转变。

在以往很多的实践活动中，我们往往侧重于告诉学生"你应该这样"，而忽视了指导学生"你如何做才能这样"。在这一次"文明出行"活动中，我们不仅喊出口号，而且明确了标准，手把手指导学生关注细节，从而潜移默化达到教育目的。

在"用声音倡导文明"活动中，我们为学生提供了倡议书范本，并贴心地通过公众号教孩子们如何朗读、如何录音。在班级大力宣传下，在优秀同学的引领示范下，孩子们没有觉得这项活动"事不关己"，而是觉得让自己的声音传递文明无比光荣；孩子们没有觉得这个任务遥不可及，而是觉得稍微努把力就有实现的可能。

在"有序排队展素养"活动中，我们形成了一套规范的要求，以"有序、有礼"的行为来实现"安全、文明"的目的。以放学路队为例，排队前做到"五好"，行进中做到"四要"，将抽象的要求化为具象的标准，看得见摸得着，更易实施也更见成效。

第三，活动主体的转变。

学校不仅是学生的学校，也是家长的学校，"小手拉大手，共创文明城"的口号也不是近几年才有，但以往家长最多就是签个字、表个态、填个表、打个卡，在教育中起着配合、监督、记录的作用，是德育活动的配角，活动的主体仍是学生。

在我们班"家长护卫，共守文明"活动中，百分之百的学生家庭报名参加，由家委会统筹组织，安排岗位，明确职责，承担起了学生上放学安全护卫工作。他们分工有序，或指引车辆停靠，或护卫学生过马路，或帮助有需要的学生……身体力行向孩子们传递文明。

一位曾参与活动的家长说，通过这样的活动，他更加深刻地认识到文明出行的必要性和其意义所在，也亲身体会到了它所带来的友好互助与和谐美好。人人为我，我为人人，公共精神的弘扬让我们带文明上路，携平安回家。

你看，这样的活动，活动主体为双主体，受益的不仅有学生，还有家长呈现出1+1>2的良好效应。

班级是我家，管理靠大家
武汉市育才小学　高婷

一、活动目的

第一，以班级管理为切入点，通过对班级事务的认领、承担，树立"班级是我家，人人爱护她"的意识。通过提升学生的公共责任和公共精神，提升班级生活质量，增强学生社会融入和社会参与能力。

第二，在学生实践活动中探索提升小学生公共精神的有效途径，完善《基于班级的小学生公共精神培育准实验研究》的相关课题资料。

二、活动过程

（一）创意背景

（1）小学阶段是人生的起点，新的开始让孩子们踌躇满志，有着强烈的好胜心和荣誉感。作为班主任，就应该把握学生的这种积极向上的心理倾向，不失时机地培养学生的主人翁精神，使每个学生在思想上认识到自己是集体的主人，乐于为集体奉献自己的智慧和才干。

（2）单纯采用灌输的方式对孩子们进行集体主义教育，作用不大。班主任需要尊重每个孩子的选择权——让想做事的孩子寻找自己在班级管理体系中的位置，实现"人人有事做，事事有人做"，将班级转变为一个以学生成长为核心的"体验场"，不"摊派"履职，大胆"赋权"，在孩子们心里种下民主、自主的种子，催动公共精神的萌生。

（二）创意目的

（1）以"班级是我家，管理靠大家"为主题，以班级管理为契机，鼓励一年级学生自主选择为班级服务的事项，并主动实施。以一月为周期，一个周期一次"班级服务总结会"，分享服务经验、倾诉服务烦恼、评价服务成效、交换服务岗位等，让班级成为学生的"体验场"，在体验中感受责任和担当。

（2）以班级承责体验为起点，辅以其他认知型活动，扩大学生视野，帮助一年级学生初步感知"公共精神"，树立主动参与公共事务的意识。

（三）创意实施

1.感知

观察初入学一年级新生，寻找自主能力强的学生若干，分别委任"班长""路队长""课代表""领读员""卫生当家""行规督察"等10个职务，让班级常规运作起来，帮助全体学生适应班级生活，了解班级管理的内容。

2.共情

发起"给我喜欢的小干部点赞"活动，为期两周，鼓励学生用小纸条几句话夸夸好干部，投入班级信箱，遴选最优班干，树立为班级服务的标兵榜样，同时号召更多的孩子加入班级管理行列，成为班级的小主人。

3.思考

观看班级微电影——大眼来找茬，曝光班级中出现的不和谐画面：躺在地上无人问津的废纸、空教室里大亮的电灯、没人擦拭的脏黑板、午餐时倾倒在垃圾桶旁的饭菜渣……引发学生思考：这些事到底谁来管？

4.体验

解散班级原有小干部团队，召开"班级事务认领会"。鼓励亲子协商，让孩子在家长的指导下，根据自己的意愿，自主发现并认领班级服务项目。小到开关门窗、给植物浇水，大到整理作业、管理电子屏，做到"人人有事做，事事有专人"。服务周期一月，月末召开"班级服务总结会"，全班投票打分，评选"最贴心志愿者""最有领导力志愿者"等，鼓励心中有他人、有集体的先进个人。

"班级事务认领会"和"班级服务总结会"每月召开，让孩子们自发、自主地成为班级小主人。

5.拓展

在推行上述活动的过程中，还可以组织如下一些活动。

（1）阅读《冬天里的费洛格》《跟着蓝色小卡车》《再见，小兔子》《鼠小弟爱数学》《大卫上学去》《礼貌歌》《感恩诗》等这类关爱他人、关心社会、关注环境等有助于培养公共精神的童书。

（2）观看纪录片《海豚湾》《森林之歌》《我们的星球》《超级工程》等，帮助学生打开一扇新世界的大门，让孩子们了解更多自然奥秘、人文见识，提高审美情趣，并进一步激发融入社会、探索世界的热情。

6.展示

（1）完成"我的一年级班级服务体验记录"，一年级孩子口述，家长文字记录,留下成长的足迹。

(2) 填写"志愿服务卡",记录自己一学期参与志愿服务的经历,包括在社区、在街道、在青少年活动中心服务,或者参与社会捐赠、救助、宣讲活动等。全班卡片装订成册。

7.过渡

为升入二年级后"公共精神培育"奠基,策划一次"我为学校献言"的活动。鼓励学生利用假期深入思考:为了让自己的学校更好,我们还有什么好的建议和意见?自主组建团队,合作商议。下学期有针对性地开展活动。

(四)创意成效

(1) 班级是我家,管理靠大家。在一年级学生中进行小干部岗位任用考核是班级教育的小事,但对新入学、低年级学生而言,这样的体验又是不能回避的"大事"。孩子们需要在这样的过程中熟悉新环境,适应新生活,建立集体新认知。把小事做细,把小事做新,同样对学生有深远的教育意义。

(2) 班级管理赋权给学生之后,班级运作更加有序,学生既是班级的管理者,也是服务者。而管理和服务的项目又完全由学生自己发现、自己认领、自己承担、自己体验、自己调整,因此学生的主动性、积极性空前高涨。当学生肩上有担当时,就实现了心中有安排,眼里有他人,初步树立了公共意识,培养了一定的公共精神。

教师反思:

这一年,遵循我所带的一年级学生的年龄特点,我主要设计了"班级是我家,管理靠大家"的主题活动,以班级管理为契机,鼓励一年级学生自主选择为班级服务的事项,并主动实施。一学年中以一月为体验周期,一周期一次"班级服务总结会",分享服务经验、倾诉服务烦恼、评价服务成效、交换服务岗位等,让班级成为学生的"体验场",在体验中感受责任和担当,初步感知"公共精神",初步树立为他人、为班级、为社会服务的意识。

回顾实践过程,我认为,研究活动有如下两个亮点。

第一,活动设计,"小"而"近","实"且"新"。

"班级是我家,管理靠大家"主题活动的呈现载体是小干部岗位的任用考核,虽然这是班级教育中的寻常小事,但对新入学的一年级学生而言,这样的体验又是不能回避的"头等大事"。孩子们需要在这样的过程中熟悉新环境,适应新生活,建立集体新认知。把小事做细,同样对学生有着深远的教育意义。那么,小干部岗位任用考核,就是我们寻找的"基于班级的小学生公共精神培育"的切口,小处着眼,以小见大。

说"近",是说岗位任用活动是实实在在来源于班级日常生活,是最接地气的寻常。对一年级孩子而言，由于他们年龄小，认知水平有限，寓教于乐、寓教于日常的教育最是"无痕"，最有说服力。另外，他们很容易在共同成长的同伴中找到学生榜样，那些看得见、易模仿的榜样，最是容易接受、值得崇拜的。

说"实"，在于呈现和成效。课题研究活动最容易走形式，摆花架子，专家团队的指引和示范教会我们每个课题研究者要立足教育教学本身，初心不忘，干实事，做分析，找素材。因此，"班级是我家，管理靠大家"的主题活动从一开始，我们在呈现上就追求学生的本真，追求观察活动推行过程中学生的真实变化。从最初不懂"公共精神"，把班级管理当作是小干部和老师的事，到自己自发、主动承责，在承责的过程中兴奋、纠结、逃避、坚持、担当的心理发展，以及服务岗位的斟酌变换，为班级服务有热情与自我能力的评估等都是我们观察、调整、支援、记录的实实在在的第一手资料。从成效来看，我们并不追求一蹴而就的学生成长，我们在意的是不同学生不同起点的不同成长，更专注于探索小学生公共精神培育的有效途径。此为"实"。

所谓"新"，是指我们在岗位任用上摒弃了过去的"摊派"，改为"赋权"。虽然是一年级学生，虽然年龄很小，我们也主张孩子们在了解了班级管理的日常后，根据自己的意愿，选择为班级服务的事项，鼓励他们自发、主动地体验。我们组织一月一分享一考核，让学生们在分享中提升班级管理的能力，懂得珍惜他人的辛劳，感受团队力量的强大。在考核中平衡服务热忱与实际承责能力的关系，体验获得成功与肯定的价值认同感。

第二，活动推行，步步为营，层层渐进。

从推进的时间来看，活动经历了两个学期，从"引"到"导"至放手实践。

从活动具体实施来看，首先"感知"——从一年级新生懵懂入学开始，首先寻找自主能力强的学生若干，分别委任职务，帮助全体学生适应班级生活，了解班级管理的内容。接着"共情"——发起"给我喜欢的小干部点赞"的活动，树立为班级服务的标兵榜样。然后"思考"——观看班级微电影"大眼来找茬"，曝光班级中出现的不和谐画面，引发思考：这些事到底谁来管？再来"体验"——鼓励学生在家长的指导下自主发现并认领班级服务项目，实现班级"人人有事做，事事有专人"，服务周期一月，月末召开"班级服务总结会"，全班投票打分，评选"最贴心志愿者""最有领导力志愿者"等，鼓励心中有他人、有集体的先进个人。同时"拓展"——阅读有关公共精神的绘本、观看纪录片，帮学生打开一扇新世界的大门，让孩子们了解更多自然奥秘、人文见识，提高审美情趣，并进一步激发融入社会、探索世界的热情。最后"展示"和"过渡"——完成"我的一年级班级服务体验记录",填写"志愿服务卡",为孩子们的成长变化"留痕"。鼓励学生利用假期深入思考:为了让自己的学校更好,我们还有什么好的建议和意见?自主组建团队,合作商议。下学期有针对性地开展"为学校献言献计"的活动。

从活动的个人成长来看,我们细心留意了班级中每个孩子的个体差异。认领服务事务时允许那些暂时没有勇气或没有意愿的孩子观望,允许他们随时加入服务行列,参与班级管理;尊重每月"班级服务总结会"上学生对服务职责的放弃、变更或者调整;化解在服务过程中可能出现的各种困难,适时支持、适当支援;观察并发现孩子们的变化,欣喜于他们的成长,并不强求孩子们一蹴而就地成为最优秀、最完美的班级管理者。

从活动辐射范围来看,我们从班级事务出发,走向书本,放眼世界,我们带领孩子们经历了一场从班级、到自然、到社会,从关心班级、到关爱他人、到关注世界的认知旅行。最后我们重新回到身边,策划为学校献言献计的活动,为二年级进一步培养学生公共精神打好基础。

"雷锋精神代代传,三牛之花遍地开"活动方案
武汉市育才怡康小学　李颖

一、活动主题

雷锋精神代代传,三牛之花遍地开!

二、活动目标

面向全班同学招募"红领巾志愿者",让学生们学习雷锋榜样、弘扬志愿精神,一起积极参与各项活动,在公共事务中增长认知、丰富公共情感、增强参与能力,争做新时代好少年!

三、活动内容

(一)文明宣传志愿队

关注并参与学校及社会各项主题实践活动,通过收集活动事迹、成果,宣传志愿者精神来培养公共责任感。

(二)环境保护志愿队

参与校园及社会公共区域劳动,让身边的环境更清洁,为公共环境建设服务。

(三)图书管理志愿队

参与校园及班级图书室、图书角的管理,整齐摆放,维持清洁卫生,提示同学借阅后有序归还,营造良好的书香氛围。

（四）爱心帮扶志愿队

联系敬老院和怡康苑"空巢老人"，结成多帮一的帮扶对子，到帮扶空巢老人的家中，陪老人们聊天、表演节目，对他们进行心理关护、劳动护理，让"空巢老人"感受到社会发展的成果、社会大家庭的温暖。

（五）安全自护志愿队

积极学习安全知识，掌握自救自护方法，作为安全知识讲解员向同学们进行知识普及，助力校园安全建设。

（六）党史宣讲志愿队

向全校师生宣讲党史小故事，传承红色基因，厚植家国情怀，弘扬校园红色文化。

四、活动时间

周五下午。

五、参与活动团队及举措

（一）文明宣传志愿队。

蓝色文明宣传队传播文明之花，以"社区是我家，环境靠大家"为专项主题开展文明进社区宣传教育，身佩"武汉市育才怡康志愿服务"绶带的小志愿者们在家长志愿者的带领下挥动着"一起做文明公民"的宣传手板，唱着文明健康歌走进居民区、社区公园绿道等场所，开展文明宣传和承诺签字活动。小志愿者们主动向居民们宣传讲文明语、做文明事、文明养宠、不高空抛物等文明行为，并和居民们签订文明承诺书，从而激发百步亭社区居民们的参与热情。

（二）环境保护志愿队。

绿色环境整治队践行清洁家园，在社区银发志愿者的亲自带队下，小志愿者和家长志愿者走进百步亭花园怡康苑和怡和苑小区，分工合作：银发志愿者和家长志愿者在社区内外的小花园、草坪、灌木丛等公共区域进行环境卫生清扫，小志愿者们使用工具铲除苑区外墙少量牛皮癣、捡拾地面垃圾，共同使苑区内环境更加整洁卫生，促进防控防病工作的扎实开展。

（三）爱心帮扶志愿队。

红色爱心帮扶队奉献一片爱心，本次任务是在李老师和百步亭社区干部孙老师的带领下，看望两个苑区的部分"空巢老人"，男生帮助老人们打扫卫生、整理家务、修剪指甲等，女生陪老人谈心、讲故事、表演节目，为老人提供力所能及的志愿服务，推动敬老爱老、老少共融的良好社会风尚的形成，让老人们感到精神上的愉悦，使他们更加健康长寿。

学生反思1：

这次社区活动，真棒！
武汉市育才怡康小学　张欣怡

上周五的下午，我们参加了一次特别有意义的活动——"文明进社区"。参加活动的同学被分成了两组，一组是蓝色宣传小分队，另一组是绿色环境整治小分队。

午饭后，艳阳高照，大家都穿着干净整齐的校服，身披志愿者红色绶带。同学们个个都激动无比，等待着老师发号施令准备出发。

我们来到百步亭社区后，迎接我们的是社区的志愿者们，他们先给我们介绍了这次活动的意义是让我们的家园更清洁、更美丽，然后带领我们这群小志愿者们在小区里开始清理地上的垃圾。由于我们年纪小，只负责捡地面的垃圾。在老师的带领下，大家都戴好手套，提着垃圾袋纷纷开始行动了。我们一个个把眼睛睁得大大的，搜寻着地上垃圾的踪迹。忽然，我发现草坪上有一个小洞，跑过去一看，那洞里全是烟头，我把烟头捡进垃圾袋里。接着继续往前走，不看不知道，一看吓一跳，草地上都是烟头。真搞不懂为什么人们要把烟头丢到草地里呢？这样很有可能引发火灾呀！

通过大家的努力，小区被我们整理得干干净净，同学们的垃圾袋也装得鼓鼓的。大家的脸上虽然流着黑乎乎的汗水，但是个个都露出了满意的笑容。相信通过今天的活动，大家以后都会更加爱护我们的生活环境，只要人人都遵守社会公共责任，我们的生活就会更加美好！

学生反思2：

我喜欢这样的社区
武汉市育才怡康小学　庄若彤

"人的生命是有限的，可是，为人民服务是无限的，我要把有限的生命投入到无限的为人民服务之中去。"这是雷锋说的话。一直以来，人们学雷锋活动的热情高涨，这个周末，我们班也开展了"学习雷锋叔叔，大手拉小手"活动，由李老师带领家长志愿者和我们学生志愿者去百步亭社区为大家服务。

首先，我们在教室里集合，穿上校服，排好队后便出发了。这次志愿活动分了三个小分队：第一组是宣传小分队，负责向大家宣传文明知识及邀请居民签阅承诺书；第二组是环境整治小分队，负责社区的环境卫生；第三组是帮扶老人小分队，去看望小区的老人们。大家争先恐后地领好了自己的任务，干劲十足。

只见宣传小分队分头行动、跑前跑后，认真为爷爷奶奶、叔叔阿姨讲解承诺书的内容，大家积极配合签上了名字，纷纷夸奖着同学们；环境整治小分队也不甘示弱，同学们拿着垃圾袋，对各个角落里的垃圾开始"扫荡"。不一会儿，垃圾袋都装满了，小区里也变得干净整洁了；还有我们的帮扶老人小分队，去老人们的家里，唱歌、跳舞、打扫，给老人们的家里带来了欢乐的海洋，大家欢声笑语、其乐融融。

回家的路上，妈妈问我今天的活动收获了什么，我说只要我们每个人守好自己的责任，这个社会就会很美很美。妈妈也说，这次的社会活动真的很棒！正如雷锋所说的，"一滴水只有放进大海里才永远不会干涸，一个人只有当他把自己和集体事业融合在一起的时候才最有力量。"我真喜欢这样的社会活动！希望下次还能参加！

学生反思3：

三牛志愿队　社区文明行
武汉市育才怡康小学　徐子航

终于等到今天了，今天我和"三牛志愿队"的同学在老师的带领下去参加"文明社区"活动，我们被分成两小队，我带领的这一队是进行宣传活动的，倡导大家要做"文明小公民"！

我们首先进行分组，两人一组，看哪个小组在承诺书上签的名字更多。我和庄子权一组，我们分头行动，争着抢着去人多的地方，这样好让更多人签字。我去了一个小区门口，向一位阿姨和叔叔宣传，然后连忙让他们签字，刚一停笔，我就想快点去别的地方宣传。但听到阿姨对我说："小朋友，你找别人签字不是为了完成一个任务，而是通过你的宣传，避免再有你说的这些坏事发生，让大家都养成公共责任感……"听了阿姨语重心长的话，我到这时才明白，我们不是在比赛，这件事不是像玩乐和比赛那么单纯，而是我们都在做一件能帮助社区变得更美好的事情。

后来，活动结束了。同学们集合在一起，大家都在比谁的承诺书上签的名字多，却没有意识到我们今天所做的是一件多么高尚的事。虽然我并没有胜利，但我依然很开心，因为经过这次活动，我明白了做事不能只看表面胜负，而要看内在更有什么意义！而且在心底，我觉得这是自己比同学们更强、能看到更深的"小秘密"。

二、第二轮实验分析：对学生行动研究的日常行为记录的分析

以下对二年级某班51名学生行动研究的日常行为记录进行了分析。其中，日常行为

记录包括文字记录、视频记录、音频记录和图片记录，以家校合作的形式记载了班级中每一位学生的"每日好事"。其中，最大的亮点就是由学生口述、家长笔录，将学生每天做的事情记录下来。在记录的过程中，学生的身心方面发生了不同的变化，公共精神也有不同程度的发展。

（一）学生履行公共责任的分类

针对记录的情况，可以将学生的"每日好事"分为不同的类型，包括学习方面、卫生方面、饮食方面、助师方面等。

1. 学习方面

学习上，包括课前提醒同学做好准备、课堂上相互帮助、课后交流学习等。例如A同学，在上网课期间提前半小时看课程表，准备好学习用具，并在班群中告知所有同学做好上课准备；G同学，跟小组成员共同排练，为道法课表演做准备，在正式展示时配合默契，顺利完成任务；L同学，主动询问同桌学习，提出帮助同学辅导作业，共同交流学习；Y同学，主动帮助学业困难的同学进行习题的讲解。

2. 卫生方面

卫生上，包括整理班级用具、清理班级垃圾、整理讲台等。例如A同学，主动整理班级收纳柜，将水杯和饭盒摆放整齐；F同学，看到其他同学乱丢纸屑时将纸屑捡起来，并对他们进行了劝说和制止；L同学，看见地面上散落着的粉笔，担心不好清理并影响班级卫生，将粉笔捡起放好。

3. 饮食方面

饮食方面，包括分发牛奶、监督同学按时吃饭、帮同学打饭等。例如H同学，在课间操时间发牛奶，分发时保证吸管口朝上，并仔细检查是否每瓶奶都配有吸管；L同学，在上课前提醒大家记得吃早餐，并告诉大家吃早餐的重要性；C同学，为了同桌按时吃午餐，主动帮忙拿饭盒，确保同桌完成作业后可以按时吃饭。

4. 助师方面

助师方面，包括关心老师、处理杂事等。例如C同学，在跟爸爸对话时，谈到自己未来要当一名科学家，发明"××神器"给老师；F同学，主动帮老师把椅子搬到办公室；M同学，发现老师在教室会被太阳晒到，跟同学一起把窗帘拉好；W同学，主动到办公室将所有老师的垃圾桶和水桶摆放好。

（二）学生履行公共责任典型案例

通过对这51名学生行动研究期间公共服务内容的整理和归类分析，实验者发现"每日好事"记录这一形式对学生起到了监督和促进的作用，学生会尽力帮助他人并约束自己的不良行为，在这个过程中自己不断取得进步。如同皮亚杰的道德发展理论所说，儿童的道德发展是一个由他律逐步向自律、由客观责任感逐步向主观责任感变化的过程。

在这2个月的记录中，学生无论是在行为上、思想上还是情感上都发生了变化，从外在行为到内在心理都更加自律，形成了由外向内转换的道德规范，公共精神培育也渐显成效。

1. 行为规范

学生做"每日好事"的过程，也是规范学习的过程，不断接受并习得班级和社会规范。从最初的懵懂无知到学会约束自我，学生在行为上更加自律自知；从最初的无事可做到在日常生活中做出助人行为，学生在行为上更加主动积极。例如L同学，最开始说没有什么可做的事情，后来发现可以帮同桌打汤，于是就一直帮同学打汤，后来又发现教室里有纸屑需要拾捡，就做了更多的事；L同学发现，做好事也是由许多小事组成的，逐渐养成了观察生活和乐于助人的好习惯。学生就这样在规范中学习，在规范中成长，最终成为有道德、有纪律、有文化、有理想的社会主义建设者和接班人。

2. 情感升华

51名学生中大多数表示，在做了好事之后，自己也会感到快乐与喜悦，获得精神上的愉悦和享受。做出助人行为后学生会收获情感上的愉悦体验，这种体验也会反过来激励学生做出更多助人行为。例如H同学，为班集体做了许多好事，当妈妈问H同学做这么多事累不累时，H同学说为集体做事很开心，不累也不烦。情感上的反馈也会让学生更加规范行为，并形成正确的思想观念。

3. 思想端正

科尔伯格道德发展理论中提到的习俗水平"好孩子"定向阶段，儿童会为寻求他人或成人的赞赏而做出道德行为。二年级的学生实际上也处于这样的阶段，大多数学生为了获得赞赏去做"每日好事"，还没有真正转化为内心的价值认同。但是在这51名学生之中，已经有学生逐渐发生了转变，不再仅仅追求家长或老师的赞赏，而是将助人变成了一种习惯，只要看到需要帮助的事情，就会施以援手，或者是在日常生活中主动规范自身的行为。品德的发展一般经历三个阶段，分别是依从阶段、认同阶段和内化阶段。认同阶段便是这些学生中大多数所经历的，不再受外在压力约束，主体在认识、态度和行为上趋于一致，能主动、自愿做出反应。公共精神培育的最终目的也是将外在规范内化，个体的规范行为目的以规范本身具有的价值信念为基础，让规范意识和道德意识成为人的个性的一部分，形成正确的思想行为准则和价值观。

（三）家长对行动研究实效的反馈

由于参与行动研究的是小学二年级的学生，考虑到表达、认知、情感等因素，对实际效果的提炼和描述在持续性和可确定性上还存在一定的"可信度欠缺风险"，本研究引入家长及监护人的反馈进行证实。

下面是部分家长在参与了整个行动研究后，对整个行动研究的反思和反馈。

公共精神培养方面的发展变化
武汉市育才小学（树人校区）　樊晨锐妈妈

老师第一次在群里介绍这个活动的时候，我的第一反应是很新鲜，从来没听过这样的记录方式。想着二年级的小朋友在公共精神上能有什么表现呢？无非是倒垃圾、擦黑板这些小事。

起先就按照老师要求的，每天放学时，我直奔主题，问孩子今天在学校做了什么好事，帮助了别人没有，有时孩子想不出来，还会刻意引导一下。在前几天，我可以说是按部就班地完成了任务。但随着每天记录，我发现孩子其实是有很多成长的。

我自己平时大大咧咧的，所以锐锐是妥妥的"大直男"，眼里没活，心思不细腻，当然更有大部分独生子女都有的小毛病——以自我为中心，不知道关心他人。但我慢慢从他的口中听到，在需要整理班务时，他会主动帮生病没来的同桌整理抽屉；在美术课时，他会多带一些用品，怕同学没带；他会在同学打闹时，及时制止，因为怕打闹影响班级形象；他会在公开课时积极举手发言，争取能在向全校老师展现我们班精神面貌时做出自己小小的贡献。这些小小的变化，一度让我很高兴，但最让我惊喜的是，这种改变不是刻意的，而是发自内心的。

记录期间，恰逢网课，我故意告诉他，现在不用写记录本了，因为他们也不能去教室，没什么可写的了。可他依然会在数学课开始前5分钟在群里呼叫同学们快来上课，并提醒他们准备所需用品，每天如此。上课也非常认真，特别是老师交代的作业和格式问题更是认真记录下来，我问他为什么这样，他说网课难免会有网络不好、操作不当等问题，他身为数学课代表，就有责任在同学们弄不明白时提醒他们，这样既可以帮助同学，也可以减轻老师的负担，因为老师在网课期间付出得更多，很辛苦。听到这些，我真的很震惊，没想到会从他的口中听到责任和体谅。

我突然就明白了这个活动的意义。也许他们现阶段还是搞不明白什么是公共精神，但是让孩子们在人生的起步阶段，开始有意识地参加公共活动，在公共事务中有意识地培养孩子之间的交流、合作、互助等良好的公共习惯，对他们将来的社会化大有裨益。

关于"班级建设我出力"后感
武汉市育才小学（树人校区）　高诗涵妈妈

首先，我想说很荣幸我们班成为省级课题实验班，当我们得知这个消息时，孩子们既兴奋又异常重视。这次课题展开了一整年，两个学期，孩子们每天在收获中与喜悦中度过，因为时段比较长，所以孩子们都有不同的改变和进步。

我家的这位小朋友是一个腼腆、话少而胆小的小女孩，我记得之前她去超市买东西都不敢单独上前询问价格，但是在这次"班级建设我出力"活动中，她得到了很大的锻炼，变得自信、有爱心、有担当。课题刚开始时，她几乎每天都兴奋地分享她帮助了谁、哪些做法让她开心，我真心为她高兴。尽管这个课题现在结束了，但是孩子的变化还是让我很有感悟。

有一次由于疫情，我们下楼在小区排队做核酸，但是那天我们发现小区有一位盲人爷爷，他戴着一副黑墨镜，中等体型，一只手拿着手机，另一只手握着导盲杖，不停地敲打地面摸索着寻找排队测核酸的地方。这时，我看到小家伙一直盯着他，从她眼里看得出她想去帮助这位残疾的老人家，只是差了一点勇气。

我问："你要去帮助他吗？"她不语，迟疑了一会儿看着我点点头。

"你去呀！"我鼓励道。

她喃喃地说道："妈妈，你陪我一起去可以吗？"

我知道，她缺了一点勇气，我微微提高声调向盲人爷爷问道："您老人家慢点，我们在这儿做核酸，我让我女儿牵您过去测核酸好吗？"老人家连忙道谢。这时，她像领了圣旨似的，理直气壮地跑了过去，高兴地牵起了导盲杖的另一端，慢慢地带这位老爷爷来到测核酸的地方，并让这位老爷爷先测核酸，做核酸的工作人员也帮老人家打开了二维码。测完核酸，老人家再次向帮助他的人客气地道谢。女儿看着老爷爷笑得像向日葵似的，心中被爱的阳光照耀着。从这次之后，只要再遇见这位老爷爷做核酸检测，她总会主动帮助这位老爷爷，事后都留下甜甜的笑。有时，她还会帮助小区里的小朋友打捞水洼里的玩具球，扶起摔倒的小朋友，下雨时邀请没有雨伞的邻居小朋友一起打伞……

我深深地体会到她的改变。现在的她学会了热心地去帮助他人、关心他人、保护弱小，很有爱心。除此之外，我发现她心思更加细腻了，更有担当了。因为每当我去超市购物时，我真是离不了她。她现在可以帮我问问价格，提醒购物清单遗漏的物品，核查商品生产日期和保质期。最主要的是，她总是担心我提的商品过重，每次都主动去分担里面的一部分，很暖心。可见，她不仅是在外面帮助别人，在家里也承担了力所能及的事。

"班级建设我出力"小改变
武汉市育才小学（树人校区） 陈俊宇妈妈

班级，是孩子们在学校所待时间最长的地方，是孩子们的第二个家。通过这次"班级建设我出力"活动，我发现他的思想修养提高了。活动吸引他自主参与，促进了他与同学之间彼此尊重、理解和相互协作，增进了同学之间的友谊。这些友谊最后升华为集体感情。

孩子现在在外很注意自己的行为举止，知道自己不仅是代表自己还代表班级，每次在外被夸时总会说一句"都是我们老师糕糕教得好"，然后也会照顾到我的情绪，说"当然妈妈也教得好"，每天回家就跟在我后面要分享今天自己为班级出力的事。可以说，本次活动加强了亲子之间的沟通，增进了感情。

孩子说，以前看到课桌没对齐，心里会想，有专门负责的同学会对齐的，看见了就看见了，不会主动去帮同学对齐。还有自己不是班干部这个不该自己管，就当没看见，也不会主动去提醒同学。后来，因为每天都要为班级做一件事，所以天天会眼中有活，把自己设想成很多角色，事事都很上心，把自己当作小主人，懂得用爱浇灌、用纪律规范、用时间等待，同时自信心也增加了，也相信自己会开出一朵名为惊喜的花。孩子每天都体会到进步的喜悦，立志做一个有担当、有责任心的人。

这个活动开展一段时间后他说，在班上，当地上有同学不经意遗落的垃圾，马上就有同学捡起，扔进垃圾桶；当同学不小心跌倒时，一定会有同学马上把他扶起来。他每天都想着盯着活儿，有时候一天都抢不到活儿干，于是就会回家抢着帮我和他爸爸做一些事。以前上学准备工作都是我来做，后来都是他自己完成。周末，他自己还承担为家里做晚餐的任务，虽然那天的晚餐只是一锅皮蛋粥，但看到他的成长，我们吃得很开心。

他慢慢地从言语到实践，行动起来了，重视每一件小事，慢慢地整个行为习惯有了变化，虽然还只是一小步，但行为养成习惯，习惯形成性格，性格决定命运。他说，那段时间看着清爽整洁的环境，面对着一个个文明礼貌热情热心的同学，感到心旷神怡，觉得这样的班级让自己更自豪，带给自己更多的希望。

"班级建设我出力"活动之孩子的成长
武汉市育才小学（树人校区） 常钦睿妈妈

"班级建设我出力"活动如火如荼地开展起来了，孩子领回了活动记录本，要求把每天为班级服务的事情记录下来。

一、惆怅

活动刚开展几天,每到记录活动内容的时候,孩子就面露难色,很惆怅地说:"我都不知道我可以为班级做什么事情。"孩子告诉我们,他看到同学们都在争着抢着去完成任务,但是他能看到的事情都做完了,其他能做的事情他也发现不了。

二、反思

针对这样的情况,我们跟孩子把这几天的情况复盘了一下,也共同反思产生这种情况的原因。因为我们总觉得他是男孩子,嘴笨和手不灵巧,所以平时在家有什么事都替孩子做了,包办得太多,也总觉得孩子做事很浪费时间,事情还做得不好,我们看着心里着急,忍不住就自己动手。长此以往,孩子就很自然地认为这些事就不是自己的事,所以他发现不了事情的存在。

三、改善

找到了原因,我们就想办法去解决。首先,要提高孩子自身的自理能力,把自己的事做好了才能谈到为班级、为大家服务。于是,从收拾书桌开始,到擦桌子、扫地这些教室里常见的活儿,我们让孩子一点点做,而且还要做利索。在这个过程中,允许孩子做不好,然后再调整,慢慢地做好。其次,是启发孩子要有发现的眼睛和发现的心,知道有哪些活儿存在,哪些可以做,哪些应该怎么做。最后,要每天跟孩子交流,问问他做了什么,也提醒他看看同学们都做了什么,又是怎么做的。

四、进步

通过这样反复地边说边学,边学边做,孩子慢慢有点意识了。每天回家,他会告诉我们今天对齐桌椅了,明天捡纸屑了,也会告诉我们有一个大家都不太注意的角落,总是有纸屑,他每天都专程看看有没有"收获",还会告诉我们只要一下美术课就得赶快捡纸,要不然都被别的同学抢先了……

虽然孩子每天做的事还是比较单一,做事的质量可能也不是那么高,但是至少他已经有为班级服务的意识了,而且知道要怎么努力才能达到为班级出力的目标,我想这就是这个活动带给他的成长和进步吧。

培养"公益心",传承"真善美"
武汉市育才小学(树人校区)　袁屹楠爸爸

"班级建设我出力"活动开展以来,袁屹楠同学非常重视达到蓝本的内容要求。在此过程中,作为蓝本的签字者,通过一段时间的观察,本人感受颇多。

本活动引导和培养了孩子的发现能力、观察能力，让孩子在学校具有主人翁精神和意识，学会了关心爱护他人、为公共事务付出，激发了他的动能和潜力，对他有着重大意义。

他从个性自我、只关注自身感受到愿意为同学考虑，主动每天和我讲述在学校发生的一切，比如同学铅笔没了，他能主动拿出自己的笔；看到走廊或教室有纸屑等垃圾杂物，主动捡起丢至垃圾桶；看到同学不开心的时候，会主动过去问候关怀。凡是别人需要被照顾或公共环境有问题的时候，孩子能第一时间有意识、有行动地去解决处理，这难道不就是我们遵从和需要的公益心吗？只要人人都献出一份爱，世界将变成美好的明天。

事从心来，习惯来自内心的坚持。在网课阶段，只要时间和环境允许，我们会带着他外出游玩，洗眼养肺。让我记忆深刻的是他在玩耍的过程中，弄脏并搞乱了店家布置好的小店，临走时很有礼貌地说了对不起并收拾、规整好所有凌乱物品，像一个小大人一样。我问他为什么这么乖，愿意主动收拾。他一本正经地说了句，"我犯的错误，就要去道歉，我弄乱了他的东西，把它们收拾好也是该做的事啊。"这在以前，是我无法想象的，因为不管玩到什么程度，总是一溜烟就跑了，留下残局我们处理。我想这就是平时具有的意识，提高了他的认识，作用于他的行动吧。

还有一次，马路边有人乞讨，我们本能地认为这是行骗，不去理会，但孩子非常单纯地要我把钱给他，担心别人会因为没钱没饭吃，要挨饿，我们大人总是用社会的眼光看人看物，但孩子的眼里和心中，一切都是善良的、单纯的，愿意相信美好，所以拥有美好。你在看什么，心里想什么，生活就是你想的样子。他教会了我保持一颗善良的心，真诚、美好、阳光地待人接物，让精神的阳光滋润自己的内心，净化自己的心灵。

班级建设我出力
武汉市育才小学（树人校区）　李启泽妈妈

开展"班级建设我出力"活动来，我深深体会到活动对孩子的影响和意义，活动让孩子得到了成长，感受到了"责任"二字的含义，也让孩子明白了集体的力量是多么的强大。

作为孩子学习和受教育的主体，学校环境的好坏对学生会产生潜移默化的影响，如卫生、公共物品、学习空间、同学间的相处等，都需要同学们来维护。"班级建设我出力"活动开始后，孩子会趁休息的时间，穿梭于教室和走道,每一次的"新发现",都会有一些欢喜,然后默默地去完成,觉得自己做了一件好事。一次,孩子在教室的地上发现了一些黏糊糊的污迹,然后他迅速跑回座位,从书包里拿出一张纸巾擦起来。忙活半天,污迹丝毫没有变化,他又返回座位,找到一张湿纸巾,使出浑身的劲儿擦起来,污迹逐渐变浅了,但是还是有隐隐约约的痕迹。他感觉胳膊好酸,正想离开,又突然想到妈妈说的话"做事要有始有终",于是他觉得不行,还是得擦得再干净一些,不然时间久了,更难清理了。所以,他换了一张纸继续擦起来,头上的汗珠也不停地落下来。功夫不负有心人,地面终于亮堂起来,仿佛映射出了他的笑脸,他的心里别提有多高兴了。

作为家长,我从活动开始时听着他每天回家兴奋地讲述这一天为班级做了哪些服务,如捡起一片垃圾、擦一次黑板、帮助同学……接着,他回家有些小沮丧了,说自己找不到可以服务的事了,现在每个人都在主动做好事,大家都更加注意教室的环境,更懂得维护了,也都习惯了去做一些身边力所能及的事。这一系列的变化,让孩子知道了要从自身做起,从小事做起,爱护、帮助这个小集体,也感受到了这个小集体在大家的互帮互助下带来的变化。小集体已经装满了每个人满满的爱。

这次活动,让孩子明白了付出才有收获,小行动也能做出大改变,也明白了每个人都是集体的一分子,都能贡献自己的一份力量。这次的活动让孩子们得到了成长,提升了他们的班级荣誉感,让他们收获满满。

孩子和班级的美好约定
武汉市育才小学(树人校区)　刘骏程妈妈

还记得那天下午,孩子放学回家,兴奋的表情写满了脸庞。她像一只快活的小鸟,飞快地从书包里拿出一个红色的本子,眉飞色舞地对我说:"妈妈,你看,这是'班级建设我出力'活动记录本,我可是领到了一个光荣的任务呢,每天我都要把自己为班级服务的光荣事迹告诉你,然后你帮我记录在上面,我要成为一个荣耀的班级服务者!"看着孩子一边说一边手舞足蹈的样子,我感觉她简直有点要拯救地球的架势了。我被孩子的热情深深打动了,回答道:"哇!你真棒,妈妈也真的很期待听到你为班级服务的精彩故事呢!妈妈非常荣幸地接受这个任务。"

这一番简单的对话,似乎成了孩子和班级之间的一个美好的约定。每天放学回来的第一时间,孩子都会绘声绘色地跟我讲她今天在学校为班级服务的小事:要么是她在课间无人注意之时把地上的纸屑捡起来放进垃圾桶,要么是她在游戏后帮助其他同学收拾好在走廊上的拼图坐垫。事情虽小，但对孩子来说可谓意义非凡。因为，她可以在"班级建设我出力"活动的本子上记录下自己的"丰功伟绩"，从而感觉自己是不可或缺的"人物"。慢慢的，孩子为班级服务的点滴小事让班级服务活动记录本厚实丰满起来。

一切看似那么顺利，直到有一天……

孩子跟班上的刘芃希和黄蔚然小朋友关系一直很不错。用孩子的话说，她们三个人是非常要好的"闺蜜团"。三个人干啥事都必须步调一致，谁不一致就会被踢出"闺蜜团"，不再是好朋友。课下是孩子们自由活动的时间，也是孩子们释放天性的时刻。有一天大课间的时候，三个孩子在教室门口拿着纸飞机玩耍。孩子们一路推搡着，一路说笑着，不知不觉来到了楼梯口。突然，刘芃希小朋友提出走到三楼楼梯整个台阶的一半距离处，用手把纸飞机往下扔，让飞机飞得更远。她一边说还一边用手演示。只见刘芃希小朋友一口气爬到三楼楼梯一半距离处，一只手托起纸飞机往嘴边哈了一口气，纸飞机立马就被扔出了出去，那口气就如同仙气一般，让纸飞机有了生命力。只见纸飞机轻盈的身影在空气里飞过，犹如乘风破浪的海燕一般，足足飞了将近20米那么远。这一下，可把黄蔚然和我家孩子惊呆了！于是，黄蔚然立马准备往三楼楼梯整个台阶的一半距离处走去，我家孩子也准备尾随其后。

正当她也兴冲冲地准备跟小伙伴往三楼楼梯整个台阶的一半距离处冲去的时候，她迟疑了，心想：糟了！我怎么可以这么糊涂呢？糕糕老师说过不能站在楼梯上玩的，万一有了安全事故，糕糕老师得多担心啊！她该怎么跟学校解释呢？学校会说，我们这个班级的孩子也太没有集体荣誉感了吧！糕糕老师今天还在总部开会呢！可是，如果我不跟着上楼，那她们两个不就要把我踢出"闺蜜团"了？不理我、不跟我玩，那该怎么办啊？说不定还会说我胆小呢！我怎么能够被她们看不起呢？我到底该怎么办啊？不行，我还是得制止这件危险的事情发生。

犹豫再三后，孩子退回到了楼梯口，鼓起勇气说："刘芃希和黄蔚然，你们两个快下来，太危险了！""哈哈哈！你个胆小鬼，自己害怕不敢上来玩飞机，还用糕糕老师来吓唬我们，我们才不吃你这一套呢！"已经上到了三楼楼梯整个台阶的一半距离处的两个孩子得意地说。"真的，太危险了，你们难道不能下来在楼道里玩纸飞机吗？"孩子恳求道。"哼，刘骏程，你真讨厌，现在你跟我们步调这么不一致，我宣布，你被踢出局了！你不属于'闺蜜团'！"刘骏程一听，伤心极了，眼泪在眼里打转，说道："我求你们，不要站在上面玩了，下来吧！""烦死了！被你闹得一点兴致都没有了！"站在三楼楼梯整个台阶的一半距离处的两个孩子终于下来了，阴沉着脸，撅着小嘴，满脸的不情愿，并瞪了刘骏程一眼，一溜烟地冲到了教室里，把刘骏程远远地扔在了后面……

接下来的好几天，孩子因为被踢出了"闺蜜团"的事情总是闷闷不乐，因为她曾经最要好的两个小伙伴与她形同陌路，在教室里处于零交流的状态。我问孩子是否后悔，孩子认真地摇摇头，说："我当时其实也想上楼去放飞机，可是，我一想到，万一出了什么安全事故，糕糕老师该多么担心，多么焦虑，怎么去跟学校解释？所以，我明知道要被她们踢出'闺蜜团'，还是得制止她们的行为。"

孩子怀着复杂的心情让我用简短的语句记录下了她那天发生的事。几天后，孩子通过良好的沟通方式跟刘芃希和黄蔚然小朋友和好了，虽然不再属于她们的"闺蜜团"。有时候我想，课下是孩子们自由活动的时间，也是孩子们释放天性的时刻，孩子们都会是热情的参与者。但是，如果有了某种信念的引导，有一种公共精神的召唤，孩子们会渐渐地由热情的参与者变成冷静的观察者、思考者甚至是干预者。哪怕有时候，充当干预者的角色会让孩子们犹豫和左右为难，甚至面临着失去孩子们比较看重的某种东西，孩子们也会一往无前地勇敢，因为孩子们的心里装着整个集体，心中一种巨大的责任感在召唤。

成长"修炼"之路
武汉市育才小学（树人校区）　徐亦然妈妈

二年级的小朋友，应该是什么样子呢？

是天真无邪，活泼跳脱？是天马行空，无拘无束？还是自顾自的懵懂内敛？

这个叫徐亦然的小朋友，他的"修炼"心路颇有些崎岖……

周末下午回家，刚进小区，孩子敏锐地看到小区入口处堵住了。他跑到前面一看，原来进口的地方进了一辆车，出口的地方正好也停了一辆车，两辆车互不相让，把整条路给堵死了。

孩子看了一会儿后说："妈妈，我们可以帮助这几辆车去协调一下，这样就可以疏通这条路了。"我好奇地问他："你准备怎么协调呀？"他略微思索了一下，径直走到其中一台车的面前，对里面的司机说："叔叔，我们可以协助你倒一下车，你往后面稍微倒一点点，对面的司机就可以开进来了。"

我听了孩子的话，虽然感到很惊讶，但还是配合他对司机说："后面的空地比较大，你稍微倒一点，就可以和前面的车错开，这样大家进出都方便了。"司机听到我们的话后，同意了我们的办法。只见孩子跑到车前的安全地方，来回看，一边做手势，一边喊："倒—倒—倒！"我也在旁边配合着。司机慢慢地往后倒，对面的车顺利地错车进来，整条道路瞬间通畅了。

司机很有礼貌地摇下车窗，感谢了徐亦然的"帮助"就走了。但这件小事，却让孩子兴奋了很久，吃饭的时候，还给我们详细描述了整个经过，言语中的自豪感，毫无掩饰。

我对他这次的行为，颇有些惊讶。徐亦然同学是一个有想法但比较内敛，虽热心但不会随意外露自己想法的孩子，这次的"主动"，让我明显感受到他的变化：在突发情况面前，面对陌生人，主动且大胆地表露出自己的想法，实属"意外"。我更好奇的是，他身上的变化从何而来？

饭后，我们散步聊天，谈到这件事，我问他："你是怎么想到去帮助别人倒车呢？"

孩子腼腆地笑笑，然后说："我们不是有个班级服务建设红蓝本，每天记录为班级或者学校做了什么贡献吗？但是班上能做的事情就那么多，好多同学都抢着在做，我都不知道该做什么了。"

从孩子身上的变化，我们也深刻感受到糕糕老师开展这个活动的良苦用心，给我们无形中也上了一课：学会观察，发现并肯定孩子身上的优点，教他们扩宽思维去考虑问题，激发他们树立为他人服务的意识，不自我，增强他们与其他孩子的链接，学会社交。

暖心小太阳

×××　刘芷彤妈妈

这个学期，我们把孩子每天在学校发生的记忆比较深刻的为班级、为同学们服务的事情回到家用纸笔以日记的形式记录下来。遇到孩子表现不佳或困惑的地方，我们能更好地探讨出改进的方法；遇到孩子表现得非常好的地方，我们更应该去鼓励和表扬，提高她为同学和班级服务的积极性。

刚开始记录的时候，孩子每天回来要回忆好一会儿，今天到底发生了什么。习惯了一段时间以后，孩子每天放学后马上就能一件件罗列出在学校的好人好事，不但会交流分享自己身上发生的事，也会把同学做得好的地方，或者是她觉得同学做得不对的地方和我们交流。我觉得不但提高了孩子自我约束的能力，也促进了孩子和家长的沟通与交流。

记得印象比较深刻的是刘芷彤放学一看到我就说当天大课间的时候看到隔壁班有一个同学坐在楼梯上好像很不舒服的样子，她连忙过去关心，原来那个同学是肚子疼，她报告老师之后扶着那个同学去了医务室，她跟我说这件事情的时候眼睛里是有星星的，充满了骄傲和自豪。还有一次是同班同学在体育课摔倒，同学们都马上上前关心，刘芷彤最后还把同学送到了医务室。当她看到地面上有垃圾时，会马上捡起来扔进垃圾桶。通过这个活动，孩子变得非常会关心别人，变成了暖心的小太阳。看到孩子这段时间的改变，我们家长是非常开心的。

自由组队　眼中有光
×××　田铭珂妈妈

我们班级的管理不同于其他班，是同学们自由组队。小田同学很快就有了自己的小组织。他根据组长的分工安排，负责班级黑板卫生和教室讲桌整理。一次放学时，他跟我在路上打趣聊天，他说："妈妈，我今天课间就是一个小超人，很快擦干净黑板，整理好了讲桌之后，发现讲桌周围地面卫生很脏，可是我们组负责地面卫生的同学那会儿没在教室，我就赶紧拿拖把把地上拖干净。好像还有点时间，我一个箭步冲向洗手间……等我回来屁股还没挨到凳子，上课铃响了……这个学期我们小组是第一个管理小组，虽然准备时间仓促，会有很多不足，但是当我发现不足，就会及时补位，把没做的事情做好。"他的眼里闪着光，自豪地讲着。果然，这就是糕糕老师讲的明星班级标准——心中有他人，手里有活干，眼中有光芒。

主动一点　勇敢一点
×××　王菲儿妈妈

活动刚刚进行时，孩子放学回家的路上会很激动地说："妈妈，今天班级里的小朋友们都会抢着做事情，同学们把班上的卫生都打扫得干干净净。"

"是吗？那你有没有参与其中呢？"我问。

"没有啊，没什么我可以做的事情。"她说。

"怎么会呢？班级当中，我们可以做的事情有很多的，大胆主动点，眼睛能看到的、你所觉得没有做好的事情，都可以自己动手处理好呀。"我说。

她点点头说道："知道了，妈妈。"

第二天回家，她滔滔不绝地说："我今天很棒。因为要变天下雨了，我把窗户关上了。周围地上有纸片小垃圾，我把它们都清理干净丢进垃圾桶了。桌子没有对齐，我也把桌子都调整好，让它看起来是一条直线。上学进校园的时候，前面的同学吃的零食袋随地丢在了地上，我没有害怕，主动上前告诉他，不能随地丢垃圾，这样会破坏校园环境的，那个同学也很不好意思地把垃圾袋捡了起来拿在手上。"

好人好事 一举多得
××× 王珞语爸爸

活动刚刚开展的几天，我记得孩子做得最多的"好人好事"就是帮值日的同学倒垃圾或者套垃圾袋，我就问她："是不是大家做的'好人好事'都是倒垃圾或者套垃圾袋？"她跟我说："不是啊！都倒垃圾，那我们班不是变成了垃圾堆啦？有帮忙打饭的，有帮助同学辅导作业的，还有帮忙挪书桌的。可惜我力气小，挪不了书桌。"看来，每天的好人好事，内容还是挺丰富的！

自从"班级建设我出力"活动开展以来，我发现孩子在家里的生活习惯也发生了一些变化。譬如，会提醒我要节约用水，在洗脸的时候记得关小水龙头的阀门，离开房间的时候记得关灯等。有一次我问她："王珞语，你觉得糕糕老师让你们每天记录做好人好事，对你自己帮助最大的是什么呢？"她想了想回答说："我觉得自从这项活动之后，自己越来越想多做好人好事。因为每天都做，都养成了习惯！每天回来口述，又能锻炼自己的表达能力！"

事实上，我们的实验还发现，家庭教育对整个实验效果的影响也是显而易见的。具体来看，主要有以下几个方面。

一是家长本身的教育观念。

从学生的记录情况中可以看出，教育观念和教育方法正确的家长，学生的公共意识会更加强烈。例如G同学的家长，会每天询问孩子的在校情况，并告诉孩子要常怀感恩之心，保持善良的心态。G同学也在家长的引导下，拥有同理心，是一名热情主动的学生。G同学相较其他同学来说，"每日好事"记录的次数更多，更加善于发现生活中的细节。再如L同学，相较G同学来说，L同学的积极性并不高，也不善于发现生活中细小的事情，但是L同学的家长十分善于引导和鼓励，L同学在家长的鼓励下逐渐开始做一些自己力所能及的事情，也在这个过程中明白了助人的意义。

二是家长自身的公共责任意识。

只有家长本身具备公共意识，培育的孩子才更有可能具备公共意识。如果家长本身不具备公共意识，那孩子具备公共意识的可能性就小。M同学的家长乐于帮助别人，因此M同学也学着经常帮助别人，并且M同学的家长与孩子还经常交流助人的体会。

三是家庭教育氛围。

在家庭之中，亲子之间的关系越好，儿童的安全感越高，越能够发展个体品德，如关怀他人的意识和心理，也越有利于公共精神的培育。

在H同学"每日好事"的记录中可以看出，H同学经常跟父母沟通自己的想法，父母也乐于倾听并给予回答和鼓励，对话记录十分有趣，父母对H同学的称呼也很亲切，

H同学的家庭氛围活泼友好。这也让H同学富有责任心，积极大方，有较强的公共意识，具有一定的公共精神。

四是家长参与教育的程度。

在几十名学生的记录中，家长的参与程度显示出较大差异。首先大多数记录人员显示的是妈妈，其次一小部分是爸爸，极少一部分同学是爸爸和妈妈都有参与。参与记录的人员不同，侧面反映的就是参与学生教育人员的差异。从差异中发现，父母中只有单个家长参与记录的，只要教育方法得当，学生也能具备一定的公共精神。例如G同学，记录人员一直是妈妈，G同学的妈妈每天都会以互动对话的形式记录下孩子的"每日好事"，并适时加以鼓励和表扬，这也让G同学更加积极主动，如主动清理教室垃圾、拧紧洗手间的水龙头等。如果父母双方都参与，学生明显更加积极主动、乐观开朗，具备相应的公共精神。例如J同学，记录人出现了爸爸和妈妈，其记录"每日好事"的次数和内容较其他同学更多，并且J同学十分细心，并且富有集体荣誉感，提醒同学们吃早餐、穿校服、帮同学打饭、发本子、清理垃圾等，是一个温暖主动的孩子。

第五节 研究反思

以下内容摘取自武汉市育才小学高婷老师的文章《在"公共精神培育"下成长》。

"糕糕老师，别忘了今天要召开干部大会。"
"糕糕，一会儿有班主任会，作业你先布置好吧，我们可以提前完成。"
"糕糕，小叶同学又乱发脾气了，先跟你说说，但你别管，我去和他谈谈。"

……

——你敢信？这都是六七岁小朋友的话语。

周五大扫除，三（2）班从来不固定人手，欢迎志愿者自愿加入。全班49个孩子，常常要争夺名额，抢着为班级服务。49套桌椅挤挤挨挨，怎么处理方便擦洗胶地板？孩子们自己商量，这周把桌椅全部搬出去，下周把桌椅左右互换平移，探索、尝试，思考哪种方法最合宜。地板划分区域，先扫，再擦，后拖地，各司其职，井然有序。

——你敢信？这都是六七岁小朋友的创意。

得益于这两年对"公共精神培育"的探索，我们发现孩子们成长速度惊人，虽然年纪小，但他们比班主任糕糕老师更记事、更操心。于是，糕糕老师总是笑着听他们汇报，顺从地被指挥，自觉地变"弱小"。

怎么培养呢？

一、我们记录，留存学生成长变化的痕迹

我们设计了"班级建设我出力"活动记录本，要求孩子们隔天自主发现、自主设计、自主完成一项班级公共服务活动、口述心得体会、家长文字记录。于是，我们看到了孩子们公共精神萌发、滋长、渐成的发展变化。

二、我们赋权，鼓励学生做班级管理"合伙人"

我们在班级管理中放下"居高临下"的"颐指气使"，鼓励学生做班级管理"合伙人"。与人人有责不同，我们主张让全班学生自由组建"小团体"。这些学生团队并不是为了在班级实现"人人有事做，事事有人做"的宏愿，我们尊重每个孩子的选择权。有的孩子喜欢站在聚光灯下，被关注、被需要。有的孩子习惯隐藏在人群中，默默地安排自己的事，自得其乐。更多的孩子有为班级服务的意识，愿意被分配、被带领。我们的赋权，就是让想做事的孩子寻找自己在班级管理体系中的位置，让不想参与班级管理的孩子亦能专注于实现自己的志向，从"人人有事做，事事有人做"变成"人人愿做事，事事能做好"。

愿做的事，小到开关门窗，大到开坛授课，无论大小，皆可管理。但我们的管理不是个人行为，而是团队协作。不必人人岗位制，不摊派履职，向团队赋权。班级管理各个模块的规则制定权，团队做主；如何执行、怎样评价，团队拿方案。在团队内部，大家平等相待，权力分配不再以职位高低划分。比如，本月班级卫生，哪个团队负责、怎么负责；要组织班级个人画展了，哪个团队认领、怎么执行；临近期末考了，学习有困难的孩子怎么办，哪个团队协助糕糕老师、怎么协助等。总之，学生自由组建团队，以团队组建打包的形式，参与班级管理。

若出现矛盾分歧怎么办？糕糕老师的《合作条例》挂在墙上，不愉快了，就读一读，想一想，去去火，降降温。《合作条例》有指导：

> 有话当面说，批评公开讲；
> 对事不对人，论事不伤神；
> 批评文字化，想法变提案；

提案班会议，人人把家管；

意见变建议，遇"难"解决"难"。

我们借助学生团队，将班级转变为一个以学生成长为核心的"体验场"，赋权学生，让学生"增能"，培育学生以班级为单位的公共服务能力，并通过公共服务能力的提升培育公共服务精神。

三、我们搭台，以活动为载体，顺应孩子天性

孩子们说，道法课，糕糕老师讲得好听不好玩。那好，孩子们上。选题，备课，小组分工，制作课件，现场授课，台上台下互动，由孩子们自己忙去。他们开始忙得有模有样。

六一儿童节了，"剧从书中来"戏剧表演轰轰烈烈开始了。孩子们根本不需要糕糕老师来安排，自己就忙起来了。49个孩子，9个节目。服装、化妆、道具、编排，一应俱全。

活动组织，三原则引导。

第一，人人上场，个个出镜。能力强的孩子多承担挑大梁，能力弱的孩子量力而为去分担。一个都不能少参与活动，让每个孩子都从自己的起点处再出发、再提高，在不能丢下的合作中学习人际交往。

第二，丰俭由人，快乐为先。讲课时，用不用课件，服装要不要统一，背稿还是脱口秀，没有统一标准，孩子们自己说了算。参与活动先减压，先争取孩子们内心接纳。而没有要求的要求，更磨练人。因为孩子们会自己观察，哪个团队用了视频，哪个团队配了音乐，哪个团队创作了"美篇"，取长补短，添枝加叶，不断完善。

第三，各有所长，皆大欢喜。活动没有一二三等奖，会说的，会演的，会唱的，内容丰富的，形式多样的，互动有趣的，表情生动的，道具齐全的……都可以成为优点和榜样。各美其美，美美与共，皆大欢喜，欢迎再来。

我们以活动为载体，顺应学生的天性，不害其长，不抑其实，让学生在活动中成长，以富有灵魂的教育为学生提供多元成长的机会，提升学生的生命质量，同时也为培育学生公共精神建构有效的路径。

对培育小学生公共精神的探索，还在继续。我们已经看到越来越多心中有他人、肩上有责任、眼里有光芒的孩子，虽然他们年纪都还小。期待他们在成长中不断增长公共认知、丰富公共情感，习得公共行为、凝练公共精神，从小打牢道德根基，增强社会融入，承担社会责任。

本章参考文献

[1] 戈文·斯塔林.公共部门管理导论[M].6版.北京：中国人民大学出版社,2005.

[2] 江秀平.公共责任与行政伦理[J].中国社会科学院研究生院学报,1999(3).

[3] 虞维华.公共责任的新概念框架——复合性公共责任理论及其意义[J].东南学术,2006(3).

[4] 常姝.人类学的公共责任与社会价值:以美国与挪威为例[J].社会学评论,2020(4).

[5] 马德普,威尔·金里卡.中西政治文化论丛[M].天津：天津人民出版社,2004.

[6] 章秀英,万斌.公民意识的共时性考察[J].中共浙江省委党校学报,2011(1).

[7] 胡艳蕾.我国城市公民公共责任意识培育机制的建构——基于中国若干城市问卷调查的研究[J].东岳论丛,2013(2).

[8] 章秀英,戴春林.公民意识结构研究[J].心理科学,2009(3).

[9] 雷磊.寻求学术自治与公共责任之间的平衡——当代中国法学学术评价机制的问题与重建[J].中国社会科学评价,2021(2).

[10] 李萍.论公共精神的培养[J].北京行政学院学报,2004(2).

[11] 杨芳.公共精神与公民参与[J].岭南学刊,2008(5).

[12] 卞桂平.公共精神的"伦理—道德"形态及其现实意蕴[J].广西师范大学学报(哲学社会科学版),2012(4).

[13] 卞桂平.刍议公共精神的伦理意蕴[J].云南社会科学,2016(1).

[14] 褚松燕.论公共精神[J].探索与争鸣,2012(1).

[15] 唐斌.公共精神:我国政治文化现代化的基础路向[J].学习论坛,2011(4).

[16] 弗雷德里克森,井力.美国史学的比较研究范围[J].现代外国哲学社会科学文摘,1986(12).

[17] 麦金太尔.不可公度性、真理和儒家及亚里士多德主义者关于德性的对话[J].孔子研究,1998(4).

[18] 约翰·罗尔斯.正义论[M].北京：中国社会科学出版社,2001.

[19] 罗伯特·帕特南.独自打保龄球：美国社区的衰落与复兴[M].北京：北京大学出版社,2011.

[20] 谭之博,张晓波.独生子女政策的精神健康成本[J].经济研究,2016(2).

[21] 叶飞.学校公共精神教育的公共性困境及其超越[J].中国教育学刊,2019(6).

[22] 杨晓娟.基于四种学校生活维度的公共精神培育研究[J].中国教育学刊,2020(5).

[23] 殷久华.中学生理想教育中公共精神的培养[J].思想政治课教学,2013(12).

[24] 李苑静.新中国成立以来我国大学生社会责任意识的变迁和反思[J].广西社会科学,2016(10).

[25] 胡艳蕾. 论公民公共责任意识培育机制的路径建构——基于民主心灵习性的理论视角[J]. 武汉大学学报(哲学社会科学版), 2013(3).

[26] 张志泽. 中华民族共同体语境中社会治理共同体建构的认同要素研究[J]. 黑龙江民族丛刊, 2021(2).

[27] 熊华生, 孙利. 中国班级特性[J]. 教育研究与实验, 2017(5).

[28] 卜玉华. 我国班级生活当代变革的伦理批判与重建[J]. 南京社会科学, 2017(9).

[29] 李家成. 以新型班级生活提升班主任和学生的生命质量[J]. 人民教育, 2016(Z1).

[30] 刘永存. 打开反思"黑箱":探求优秀班主任"好在哪里"[J]. 中小学管理, 2017(4).